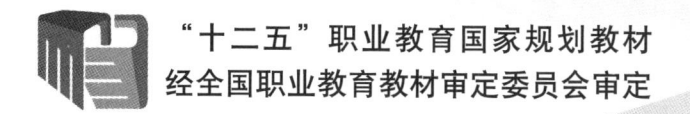

"十二五"职业教育国家规划教材
经全国职业教育教材审定委员会审定

微课版

中级会计实务
（第二版）

新世纪高职高专教材编审委员会 组编
总主编 赵丽生 高翠莲
主　编 杨　艾 刘晓玉
副主编 夏江河

大连理工大学出版社

图书在版编目(CIP)数据

中级会计实务 / 杨艾,刘晓玉主编. -- 2版. -- 大连：大连理工大学出版社,2021.1(2024.1重印)
新世纪高职高专财务会计专业课程体系系列规划教材
ISBN 978-7-5685-2737-8

Ⅰ.①中… Ⅱ.①杨… ②刘… Ⅲ.①会计实务－高等职业教育－教材 Ⅳ.①F233

中国版本图书馆 CIP 数据核字(2020)第 203958 号

大连理工大学出版社出版
地址：大连市软件园路 80 号 邮政编码：116023
发行：0411-84708842 邮购：0411-84708943 传真：0411-84701466
E-mail：dutp@dutp.cn URL：https://www.dutp.cn
大连雪莲彩印有限公司印刷 大连理工大学出版社发行

幅面尺寸：185mm×260mm 印张：14.5 字数：353 千字
2014 年 7 月第 1 版 2021 年 1 月第 2 版
2024 年 1 月第 4 次印刷

责任编辑：王 健 责任校对：刘俊如
封面设计：对岸书影

ISBN 978-7-5685-2737-8 定 价：39.80 元

本书如有印装质量问题,请与我社发行部联系更换。

前 言

《中级会计实务》(第二版)是"十二五"职业教育国家规划教材,也是新世纪高职高专财务会计专业课程体系系列规划教材之一。

近年来,《企业会计准则》和相关财税政策均发生较大变化,为了有效地提高人才培养质量,确保国家相关的新规新政及时进入高职院校会计专业课堂,本教材在上一版的基础上进行了全面修订。

修订后教材具有以下特点:

1. 坚持产教融合,校企双元开发

在本教材修订前,编者深入行业、企业调研,紧跟产业发展趋势和会计行业的人才需求,及时将会计行业的新政策、新法规纳入教材。本教材结合了会计专业典型岗位职业能力的要求,并积极吸收行业、企业骨干参与编写。

2. 知识传授与专业技能培养并重

本教材严格遵循会计专业技能人才的成长规律,精心设计各个学习情境,并配套相关的技能训练,强化学生专业技术的积累和职业素养的养成,将专业精神、职业精神和工匠精神等融入教材。

3. 利用互联网技术,建设立体化教材

本教材的编者始终围绕着深化教学改革和"互联网+职业教育"发展需求,将教材编写与线上课程建设紧密结合,配套了丰富的信息化资源,包括课程标准、教学课件、微课视频、作业习题及其他教学参考资源。本教材对应的"中级会计实务"课程在浙江省高等学校在线开放课程共享平台(https://www.zjooc.cn/)已建成丰富课程资源,旨在实现优质教学资源共享,以信息技术推进立体化教材建设。

4. 紧跟国家的最新政策和标准

本教材的编写内容符合教育部发布的高等职业学校《会计专业教学标准》的要求,在会计业务的处理上,紧跟现行《企业会计准则》要求和国家相关的财税政策要求。

本教材由浙江金融职业学院杨艾、陕西财经职业技术学院刘晓玉任主编,博雷(中国)控制系统有限公司夏江河任副主编。全书由杨艾撰写并提供网络学习资源,由夏江河提供案例资源并进行审稿。

在编写本教材的过程中,编者参考、引用和改编了国内外出版物中的相关资料以及网络资源,在此表示深深的谢意!相关著作权人看到本教材后,请与出版社联系,出版社将按照相关法律的规定支付稿酬。

本教材是相关高职院校与企业倾力合作和集体智慧的结晶。尽管在教材的特色建设方面我们做出了很多努力,但不足之处在所难免,恳请各相关高职院校和读者在使用本教材的过程中予以关注,并将意见或建议及时反馈给我们,以便修订时完善。

编　者

2021 年 1 月

所有意见和建议请发往:dutpgz@163.com
欢迎访问职教数字化服务平台:https://www.dutp.cn/sve/
联系电话:0411-84707492　84706671

目录

项目一　金融资产 ··· 1

任务一　以摊余成本计量的金融资产的核算 ·· 2
任务二　以公允价值计量且其变动计入其他综合收益的金融资产的核算 ······· 10
任务三　以公允价值计量且其变动计入当期损益的金融资产的核算 ············· 19
任务四　金融资产的重分类 ··· 25

项目二　长期股权投资 ··· 30

任务一　长期股权投资的初始计量 ·· 31
任务二　长期股权投资的后续计量和处置 ·· 38

项目三　投资性房地产 ··· 51

任务一　投资性房地产的含义、特征和范围 ··· 52
任务二　投资性房地产的确认和初始计量 ·· 55
任务三　投资性房地产的后续计量 ·· 57
任务四　投资性房地产的转换和处置 ··· 62

项目四　非货币性资产交换 ·· 72

任务一　非货币性资产交换的认定 ·· 74
任务二　非货币性资产交换的确认和计量 ·· 75

项目五　资产减值 ··· 88

任务一　资产减值的认定 ·· 89
任务二　资产可收回金额的计量和减值损失的确定 ····································· 90
任务三　资产组的认定和减值的处理 ··· 96

项目六　借款费用 ··· 101

任务一　借款费用的确认 ·· 102
任务二　借款费用的计量 ·· 108

项目七 债务重组 ... 116
任务一 认识债务重组 ... 117
任务二 债务重组的会计核算 ... 119

项目八 或有事项 ... 127
任务一 认识或有事项 ... 128
任务二 或有事项的确认和计量 ... 132
任务三 或有事项会计处理原则的应用 ... 138

项目九 所得税 ... 148
任务一 计税基础与暂时性差异 ... 150
任务二 递延所得税资产和递延所得税负债的确认和计量 ... 161
任务三 所得税费用的确认和计量 ... 166

项目十 外币业务 ... 173
任务一 认识外币业务 ... 174
任务二 外币交易的会计处理 ... 177
任务三 外币财务报表折算 ... 185

项目十一 会计政策、会计估计变更和前期差错更正 ... 190
任务一 会计政策及其变更 ... 192
任务二 会计估计及其变更 ... 200
任务三 前期差错更正 ... 203

项目十二 资产负债表日后事项 ... 208
任务一 认识资产负债表日后事项 ... 209
任务二 资产负债表日后调整事项 ... 213
任务三 资产负债表日后非调整事项 ... 221

微课堂索引

序号	主题	页码
1	金融资产的分类	2
2	其他债权投资业务	11
3	其他权益工具投资业务	17
4	交易性金融资产业务	20
5	金融资产的重分类	26
6	长期股权投资的确认	31
7	超额亏损	44
8	投资性房地产后续计量方法	57
9	投资性房地产后续计量模式的变更	60
10	投资性房地产的转换	62
11	非货币性资产交换的认定	74
12	非货币性资产交换的确认和计量	75
13	以账面价值计量的非货币性资产交换的会计处理	81
14	资产减值的判断	90
15	资产减值业务	95
16	资产组的认定	96
17	借款费用的确认	102
18	借款费用资本化期间的确定	104
19	专门借款利息费用的确认和计量	108
20	一般借款利息费用的确认和计量	110
21	债务重组及其方式	117
22	用资产抵债的债务重组业务	119
23	用权益抵债的债务重组业务	122
24	多种方式组合的债务重组业务	124

序号	主 题	页码
25	认识或有事项	128
26	预计负债最佳估计数的确定	134
27	预计负债预期能得到补偿的业务	135
28	产品质量保证	141
29	亏损合同	143
30	资产的计税基础	152
31	应纳税暂时性差异和可抵扣暂时性差异	158
32	递延所得税负债和递延所得税资产	161
33	所得税费用的确认和计量	166
34	记账本位币的确定	174
35	外币兑换业务	178
36	会计政策变更和会计估计变更	192
37	前期差错更正的会计处理	204
38	资产负债表日后事项概述	209
39	资产负债表日后调整事项的会计处理	214

项目一 金融资产

学习目标

知识目标
◎ 理解金融资产的概念和内容
◎ 掌握金融资产的分类
◎ 掌握以摊余成本计量的金融资产的会计核算要求
◎ 掌握以公允价值计量且其变动计入其他综合收益的金融资产的会计核算要求
◎ 掌握以公允价值计量且其变动计入当期损益的金融资产的会计核算要求
◎ 了解金融资产重分类的类型会计核算要求

能力目标
◎ 能够正确进行债权投资的会计核算
◎ 能够正确进行其他债权投资和其他权益工具投资的会计核算
◎ 能够正确进行交易性金融资产的会计核算
◎ 能够正确进行金融资产重分类的简单会计核算

美股再熔断 贝索斯一天损失近千亿!

◎ 引导案例

2020年3月12日,美股三大股指盘前交易大幅下跌,开盘后不到10分钟便触发熔断。最终,道指暴跌2 300多点,收于21 200.62点,跌幅9.99%;标准普尔500指数收于2 480.64点,跌幅9.51%;纳斯达克综合指数收于7 201.80点,跌幅9.43%。

这是美股熔断机制建立以来第三次触发,第一次发生在1997年,而第二次则是在3月9日。除了美股之外,3月12日还有巴西股市、加拿大股市、泰国股市、菲律宾股市、巴基斯坦股市、韩国股市、印尼股市、墨西哥股市、哥伦比亚股市、斯里兰卡股市等11个国家股市发生"熔断"。

全球暴跌之下,富豪们损失惨重。数据显示,亚马逊股票在3月12日下跌7.92%,报

1676.61美元/股,为近一年最低。市值8 346亿美金,一天蒸发726亿美金,折合人民币5 100亿元。而全球首富贝索斯个人持有亚马逊15.48%的股份,其资产在一天之内缩水了140亿美金,折合人民币998亿元。

世界上最大的社交网站FaceBook在此次的熔断中跌幅达到9.26%,报154.47美元/股,股价同样为近一年新低。市值4 403.09亿美元,一天之内蒸发435亿美金。FaceBook创始人马克扎克伯格,其所持有的14.4%股份在此次的熔断中价值缩水62亿美金,折合人民币435亿元。

(资料来源:东方财富号网站)

近年来全球金融工具和衍生金融工具的交易有了迅猛发展,金融工具的确认、计量、报告关系着金融风险的控制与防范。为此,企业会计准则要求企业将几乎所有的金融工具纳入表内核算,以便投资者更好地了解和把握企业的金融工具运用情况。那么金融资产应怎样进行会计核算呢?本项目将帮助您找到答案。

金融资产通常指企业的库存现金、银行存款、其他货币资金(如企业的外汇存款、银行本票存款、银行汇票存款、信用卡存款、信用证保证金存款、存入投资款等)、应收账款、应收票据、贷款、其他应收款、股权投资、债权投资和衍生金融工具形成的资产等。

企业应当根据其管理金融资产的业务模式和金融资产的合同现金流特征,将金融资产划分为以下三类:

(1)以摊余成本计量的金融资产;

(2)以公允价值计量且其变动计入其他综合收益的金融资产;

(3)以公允价值计量且其变动计入当期损益的金融资产。

上述分类一经确定,不得随意变更。

任务一 以摊余成本计量的金融资产的核算

一、以摊余成本计量的金融资产的类别确定

金融资产同时符合下列条件的,应当分类为以摊余成本计量的金融资产:

(1)企业管理该金融资产的业务模式是以收取合同现金流为目标;

(2)该金融资产的合同条款规定,在特定日期产生的现金流量,仅为对本金和以未偿付本金金额为基础的利息的支付。

如银行向企业客户发放的固定利率贷款,在没有其他特殊安排的情况下,贷款通常可能符合本金加利息的合同现金流特征。如果银行管理该贷款的业务模式是以收取合同现金流为目标,则该贷款可以分类为以摊余成本计量的金融资产。银行进行会计处理时,记入"贷款"科目。再如,普通债券的合同现金流是到期收回本金及按约定利率在合同期间按时收取固定或浮动利息。在没有其他特殊安排的情况下,普通债券通常符合本金加利息的合同现金流特征。如果企业管理该债券的业务模式是以收取合同现金流为目标,则该债券可以分类为以摊余成本计量的金融资产。企业进行会计处理时,记入"债权投资"科目。又如,企业正常商业往来形成的具有一定信用期限的应收账款,如果企业拟根据应收账款的合同现金流收取现金,且不打算提前处置应收账款,则该应收账款可以分类为以摊余成本计量的金融资产。企业进行会计处理时,记入"应收账款"科目。

由于"贷款"属于银行会计核算的内容,而"应收账款"的会计核算较简单,在之前的学习中已经涉及,所以在此对上述两项以摊余成本计量的金融资产不再赘述。下面将重点讲解债权投资的会计核算。

二、债权投资的计量

(一)实际利率法

实际利率法,是指计算金融资产的摊余成本以及将利息收入分摊计入各会计期间的方法。

实际利率,是指将金融资产在预计存续期的估计未来现金流量,折现为该金融资产账面余额(不考虑减值)所使用的利率。在确定实际利率时,应当在考虑金融资产所有合同条款的基础上估计预期现金流量,合同各方之间支付或收取的、属于实际利率组成部分的各项费用、交易费用及溢价或折价等,应当在确定实际利率时予以考虑,但不应当考虑预期信用损失。

例题 1-1 20×0年1月1日,甲公司(制造业企业)支付价款1 000 000元(含交易费用)从上海证券交易所购入乙公司同日发行的5年期公司债券1 250份,债券面值总额为1 250 000万元,票面年利率为4.72%,于年末支付本年度债券利息,本金在债券到期时一次性偿还。合同约定,该债券的发行方在遇到特定情况时可以将债券赎回,且不需要为提前赎回支付额外款项。甲公司在购买该债券时,预计发行方不会提前赎回。甲公司根据其管理该债券的业务模式和合同现金流特征,将该债券分类为以摊余成本计量的金融资产。

未来现金流量分析如图1-1所示:

```
100    5.9    5.9    5.9    5.9    5.9+125
─┼──────┼──────┼──────┼──────┼──────┼─
 0      1      2      3      4      5
```

图1-1 未来现金流量分析图

假设该债券的实际利率是r,根据实际利率的定义,则有下列等式成立(单位:万元):

$$5.9\times(1+r)^{-1}+5.9\times(1+r)^{-2}+5.9\times(1+r)^{-3}+5.9\times(1+r)^{-4}\\+(5.9+125)\times(1+r)^{-5}=100$$

采用插值法,得$r=10\%$

（二）摊余成本

金融资产的摊余成本，应当以该金融资产的初始确认金额经下列调整后的结果确定：

(1) 扣除已偿还的本金。

(2) 加上或减去采用实际利率法将该初始确认金额与到期日金额之间的差额进行摊销形成的累计摊销额。

(3) 扣除计提的累计信用减值准备。

企业取得金融资产事实上就是一种投资行为，摊余成本则可以看成是投资的实际价值，或者说实际投资额。

相关链接

债券的前世今生

早期股票债券是以纸质形式存在的，随着1999年开始的证券交易"无纸化"，纸质股票债券退出市场。目前股票不再使用纸质票据，债券除凭证式国债外，都采用电子记录；即使是凭证式国债也不属于票据，只能算是记录卡。

债券分类有多种形式。从发行主体看，债券的发行主体分为政府部门、央行、金融机构与非金融机构四个：政府发行国债、地方政府债；央行发行央票；金融机构发行金融债券、同业存单与政府机构支持债券；非金融机构发行企业债与公司债。纸质的企业债券如图1-2所示：

图1-2 纸质债券正面、反面图

（资料来源：编者收集整理）

（三）两组数据

在核算债权投资业务时，会计上存在着两组数据：一方面，投资方会定期取得由于该债券而产生的获取利息的权利，这项获取利息的权利根据债券的面值乘以票面利率来计算和计提，它是企业的一项资产。另一方面，投资方要根据实际投资额（期初摊余成本）和实际利率相乘的结果来确认真实的投资收益，它是企业的一项收入。

值得注意的是，这两组数据是伴随着债权投资同时存在的，从两个不同的角度反映债权投资相关计量信息的数据。比如说，当投资方为取得债券支付的购买价款（也就是实际投资额）高于债券的面值，就表示投资方给予对方提供了更多的借款，投资方当然要求未来得到更多的现金流入来补偿现在多支付的借款额，所以债券的票面利率一定是高于实际利率的。相反，如果债券的票面利率低于实际利率，就表示投资方未来凭债券得到的现金流较少,投资方就会以低于债券面值的金额购买债券,也就是实际投资额低于债券的面值。

课堂能力训练

20×0年1月1日,甲公司以3 133.5万元购入乙公司当日发行的面值总额为3 000万元的债券,并将其作为债权投资核算。该债券期限为5年,票面年利率为5%,实际年利率为4%,每年年末支付利息,到期偿还本金。不考虑增值税相关税费及其他因素,20×0年12月31日,甲公司该债权投资的投资收益是多少?

三、债权投资的会计核算

企业应设置"债权投资"账户,本账户用来核算企业债权投资的价值。

(一)债权投资取得时的会计核算

企业取得的债权投资,应按该债券的面值,借记"债权投资——成本"科目;按支付的价款中包含的已到付息期但尚未领取的利息,借记"应收利息"或"债权投资——应计利息"科目;按实际支付的金额,贷记"银行存款"等科目;按其差额,借记或贷记"债权投资——利息调整"科目。

例题1-2 承例题1-1,20×0年1月1日,甲公司取得该债权投资时,编制会计分录如下:

借:债权投资——成本　　　　　　　　　　　　　　1 250 000
　贷:银行存款　　　　　　　　　　　　　　　　　1 000 000
　　债权投资——利息调整　　　　　　　　　　　　　250 000

想一想:企业取得债权投资时发生的交易费用是怎样入账的?

(二)债权投资持有期间的会计核算

(1)资产负债表日,债权投资为分期付息、一次还本债券投资的,应按面值和票面利率计算确定的应收未收利息,借记"应收利息"科目;按债权期初投资摊余成本和实际利率计算确定的利息收入,贷记"投资收益"科目;按其差额,借记或贷记"债权投资——利息调整"科目。

债权投资为一次还本付息债券投资的,应按面值和票面利率计算确定的应收未收利息,借记"债权投资——应计利息"科目;按债权投资期初摊余成本和实际利率计算确定的利息收入,贷记"投资收益"科目;按其差额,借记或贷记"债权投资——利息调整"科目。

(2)收到取得债权投资时支付的价款中包含的已到付息期但尚未领取的债券利息的,借记"银行存款"科目,贷记"应收利息"科目。

收到分期付息、一次还本债券投资持有期间支付的利息的,借记"银行存款"科目,贷记"应收利息"科目。

(3)确定债权投资发生减值的,应按减记的金额借记"信用减值损失"科目,贷记"债权投资减值准备"科目。

例题 1-3　承例题 1-1 和例题 1-2,甲公司在持有乙公司债券期间,会计处理如下:

(1)20×0 年 12 月 31 日,确认乙公司债券实际投资收益、收到债券利息:

应收利息=面值×票面利率=1 250 000×4.72%=59 000(元)

投资收益=期初摊余成本×实际利率=(1 250 000－250 000)×10%=100 000(元)

借:应收利息	59 000	
债权投资——利息调整	41 000	
贷:投资收益		100 000
借:银行存款	59 000	
贷:应收利息		59 000

(2)20×1 年 12 月 31 日,确认乙公司债券实际投资收益、收到债券利息:

应收利息=1 250 000×4.72%=59 000(元)

投资收益=(1 000 000+41 000)×10%=104 100(元)

借:应收利息	59 000	
债权投资——利息调整	45 100	
贷:投资收益		104 100
借:银行存款	59 000	
贷:应收利息		59 000

(3)20×2 年 12 月 31 日,确认乙公司债券实际投资收益、收到债券利息:

应收利息=1 250 000×4.72%=59 000(元)

投资收益=(1 000 000+41 000+45 100)×10%=108 610(元)

借:应收利息	59 000	
债权投资——利息调整	49 610	
贷:投资收益		108 610
借:银行存款	59 000	
贷:应收利息		59 000

(4)20×3 年 12 月 31 日,确认乙公司债券实际投资收益、收到债券利息:

应收利息=1 250 000×4.72%=59 000(元)

投资收益=(1 000 000+41 000+45 100+49 610)×10%=113 571(元)

借:应收利息	59 000	
债权投资——利息调整	54 571	
贷:投资收益		113 571

借:银行存款 59 000
　　贷:应收利息 59 000

(5)20×4年12月31日,确认乙公司债券实际投资收益、收到债券利息和本金:
应收利息=1 250 000×4.72%=59 000(元)
利息调整贷方余额=250 000-41 000-45 100-49 610-54 571=59 719(元)

借:应收利息 59 000
　　债权投资——利息调整 59 719
　　贷:投资收益 118 719
借:银行存款 59 000
　　贷:应收利息 59 000
借:银行存款 1 250 000
　　贷:债权投资——成本 1 250 000

> 想一想:为什么最后一年"债权投资——利息调整"账户发生额的计算采用倒减的方式?如果仍然采用与前四年相同的方式计算,会出现什么后果?

课堂能力训练

20×0年1月1日,甲公司溢价购入乙公司于当日发行的3年期到期一次还本付息债券,作为债权投资进行核算,并于每年年末计提利息。20×0年年末,甲公司按照票面利率确认应计利息5 900 000元,利息调整的摊销额为100 000元,甲公司20×0年年末对该债券投资应确认利息收入的金额是多少?

(三)债权投资出售时的会计核算

出售债权投资时,应按实际收到的金额,借记"银行存款"等科目;按其账面余额,贷记"债权投资——成本""债权投资——应计利息"科目,贷记或借记"债权投资——利息调整"科目;按应转出的减值准备金额,借记"债权投资减值准备"科目;如果售价中包含已到付息期但尚未领取的分期付息债券的利息,贷记"应收利息"科目;按其差额,贷记或借记"投资收益"科目。

例题1-4 承例题1-1、例题1-2、例题1-3,假设20×4年1月20日,甲公司通过上海证券交易所出售了乙公司债券1 250份,取得款项1 260 000元。甲公司应编制会计分录如下:

借:银行存款 1 260 000
　　债权投资——利息调整 59 719
　　贷:债权投资——成本 1 250 000
　　　　投资收益 69 719

◎ 典型案例

情景与背景:20×0年1月1日,甲公司(制造业企业)支付价款1 000 000元(含交易费用),从上海证券交易所购入乙公司同日发行的5年期公司债券1 250份,债券面值总额为1 250 000元,票面年利率为4.72%,到期一次还本付息,利息不计复利。合同约定,该债券的发行方在遇到特定情况时可以将债券赎回,且不需要为提前赎回支付额外款项。甲公司在购买该债券时,预计发行方不会提前赎回。甲公司根据其管理该债券的业务模式和合同现金流特征,将该债券分类为以摊余成本计量的金融资产。

要求:假定不考虑其他因素。对甲公司的债权投资业务进行会计处理。

案例分析:甲公司的会计处理如下:

分析该债权未来现金流量如图1-3所示,据此计算该债券的实际利率 r:

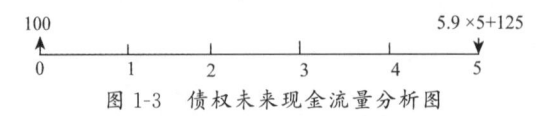

图1-3 债权未来现金流量分析图

$(59\,000+59\,000+59\,000+59\,000+59\,000+1\,250\,000)\times(1+r)^{-5}=1\,000\,000$

计算得出 $r\approx 9.05\%$。

(1) 20×0年1月1日,购入乙公司债券:

借:债权投资——成本　　　　　　　　　　　　　　　　1 250 000
　　贷:银行存款　　　　　　　　　　　　　　　　　　　　1 000 000
　　　　债权投资——利息调整　　　　　　　　　　　　　　　250 000

(2) 20×0年12月31日,确认乙公司债券实际投资收益:

应计利息=面值×票面利率=1 250 000×4.72%=59 000(元)

投资收益=期初摊余成本×实际利率=(1 250 000−250 000)×9.05%=90 500(元)

借:债权投资——应计利息　　　　　　　　　　　　　　　59 000
　　　　　　——利息调整　　　　　　　　　　　　　　　31 500
　　贷:投资收益　　　　　　　　　　　　　　　　　　　　　90 500

(3) 20×1年12月31日,确认乙公司债券实际投资收益:

应计利息=1 250 000×4.72%=59 000(元)

投资收益=(1 000 000+59 000+31 500)×9.05%=98 690.25(元)

借:债权投资——应计利息　　　　　　　　　　　　　　　59 000.00
　　　　　　——利息调整　　　　　　　　　　　　　　　39 690.25
　　贷:投资收益　　　　　　　　　　　　　　　　　　　　　98 690.25

(4) 20×2年12月31日,确认乙公司债券实际投资收益:

应计利息=1 250 000×4.72%=59 000(元)

投资收益=(1 000 000+59 000+31 500+59 000+39 690.25)×9.05%=107 621.72(元)

借:债权投资——应计利息　　　　　　　　　　　　　　　59 000.00
　　　　　　——利息调整　　　　　　　　　　　　　　　48 621.72
　　贷:投资收益　　　　　　　　　　　　　　　　　　　　　107 621.72

(5) 20×3年12月31日,确认乙公司债券实际投资收益:

应计利息=1 250 000×4.72%=59 000(元)

投资收益=(1 000 000+59 000+31 500+59 000+39 690.25+59 000+48 621.72)×9.05%=117 361.48(元)

　　借:债权投资——应计利息　　　　　　　　　　　　　　　59 000.00
　　　　　　　　——利息调整　　　　　　　　　　　　　　　58 361.48
　　　　贷:投资收益　　　　　　　　　　　　　　　　　　　117 361.48

(6) 20×4年12月31日,确认乙公司债券实际投资收益、收到债券利息和本金:

应计利息=1 250 000×4.72%=59 000(元)

利息调整贷方余额=250 000-31 500-39 690.25-48 621.72-58 361.48=71 826.55(元)

　　借:债权投资——应计利息　　　　　　　　　　　　　　　59 000.00
　　　　　　　　——利息调整　　　　　　　　　　　　　　　71 826.55
　　　　贷:投资收益　　　　　　　　　　　　　　　　　　　130 826.55
　　借:银行存款　　　　　　　　　　　　　　　　　　　　　1 545 000
　　　　贷:债权投资——成本　　　　　　　　　　　　　　　1 250 000
　　　　　　　　　　——应计利息　　　　　　　　　　　　　　295 000

想一想:到期一次还本付息债券和分期付息到期还本债券的摊余成本在计算上有什么不同?为什么?

课堂能力训练

甲公司债券投资的相关资料如下:

资料一:20×0年1月1日,甲公司以银行存款20 300 000元购入乙公司当日发行的面值总额为20 000 000元的4年期公司债券,该债券的票面年利率为4.2%。债券合同约定,本金于20×4年1月1日一次性偿还,乙公司不能提前赎回该债券,甲公司将该债券投资划分为以摊余成本计量的金融资产。

资料二:甲公司在取得乙公司债券时,计算确定该债券投资的实际年利率为3.79%,甲公司在每年年末对债券投资的利息收入进行会计处理。

资料三:20×1年1月1日,甲公司在收到乙公司债券上年利息后,将该债券全部出售,所得款项20 250 000元并收存银行。

假定不考虑增值税等相关税费及其他因素。

要求:编制甲公司相关会计分录。

任务二 以公允价值计量且其变动计入其他综合收益的金融资产的核算

一、以公允价值计量且其变动计入其他综合收益的金融资产的类别确定

分类为以公允价值计量且其变动计入其他综合收益的金融资产有两种情况：

（1）金融资产同时符合下列条件的，应当分类为以公允价值计量且其变动计入其他综合收益的金融资产：

①企业管理该金融资产的业务模式，既以收取合同现金流为目标，又以出售该金融资产为目标。

②该金融资产的合同条款规定，在特定日期产生的现金流，仅为支付的本金和以未偿付本金金额为基础的利息。

（2）在初始确认时，企业可以将非交易性权益工具投资指定为以公允价值计量且其变动计入其他综合收益的金融资产，并按照规定确认股利收入。该指定一经做出，不得撤销。企业投资其他上市公司股票或者非上市公司股权的，都可能属于这种情形。

金融资产满足下列条件之一的，表明企业持有该金融资产的目的是交易性的：

①取得相关金融资产的目的，主要是近期出售或回购。例如，企业以赚取差价为目的从二级市场购入的股票、债券和基金等。

②相关金融资产在初始确认时属于集中管理的可辨认金融资产组合的一部分，且有客观证据表明近期实际存在短期获利目的。在这种情况下，即使组合中有某个组成项目持有的期限稍长，也不受影响。

③相关金融资产属于衍生工具，但符合财务担保合同定义的衍生工具以及被指定为有效套期工具的衍生工具除外。

只有不符合上述条件的非交易性权益工具投资才可以进行该指定。

上述两类以公允价值计量且其变动计入其他综合收益的金融资产在进行会计核算时有不同的要求。为了区分开来，第一类属于债权性投资，在会计核算时，记入"其他债权投资"科目；第二类属于权益工具投资，在会计核算时，记入"其他权益工具投资"科目。

二、以公允价值计量且其变动计入其他综合收益的金融资产的计量

（一）公允价值

公允价值，是指市场参与者在计量日发生的有序交易中，出售一项资产所能收到或者

转移一项负债所需支付的价格。公允价值的确定按照以下顺序进行：

（1）在计量日能够取得相同资产在活跃市场上未经调整的报价。活跃市场，是指相关资产的交易量和交易频率足以持续提供定价信息的市场。在活跃市场中交易对象有同质性，可随时找到自愿交易的买方和卖方，且市场价格信息是公开的。

（2）活跃市场中类似金融资产的报价或非活跃市场中相同或类似金融资产的报价等。

（3）在金融资产不存在市场活动或者市场活动很少导致前述数据无法取得或取得不切实可行的情况下，可以选择市场数据验证的利率、股票波动率、企业使用自身数据做出的财务预测等。

（二）其他债权投资的计量

其他债权投资和债权投资一样，也要求按实际利率法进行核算，在计量时同样需要理清两组数据。根据债券的面值和票面利率相乘的结果来计算应收或应计利息，根据实际投资额（期初摊余成本）和实际利率相乘的结果来确认投资收益，两者的差额就是对利息调整的摊销额。但是，由于其他债权投资是以公允价值计量的金融资产，所以在资产负债表日，其他债权投资的账面价值要调整为公允价值。

其他债权投资的摊余成本和债权投资的摊余成本数据相同，也是指该金融资产的初始确认金额扣除已偿还的本金、加上或减去采用实际利率法将该初始确认金额与到期日金额之间的差额进行摊销形成的累计摊销额、扣除计提的累计信用减值准备。值得注意的是，由于公允价值变动而产生的累计公允价值变动额是不能计入摊余成本的。

（三）其他权益工具投资的计量

与债权性投资项目不同，其他权益工具投资是权益性的投资项目，没有前述两组数据的区别，不需要进行利息调整的摊销，因此其在计量上的要求就较为简单，只要遵循在资产负债表日按公允价值计量即可。

三、其他债权投资的会计核算

企业应设置"其他债权投资"科目，本科目用来核算企业其他债权投资的价值。

（一）其他债权投资取得时的会计核算

企业取得的其他债权投资，应按债券的面值，借记"其他债权投资——成本"科目；按支付的价款中包含的已到付息期但尚未领取的利息，借记"应收利息"或"其他债权投资——应计利息"科目；按实际支付的金额，贷记"银行存款"等科目；按差额，借记或贷记"其他债权投资——利息调整"科目。

例题 1-5 20×0年1月1日，甲公司（制造业企业）支付价款1 000 000元（含交易费用）从上海证券交易所购入乙公司同日发行的5年期公司债券1 250份，债券票面价值总额为1 250 000元，票面年利率为4.72%，于年末支付本年度债券利息，本金在债券到期时一次性偿还。合同约定，该债券的发行方在遇到特定情况时可以将债券赎回，且不需要为提前赎回支付额外款项。甲公司在购买该债券时，预计发行方不会提前赎回。甲公司根据其管理该债券的业务模式和合同现金流特征,将该债券分类为以公允价值计量且其变动计入其他综合收益的金融资产。甲公司会计处理如下:

(1)计算该债券的实际利率 r:

$$5.9\times(1+r)^{-1}+5.9\times(1+r)^{-2}+5.9\times(1+r)^{-3}+5.9\times(1+r)^{-4}+$$
$$(5.9+125)5\times(1+r)^{-5}+=100$$

采用插值法,得到 $r=10\%$

(2)编制会计分录如下:

借:其他债权投资——成本　　　　　　　　　　　　　　　1 250 000
　贷:银行存款　　　　　　　　　　　　　　　　　　　　1 000 000
　　其他债权投资——利息调整　　　　　　　　　　　　　　250 000

(二)其他债权投资持有期间的会计核算

(1)资产负债表日,其他债权投资为分期付息、一次还本债券投资的,应按面值和票面利率计算确定的应收未收利息,借记"应收利息"科目;按债券的期初摊余成本和实际利率计算确定的利息收入,贷记"投资收益"科目;按其差额,借记或贷记"其他债权投资——利息调整"科目。

其他债权投资为一次还本付息债券投资的,应按面值和票面利率计算确定的应收未收利息,借记"其他债权投资——应计利息"科目;按债券的期初摊余成本和实际利率计算确定的利息收入,贷记"投资收益"科目;按其差额,借记或贷记"其他债权投资——利息调整"科目。

(2)资产负债表日,其他债权投资的公允价值高于其账面余额的差额,借记"其他债权投资——公允价值变动"科目,贷记"其他综合收益——其他债权投资公允价值变动"科目;公允价值低于其账面余额的差额做相反的会计分录。

(3)确定其他债权投资发生减值的,应按减记的金额,借记"信用减值损失"科目,贷记"其他综合收益——信用减值准备"科目。

例题 1-6

承例题 1-5,乙公司债券其他资料如下:

(1)20×0年12月31日,乙公司债券公允价值为1 200 000元(不含利息)。
(2)20×1年12月31日,乙公司债券公允价值为1 300 000元(不含利息)。
(3)20×2年12月31日,乙公司债券公允价值为1 250 000元(不含利息)。
(4)20×3年12月31日,乙公司债券公允价值为1 200 000元(不含利息)。

甲公司在持有乙公司债券期间,会计处理如下:

(1)20×0年12月31日,确认乙公司债券实际利息收入、收到债券利息、公允价值变动:

应收利息=面值×票面利率=1 250 000×4.72%=59 000(元)
投资收益=期初摊余成本×实际利率=(1 250 000−250 000)×10%=100 000(元)

借:应收利息　　　　　　　　　　　　　　　　　　　　　　59 000
　其他债权投资——利息调整　　　　　　　　　　　　　　　41 000
　贷:投资收益　　　　　　　　　　　　　　　　　　　　　100 000

借:银行存款 59 000
　　贷:应收利息 59 000
公允价值变动=1 200 000-(1 250 000-250 000+41 000)=159 000(元)
借:其他债权投资——公允价值变动 159 000
　　贷:其他综合收益——其他债权投资公允价值变动 159 000

(2)20×1年12月31日,确认乙公司债券实际利息收入、收到债券利息、公允价值变动:

应收利息=1 250 000×4.72%=59 000(元)
投资收益=(1 000 000+41 000)×10%=104 100(元)
借:应收利息 59 000
　　其他债权投资——利息调整 45 100
　　贷:投资收益 104 100
借:银行存款 59 000
　　贷:应收利息 59 000
公允价值变动=1 300 000-(1 200 000+45 100)=54 900(元)
借:其他债权投资——公允价值变动 54 900
　　贷:其他综合收益——其他债权投资公允价值变动 54 900

(3)20×2年12月31日,确认乙公司债券实际利息收入、收到债券利息、公允价值变动:

应收利息=1 250 000×4.72%=59 000(元)
投资收益=(1 000 000+41 000+45 100)×10%=108 610(元)
借:应收利息 59 000
　　其他债权投资——利息调整 49 610
　　贷:投资收益 108 610
借:银行存款 59 000
　　贷:应收利息 59 000
公允价值变动=1 250 000-(1 300 000+49 610)=-99 610(元)
借:其他综合收益——其他债权投资公允价值变动 99 610
　　贷:其他债权投资——公允价值变动 99 610

(4)20×3年12月31日,确认乙公司债券实际利息收入、收到债券利息、公允价值变动:

应收利息=1 250 000×4.72%=59 000(元)
投资收益=(1 000 000+41 000+45 100+49 610)×10%=113 571(元)
借:应收利息 59 000
　　其他债权投资——利息调整 54 571
　　贷:投资收益 113 571
借:银行存款 59 000
　　贷:应收利息 59 000

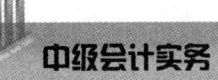

公允价值变动＝1 200 000－(1 250 000＋54 571)＝－104 571(元)

借：其他综合收益——其他债权投资公允价值变动　　　　104 571
　　贷：其他债权投资——公允价值变动　　　　　　　　　　104 571

想一想：公允价值变动额在计算时有什么规律？

课堂能力训练

甲公司于20×2年1月1日从证券市场上购入乙公司于20×1年1月1日发行的债券作为其他债权投资核算。该债券期限为3年，票面年利率为5%，每年1月5日支付上年度的利息，到期日为20×3年12月31日，到期日一次归还本金和最后一次利息。购入债券时的实际年利率为4%。甲公司购入债券的面值为15 000 000元，实际支付价款15 933 600万元，另支付相关交易费用100 000元。假定按年计提利息。则20×2年12月31日，甲公司该项其他债权投资的摊余成本是多少？

(三)其他债权投资出售时的会计核算

出售其他债权投资，应按实际收到的金额，借记"银行存款"等科目；按其账面余额，贷记"其他债权投资——成本""其他债权投资——应计利息"科目，贷记或借记"其他债权投资——公允价值变动""其他债权投资利息调整"科目；按应从其他综合收益转出的信用减值准备累计金额，借记"其他综合收益——信用减值准备"科目；如果售价中包含已到付息期但尚未领取的分期付息债券的利息，贷记"应收利息"科目；按其差额，贷记或借记"投资收益"科目。

同时，按应从其他综合收益中转出的公允价值累计变动额，借记或贷记"其他综合收益——其他债权投资公允价值变动"科目，贷记或借记"投资收益"科目。

例题1-7　承例题1-5、例题1-6，20×4年1月20日，甲公司通过上海证券交易所出售了乙公司债券1 250份，取得款项1 260 000元。甲公司会计处理如下：

利息调整贷方余额＝250 000－41 000－45 100－49 610－54 571＝59 719(元)
公允价值变动借方余额＝159 000＋54 900－99 610－104 571＝9 719(元)

借：银行存款　　　　　　　　　　　　　　　　　　　　1 260 000
　　其他债权投资——利息调整　　　　　　　　　　　　　　59 719
　　贷：其他债权投资——成本　　　　　　　　　　　　　1 250 000
　　　　　　　　　　——公允价值变动　　　　　　　　　　　9 719
　　　　投资收益　　　　　　　　　　　　　　　　　　　　60 000
借：其他综合收益——其他债权投资公允价值变动　　　　　　9 719
　　贷：投资收益　　　　　　　　　　　　　　　　　　　　9 719

想一想：其他债权投资和债权投资在业务处理上有哪些相似点，有哪些区别？

◎ 典型案例

情景与背景：20×0年1月1日，甲公司（制造业企业）支付价款1 000 000元（含交易费用）从上海证券交易所购入乙公司同日发行的5年期公司债券1 250份，债券面值总额为1 250 000元，票面年利率为4.72%，到期一次还本付息，利息不计复利。合同约定，该债券的发行方在遇到特定情况时可以将债券赎回，且不需要为提前赎回支付额外款项。甲公司在购买该债券时，预计发行方不会提前赎回。甲公司根据其管理该债券的业务模式和合同现金流特征，将该债券分类为以公允价计量且其变动计入其他综合收益的金融资产。A公司债券其他资料如下：

(1) 20×0年12月31日，乙公司债券公允价值为1 200 000元（不含利息）。
(2) 20×1年12月31日，乙公司债券公允价值为1 300 000元（不含利息）。
(3) 20×2年12月31日，乙公司债券公允价值为1 250 000元（不含利息）。
(4) 20×3年12月31日，乙公司债券公允价值为1 200 000元（不含利息）。
(5) 20×4年1月20日，甲公司通过上海证券交易所出售了乙公司债券1 250份，取得款项1 260 000元。

要求：假定不考虑其他因素。对甲公司的其他债权投资业务进行会计处理。

案例分析：甲公司的会计处理如下：

计算该债券的实际利率 r：

$(59\,000+59\,000+59\,000+59\,000+59\,000+1\,250\,000) \times (1+r)^{-5} = 1\,000\,000$

计算得出 $r \approx 9.05\%$。

(1) 20×0年1月1日，购入乙公司债券：

借：其他债权投资——成本　　　　　　　　　　　　　　　　1 250 000
　　贷：银行存款　　　　　　　　　　　　　　　　　　　　　　1 000 000
　　　　其他债权投资——利息调整　　　　　　　　　　　　　　　250 000

(2) 20×0年12月31日，确认乙公司债券实际投资收益：

应计利息＝面值×票面利率＝1 250 000×4.72%＝59 000（元）
投资收益＝期初摊余成本×实际利率＝(1 250 000－250 000)×9.05%＝90 500（元）

借：其他债权投资——应计利息　　　　　　　　　　　　　　　59 000
　　　　　　　　——利息调整　　　　　　　　　　　　　　　　31 500
　　贷：投资收益　　　　　　　　　　　　　　　　　　　　　　90 500

公允价值变动＝1 200 000－(1 250 000－250 000＋59 000＋31 500)＝109 500（元）

借：其他债权投资——公允价值变动　　　　　　　　　　　　　109 500
　　贷：其他综合收益——其他债权投资公允价值变动　　　　　　109 500

(3) 20×1年12月31日，确认乙公司债券实际投资收益：

应计利息＝1 250 000×4.72%＝59 000（元）
投资收益＝(1 000 000＋59 000＋31 500)×9.05%＝98 690.25（元）

借:其他债权投资——应计利息 59 000.00
　　　　　　——利息调整 39 690.25
　　贷:投资收益 98 690.25
公允价值变动＝1 300 000－(1 200 000＋59 000＋39 690.25)＝1 309.75(元)
借:其他债权投资——公允价值变动 1 309.75
　　贷:其他综合收益——其他债权投资公允价值变动 1 309.75

(4) 20×2 年 12 月 31 日,确认乙公司债券实际投资收益:
应计利息＝1 250 000×4.72％＝59 000(元)
投资收益＝(1 000 000＋59 000＋31 500＋59 000＋39 690.25)×9.05％＝107 621.72(元)
借:其他债权投资——应计利息 59 000.00
　　　　　　——利息调整 48 621.72
　　贷:投资收益 107 621.72
公允价值变动＝1 250 000－(1 300 000＋59 000＋48 621.72)＝－157 621.72(元)
借:其他综合收益——其他债权投资公允价值变动 157 621.72
　　贷:其他债权投资——公允价值变动 157 621.72

(5) 20×3 年 12 月 31 日,确认乙公司债券实际投资收益:
应计利息＝1 250 000×4.72％＝59 000(元)
投资收益＝(1 000 000＋59 000＋31 500＋59 000＋39 690.25＋59 000＋48 621.72)
　　　×9.05％＝117 361.48(元)
借:其他债权投资——应计利息 59 000.00
　　　　　　——利息调整 58 361.48
　　贷:投资收益 117 361.48
公允价值变动＝1 200 000－(1 250 000＋59 000＋58 361.48)＝－167 361.48(元)
借:其他综合收益——其他债权投资公允价值变动 167 361.48
　　贷:其他债权投资——公允价值变动 167 361.48

(6) 20×4 年 1 月 20 日,出售乙公司债券:
利息调整贷方余额＝250 000－31 500－39 690.25－48 621.72－58 361.48
　　　　　　＝71 826.55(元)
应计利息借方余额＝59 000＋59 000＋59 000＋59 000＝236 000(元)
公允价值变动贷方余额＝－109 500－1 309.75＋157 621.72＋167 361.48
　　　　　　＝214 173.45(元)
借:银行存款 1 260 000.00
　　其他债权投资——利息调整 71 826.55
　　　　　　——公允价值变动 214 173.45
　　贷:其他债权投资——成本 1 250 000.00
　　　　　　——应计利息 236 000.00
　　　　投资收益 60 000.00
借:投资收益 214 173.45
　　贷:其他综合收益——其他债权投资公允价值变动 214 173.45

项目一　金融资产

课堂能力训练

甲公司于20×2年1月1日从证券市场上购入乙公司当日发行的分期付息到期还本债券作为其他债权投资核算,该债券期限为4年,票面年利率为5%,购入债券时的实际年利率为4%。甲公司购入债券的面值为20 000 000元,实际支付价款20 645 900元,另支付相关交易费用80 000元。假定按年计提利息,每年年末支付当年度利息。20×2年12月31日,该债券的公允价值为21 000 000元;20×3年12月31日,该债券的公允价值为19 000 000元;20×4年12月31日,该债券的公允价值为19 500 000元。20×5年1月20日,甲公司将该债券全部出售,收到款项19 700 000元并存入银行。

要求:编制甲公司相关会计分录。

四、其他权益工具投资的会计核算

企业应设置"其他权益工具投资"账户,本账户用来核算企业其他权益工具投资的价值。

(一)其他权益工具投资取得时的会计核算

企业取得其他权益工具投资,应按该投资的公允价值与交易费用之和,借记"其他权益工具投资——成本"科目;按支付的价款中包含的已宣告但尚未发放的现金股利,借记"应收股利"科目;按实际支付的金额,贷记"银行存款"等科目。

例题1-8 甲公司20×0年5月10日从证券交易所购入乙公司股票100 000股,并将其指定为其他权益工具投资。以银行存款支付投资款470 000元,其中含有3 000元相关交易费用、12 000元已宣告但尚未发放的现金股利。甲公司编制会计分录如下:

借:其他权益工具投资——成本　　　　　　　　　　　　　　458 000
　　应收股利　　　　　　　　　　　　　　　　　　　　　　 12 000
　　贷:银行存款　　　　　　　　　　　　　　　　　　　　　　　470 000

(二)其他权益工具投资持有期间的会计核算

持有其他权益工具投资期间被投资单位宣告发放现金股利,根据投资方应得的金额,借记"应收股利"科目,贷记"投资收益"科目;实际收到现金股利时,借记"银行存款"等科目,贷记"应收股利"科目。

资产负债表日,其他权益工具投资的公允价值高于其账面余额的差额,借记"其他权益工具投资——公允价值变动"科目,贷记"其他综合收益——其他权益工具投资公允价值变动"科目;公允价值低于其账面余额的差额做相反的会计分录。

值得注意的是,其他权益工具投资是不需要计提减值准备的。

例题1-9 承例题1-8,20×0年6月3日,甲公司收到乙公司发放的现金股利

12 000元。20×0年6月30日该股票的市价为4.5元/股。20×0年9月10日,乙公司再次宣告发放现金股利,甲公司可分得4 000元。20×0年9月28日,甲公司收到乙公司发放的现金股利。20×0年12月31日该股票的市价为5元/股。甲公司编制会计分录如下:

(1)6月3日,收到买价中包含的现金股利:

借:银行存款　　　　　　　　　　　　　　　　　　　　　　12 000
　　贷:应收股利　　　　　　　　　　　　　　　　　　　　　　　12 000

(2)6月3日,以公允价值计量:

公允价值变动=100 000×4.5－458 000=－8 000(元)

借:其他综合收益——其他权益工具投资公允价值变动　　　　8 000
　　贷:其他权益工具投资——公允价值变动　　　　　　　　　　8 000

(3)9月10日,乙公司再次宣告发放现金股利:

借:应收股利　　　　　　　　　　　　　　　　　　　　　　4 000
　　贷:投资收益　　　　　　　　　　　　　　　　　　　　　　　4 000

(4)9月28日,收到现金股利:

借:银行存款　　　　　　　　　　　　　　　　　　　　　　4 000
　　贷:应收股利　　　　　　　　　　　　　　　　　　　　　　　4 000

(5)12月31日,以公允价值计量:

公允价值变动=100 000×5－450 000=50 000(元)

借:其他权益工具投资——公允价值变动　　　　　　　　　　50 000
　　贷:其他综合收益——其他权益工具投资公允价值变动　　　　50 000

(三)其他权益工具投资出售时的会计核算

出售其他权益工具投资,应按实际收到的金额,借记"银行存款"等科目;按其账面余额,贷记"其他权益工具投资——成本"科目,借记或贷记"其他权益工具投资——公允价值变动"科目;如果售价中包含已宣告但尚未发放的现金股利,贷记"应收股利"科目;按其差额贷记或借记"盈余公积""利润分配——未分配利润"科目。

同时,按应从其他综合收益中转出的公允价值累计变动额,借记或贷记"其他综合收益——其他权益工具投资公允价值变动"科目,贷记或借记"盈余公积""利润分配——未分配利润"科目。

例题 1-10　承例题1-8、例题1-9,20×3年1月18日,甲公司将所持有的乙公司股票全部出售,共收取款项520 000元。为方便计算,假定20×0年12月31日之后,乙公司股票价格未发生变化,一直保持在5元/股。甲公司编制会计分录如下:

借:银行存款　　　　　　　　　　　　　　　　　　　　　　520 000
　　贷:其他权益工具投资——成本　　　　　　　　　　　　　　458 000
　　　　　　　　　　　　——公允价值变动　　　　　　　　　　42 000
　　　　盈余公积　　　　　　　　　　　　　　　　　　　　　　2 000
　　　　利润分配——未分配利润　　　　　　　　　　　　　　　18 000

借:其他综合收益——其他权益工具投资公允价值变动　　　　　　　　42 000
　　贷:盈余公积　　　　　　　　　　　　　　　　　　　　　　　　　4 200
　　　　利润分配——未分配利润　　　　　　　　　　　　　　　　　　37 800

课堂能力训练

20×0年5月6日,甲公司支付价款10 160 000元(含交易费用10 000元和已宣告发放现金股利150 000元),购入乙公司发行的股票2 000 000股,占乙公司有表决权股份的0.5%。甲公司将其指定为以公允价值计量且其变动计入其他综合收益的非交易性权益工具投资。20×0年5月10日,甲公司收到乙公司发放的现金股利150 000元。20×0年6月30日,该股票市价为每股5.2元。20×0年12月31日,甲公司仍持有该股票;当日,该股票市价为每股5元。20×1年5月9日,乙公司宣告发放股利40 000 000元。20×1年5月13日,甲公司收到乙公司发放的现金股利。20×1年5月20日,甲公司由于某特殊原因,以每股4.9元的价格将股票全部转让。

要求:编制甲公司相关会计分录。

想一想:同样是以公允价值计量且其变动计入其他综合收益的金融资产,其他债权投资和其他权益工具投资在核算上有什么相同点?有哪些区别?

任务三　以公允价值计量且其变动计入当期损益的金融资产的核算

一、以公允价值计量且其变动计入当期损益的金融资产的类别确定

企业分类为以摊余成本计量的金融资产和以公允价值计量且其变动计入其他综合收益的金融资产之外的金融资产,应当分类为以公允价值计量且其变动计入当期损益的金融资产。如企业常见的下列投资产品通常应当分类为以公允价值计量且其变动计入当期损益的金融资产:

(1)股票。股票的合同现金流包括源自收取被投资企业未来股利分配以及在其清算时获得剩余收益的权利。由于股利及获得剩余收益的权利均不符合本项目关于本金和利息的定义,因此股票不符合本金加利息的合同现金流特征。在不考虑特殊指定为以公允

价值计量且其变动计入其他综合收益的金融资产的情况下,企业持有的股票应当分类为以公允价值计量且其变动计入当期损益的金融资产。

(2)基金。常见的股票型基金、债券型基金、货币基金或混合基金,通常投资于动态管理的资产组合,投资者从该类投资中所取得的现金流量既包括投资期间基础资产产生的合同现金流,也包括处置基础资产产生的现金流。基金一般情况下不符合本金加利息的合同现金流特征。企业持有的基金通常应当分类为以公允价值计量且其变动计入当期损益的金融资产。

(3)可转换债券。可转换债券除按一般债权类投资的特性到期收回本金、获取约定利息或收益外,还嵌入了一项转股权。通过嵌入衍生工具,企业获得的收益在基本借贷安排的基础上,会产生基于其他因素变动的不确定性。可转换债券作为一个整体进行评估,由于其不符合本金加利息的合同现金流特征,企业持有的可转换债券投资应当分类为以公允价值计量且其变动计入当期损益的金融资产。

此外,在初始确认时,如果能够消除或显著减少会计错配,企业可以将金融资产指定为以公允价值计量且其变动计入当期损益的金融资产。该指定一经做出,不得撤销。

以公允价值计量且其变动计入当期损益的金融资产在会计核算时,记入"交易性金融资产"科目。

二、交易性金融资产的计量

交易性金融资产要以公允价值计量,在资产负债表日需要将账面价值调整为当日的公允价值。

值得注意的是,交易性金融资产可以是债权性的,也可以是权益性的。债权性的交易性金融资产一般不存在前述债权投资和其他债权投资涉及的两组数据,即不需要计算实际利率,不用按照实际利率法进行核算。计提利息时,直接按照面值和票面利率计算的利息来确认应收利息,同时按相同的金额确认投资收益即可。

三、交易性金融资产的会计核算

企业应设置"交易性金融资产"科目,本科目用来核算企业以公允价值计量且其变动计入当期损益的金融资产的价值。

(一)交易性金融资产取得时的会计核算

企业取得交易性金融资产时,应当按照该金融资产取得时的公允价值,借记"交易性金融资产——成本"科目;按发生的交易费用,借记"投资收益"科目;取得交易性金融资产所支付价款中包含了已宣告但尚未发放的现金股利或已到付息期但尚未领取的债券利息的,应当借记"应收股利""应收利息"科目;按实际支付的金额,贷记"银行存款"等科目。

例题1-11 甲公司20×0年5月10日从证券交易所购入乙公司股票100 000股,以银行存款支付投资款470 000元,其中含有3 000元相关交易费用、12 000元已宣告发放的现金股利。甲公司根据其管理该股票的业务模式和该股票的合同现金流特征,将其分类为以公允价值计量且其变动计入当期损益的金融资产。甲公司编制会计分录如下:

借:交易性金融资产——成本　　　　　　　　　　　455 000
　　应收股利　　　　　　　　　　　　　　　　　　12 000
　　投资收益　　　　　　　　　　　　　　　　　　3 000
　　贷:银行存款　　　　　　　　　　　　　　　　　　　　470 000

> 想一想:交易性金融资产取得时的交易费用是怎样入账的?和前述其他类别的金融资产在交易费用的处理上有什么不同?

(二)交易性金融资产持有期间的会计核算

持有交易性金融资产期间,收到买价中包含的股利或利息的,借记"银行存款"科目,贷记"应收股利"或"应收利息"科目;确认持有期间享有的股利或利息的,借记"应收股利"或"应收利息"科目,贷记"投资收益"科目;收到款项时,借记"银行存款"科目,贷记"应收股利"或"应收利息"科目。

资产负债表日如果交易性金融资产的公允价值大于账面余额,借记"交易性金融资产——公允价值变动"科目,贷记"公允价值变动损益"科目;如果资产负债表日公允价值小于账面余额,则做相反的会计分录。

值得注意的是,交易性金融资产是不需要计提减值准备的。

例题 1-12　承例题 1-11,20×0 年 6 月 3 日,甲公司收到乙公司发放的现金股利 12 000 元。20×0 年 6 月 30 日,该股票的市价为 4.5 元/股。20×0 年 9 月 10 日,乙公司再次宣告发放现金股利,甲公司可分得 4 000 元。20×0 年 9 月 28 日,甲公司收到乙公司发放的现金股利。20×0 年 12 月 31 日,该股票的市价为 5 元/股。甲公司编制会计分录如下:

(1)6 月 3 日,收到买价中包含的现金股利:

借:银行存款　　　　　　　　　　　　　　　　　　12 000
　　贷:应收股利　　　　　　　　　　　　　　　　　　　　12 000

(2)6 月 30 日,以公允价值计量:

公允价值变动=100 000×4.5－455 000=－5 000(元)

借:公允价值变动损益　　　　　　　　　　　　　　5 000
　　贷:交易性金融资产——公允价值变动　　　　　　　　　5 000

(3)9 月 10 日,乙公司再次宣告发放现金股利:

借:应收股利　　　　　　　　　　　　　　　　　　4 000
　　贷:投资收益　　　　　　　　　　　　　　　　　　　　4 000

(4)9 月 28 日,收到现金股利:

借:银行存款　　　　　　　　　　　　　　　　　　4 000
　　贷:应收股利　　　　　　　　　　　　　　　　　　　　4 000

(5)12月31日,以公允价值计量:

公允价值变动=5×100 000－450 000=50 000元

借:交易性金融资产——公允价值变动　　　　　　　　　　　　50 000
　　贷:公允价值变动损益　　　　　　　　　　　　　　　　　　　　50 000

课堂能力训练

20×0年7月1日,甲公司从二级市场以30 000 000元(含已到付息期但尚未领取的利息1 000 000元)购入乙公司发行的债券,另发生交易费用100 000元,划分为以公允价值计量且其变动计入当期损益的金融资产。当年12月31日,该金融资产的公允价值为35 000 000元。假定不考虑其他因素,当日,甲公司应就该资产确认的公允价值变动损益是多少?

(三)交易性金融资产出售时的会计核算

出售交易性金融资产时,应当按该金融资产出售时实际收到的金额,借记"银行存款"等科目;按其账面余额,贷记"交易性金融资产——成本"科目,贷记或借记"交易性金融资产——公允价值变动"科目;如果售价中包含已宣告但尚未发放的现金股利或已到付息期但尚未领取的债券利息的,应当贷记"应收股利"或"应收利息"科目;按其差额贷记或借记"投资收益"科目。

例题 1-13　承例题1-11、例题1-12,20×1年1月18日,甲公司将所持有的乙公司的股票全部出售,共收取款项520 000元。甲公司编制会计分录如下:

借:银行存款　　　　　　　　　　　　　　　　　　　　　　　　520 000
　　贷:交易性金融资产——成本　　　　　　　　　　　　　　　　455 000
　　　　　　　　　　　——公允价值变动　　　　　　　　　　　　 45 000
　　　　投资收益　　　　　　　　　　　　　　　　　　　　　　　 20 000

想一想:交易性金融资产和其他权益工具投资在业务处理上有哪些相似点,有哪些区别?

◎ 典型案例

情景与背景: 20×0年1月1日,甲公司从二级市场支付价款1 020 000元(含已到付息期但尚未领取的利息20 000元)购入乙公司发行的债券,另发生交易费用20 000元。该债券面值1 000 000元,剩余期限为2年,票面年利率为4%,每半年付息一次,其合同现金流特征满足仅为对本金和以未偿付本金金额为基础的利息的支付。甲公司根据其管理该股票的业务模式和该股票的合同现金流特征,将其分类为以公允价值计量且其变动计入当期损益的金融资产。其他资料如下:

(1)20×0年1月5日,收到该债券利息20 000元;

(2)20×0年6月30日,该债券的公允价值为1 150 000元(不含利息);

(3)20×0年7月5日,收到该债券20×0年上半年利息;

(4)20×0年12月31日,该债券的公允价值为1 100 000元(不含利息);

(5)20×1年1月5日,收到该债券20×0年下半年利息;

(6)20×1年3月31日,甲公司将该债券出售,取得价款1 180 000元(含第一季度利息10 000元)。

要求:假定不考虑其他因素。对甲公司的债券投资业务进行会计处理。

案例分析:甲公司的会计处理如下:

(1)20×0年1月1日,购入债券:

借:交易性金融资产——成本	1 000 000
应收利息	20 000
投资收益	20 000
贷:银行存款	1 040 000

(2)20×0年1月5日,收到买价中包含的利息:

借:银行存款	20 000
贷:应收利息	20 000

(3)20×0年6月30日,确认债券公允价值变动和投资收益(上半年利息收入):

借:交易性金融资产——公允价值变动	150 000
贷:公允价值变动损益	150 000

应收利息＝投资收益＝面值×票面利率×6/12＝1 000 000×4％×6/12＝20 000(元)

借:应收利息	20 000
贷:投资收益	20 000

(4)20×0年7月5日,收到该债券20×0年上半年利息:

借:银行存款	20 000
贷:应收利息	20 000

(5)20×0年12月31日,确认债券公允价值变动和投资收益(下半年利息收入):

借:公允价值变动损益	50 000
贷:交易性金融资产——公允价值变动	50 000

应收利息＝投资收益＝面值×票面利率×6/12＝1 000 000×4％×6/12＝20 000(元)

借:应收利息	20 000
贷:投资收益	20 000

(6)20×1年1月5日,收到该债券20×0年下半年利息:

借:银行存款	20 000
贷:应收利息	20 000

(7)20×1年3月31日,将该债券予以出售:

应收利息＝投资收益＝面值×票面利率×3/12＝1 000 000×4％×3/12＝10 000(元)

借:应收利息	10 000
贷:投资收益	10 000

借:银行存款	1 180 000
贷:交易性金融资产——成本	1 000 000
——公允价值变动	100 000
应收利息	10 000
投资收益	70 000

课堂能力训练

20×0年5月20日,甲公司从深圳证券交易所购入乙公司股票1 000 000股,占乙公司有表决权股份的5%。支付价款合计5 080 000元,其中,证券交易税等交易费用8 000元,已宣告但尚未发放的现金股利72 000元。甲公司根据其管理该股票的业务模式和该股票的合同现金流特征,将其分类为以公允价值计量且其变动计入当期损益的金融资产。20×0年6月20日,甲公司收到乙公司发放的现金股利72 000元。20×0年6月30日,乙公司股票收盘价为每股5.20元。20×0年12月31日,乙公司股票收盘价为每股4.90元。20×1年4月20日,乙公司宣告发放20×0年现金股利每股0.1元。20×1年5月1日,甲公司以每股4.50元的价格将股票全部转让(含已宣告但尚未发放的现金股利),同时支付证券交易税等交易费用7 200元。

要求:编制甲公司相关会计分录。

相关链接

转让金融商品应交增值税的计算和会计处理

转让金融商品按照卖出价扣除买入价后的余额作为含税增值额计算增值税。转让金融商品应交增值税的计算公式为:

$$\text{转让金融商品应交增值税} = \frac{(\text{卖出价} - \text{买入价})}{1 + \text{增值税税率}} \times \text{增值税税率}$$

按照现行增值税法规定,转让金融商品,一般纳税人适用税率为6%,小规模纳税人征收率为3%。

设置"应交税费——转让金融商品应交增值税"科目,核算增值税纳税人转让金融商品发生的增值税应纳税额。产生转让收益时,借记"投资收益"等科目,贷记"应交税费——转让金融商品应交增值税"科目,产生转让损失时,做相反的会计分录。

值得注意的是,"应交税费——转让金融商品应交增值税"科目借方余额表示下一纳税期可予以抵扣的税额,但年末时仍出现借方余额的,不得转入下一个会计年度。应通过借记"投资收益"等科目,贷记"应交税费——转让金融商品应交增值税"科目,将其转出。另外,上述买入价不需要扣除已宣告但尚未发放的现金股利或已到付息期但尚未领取的债券利息,但交易费用是要扣除的。

(资料来源:编者根据东奥会计在线相关内容整理)

任务四 金融资产的重分类

一、金融资产重分类的要求

企业改变其管理金融资产的业务模式时,应当对所有受影响的相关金融资产进行重分类。

企业对金融资产进行重分类,应当自重分类日起采用未来适用法进行相关会计处理,不得对以前已经确认的利得、损失(包括减值损失或利得)或利息进行追溯调整。重分类日,是指导致企业对金融资产进行重分类的业务模式发生变更后的首个报告期间的第一天。如甲上市公司决定于20×0年3月22日改变其管理某金融资产的业务模式,则其重分类日为20×0年4月1日(下一个季度会计期间的期初);乙上市公司决定于20×0年10月15日改变其管理某金融资产的业务模式,则重分类日为20×1年1月1日。

企业管理金融资产业务模式的变更是一种极其少见的情形。该变更源自外部或内部的变化,必须由企业的高级管理层进行决策,且其必须对企业的经营非常重要,并能够向外部各方证实。因此,只有当企业开始或终止某项对其经营影响重大的活动时(如当企业收购、处置或终止某一业务线时),其管理金融资产的业务模式才会发生变更。

例题1-14 甲公司原本持有拟在短期内出售的某商业贷款组合。甲公司近期收购了一家资产管理公司(乙公司),乙公司持有贷款的业务模式以收取合同现金流为目标。甲公司决定,对原持有的商业贷款组合不再以出售为目标,而将该组合与乙公司持有的其他贷款一起管理,改为以收取合同现金流为目标,则甲公司管理该商业贷款组合的业务模式发生了变更。

以下情形不属于业务模式变更:

(1)企业持有特定金融资产的意图改变。即使企业在市场状况发生重大变化的情况下改变对特定资产的持有意图,也不属于业务模式变更。

(2)金融资产特定市场暂时性消失从而暂时影响金融资产出售。

(3)金融资产在企业具有不同业务模式的各部门之间转移。

值得注意的是,如果企业管理金融资产的业务模式没有发生变更,而金融资产的条款发生变更但未导致终止确认,则不允许重分类。如果金融资产条款发生变更导致金融资产终止确认,则不涉及重分类问题,企业应当终止确认原金融资产,同时按照变更后的条款确认一项新金融资产。

二、金融资产重分类的类型

依据金融资产形成的投资关系,金融资产可以分为权益性的金融资产和债权性的金融资产两类。权益性的金融资产按照金融资产的分类规则,可归类为以公允价值计量且其变动计入当期损益的金融资产和以公允价值计量且其变动计入其他综合收益的金融资产两类。债权性的金融资产按照金融资产的分类规则,可归类为以摊余成本计量的金融资产、以公允价值计量且其变动计入其他综合收益的金融资产和以公允价值计量且其变动计入当期损益的金融资产三类。会计准则规定,权益性的金融资产是不能进行重分类的,债权性的金融资产在满足条件的情况下可以进行重分类。金融资产分类和重分类如图1-4所示:

金融资产
- 权益性的金融资产
  - 以公允价值计量且其变动计入当期损益的金融资产
  - 以公允价值计量且其变动计入其他综合收益的金融资产
- 债权性的金融资产
  - 以摊余成本计量的金融资产
  - 以公允价值计量且其变动计入其他综合收益的金融资产
  - 以公允价值计量且其变动计入当期损益的金融资产

图1-4 金融资产分类和重分类

金融资产的重分类有以下类型:

(1)将以摊余成本计量的金融资产重分类为以公允价值计量且其变动计入当期损益的金融资产,将以摊余成本计量的金融资产重分类为以公允价值计量且其变动计入其他综合收益的金融资产。

(2)将以公允价值计量且其变动计入其他综合收益的金融资产重分类为以摊余成本计量的金融资产,将以公允价值计量且其变动计入其他综合收益的金融资产重分类为以公允价值计量且其变动计入当期损益的金融资产。

(3)将以公允价值计量且其变动计入当期损益的金融资产重分类为以摊余成本计量的金融资产;将以公允价值计量且其变动计入当期损益的金融资产重分类为以公允价值计量且其变动计入其他综合收益的金融资产。

三、金融资产重分类的会计核算

(一)以摊余成本计量的金融资产的重分类

(1)企业将一项以摊余成本计量的金融资产重分类为以公允价值计量且其变动计入当期损益的金融资产的,应当按照该金融资产在重分类日的公允价值借记"交易性金融资产"科目;按照该金融资产在重分类日的账面余额贷记"债权投资"科目;按照已计提的债权投资减值准备借记"债权投资减值准备"科目;按其差额借记或贷记"公允价值变动损益"科目。

例题 1-15　20×0 年 10 月 15 日,甲银行购入一项债券投资,并按规定将其分类为以摊余成本计量的金融资产。20×1 年 10 月 15 日,甲银行变更了其管理债券投资组合的业务模式,其变更符合重分类的要求,因此,甲银行于 20×2 年 1 月 1 日将该债券从以摊余成本计量的金融资产重分类为以公允价值计量且其变动计入当期损益的金融资产。20×2 年 1 月 1 日,该债券的账面余额为 500 000 元(不考虑明细科目),公允价值为 490 000 元,已确认的债权投资减值准备为 6 000 元。假设不考虑其他因素,甲银行应编制会计分录如下:

借:交易性金融资产	490 000
债权投资减值准备	6 000
公允价值变动损益	4 000
贷:债权投资	500 000

(2)企业将一项以摊余成本计量的金融资产重分类为以公允价值计量且其变动计入其他综合收益的金融资产的,应当按照该金融资产在重分类日的公允价值借记"其他债权投资"科目;按照该金融资产在重分类日的账面余额贷记"债权投资"科目;按其差额借记或贷记"其他综合收益——其他债权投资公允价值变动"科目。同时,按照已计提的债权投资减值准备借记"债权投资减值准备"科目,贷记"其他综合收益——信用减值准备"科目。该金融资产重分类不影响其实际利率的计量。

(二)以公允价值计量且其变动计入其他综合收益的金融资产的重分类

(1)企业将一项以公允价值计量且其变动计入其他综合收益的金融资产重分类为以摊余成本计量的金融资产的,应当将之前计入其他综合收益的累计利得或损失转出,调整该金融资产在重分类日的公允价值,并以调整后的金额作为新的账面价值,即视同该金融资产一直以摊余成本计量。该金融资产重分类不影响其实际利率和预期信用损失的计量。

(2)企业将一项以公允价值计量且其变动计入其他综合收益的金融资产重分类为以公允价值计量且其变动计入当期损益的金融资产的,应当继续以公允价值计量该金融资产;同时,企业应当将之前计入其他综合收益的累计利得或损失从其他综合收益转入公允价值变动损益。

(三)以公允价值计量且其变动计入当期损益的金融资产的重分类

(1)企业将一项以公允价值计量且其变动计入当期损益的金融资产重分类为以摊余成本计量的金融资产的,应当以其在重分类日的公允价值作为新的账面余额。

(2)企业将一项以公允价值计量且其变动计入当期损益的金融资产重分类为以公允价值计量且其变动计入其他综合收益的金融资产的,应当继续以公允价值计量该金融资产。

对以公允价值计量且其变动计入当期损益的金融资产进行重分类的,企业应当根据该金融资产在重分类日的公允价值确定其实际利率。同时,企业应当自重分类日起对该金融资产适用金融工具减值的相关规定,并将重分类日视为初始确认日。

> **相关链接**

金融衍生产品的种类

金融衍生产品，也称金融衍生工具、金融衍生产物。国际上金融衍生产品种类繁多，活跃的金融创新活动接连不断地推出新的金融衍生产品。金融衍生产品主要有以下几种分类方法：

1. 根据产品形态，可以分为远期、期货、互换（掉期）和期权四大类

远期合约和期货合约都是交易双方约定在未来某一特定时间、以某一特定价格、买卖某一特定数量和质量资产的交易形式。期货合约是期货交易所制定的标准化合约，对合约到期日及其买卖的资产的种类、数量、质量做出了统一规定。远期合约是根据买卖双方的特殊需求由买卖双方自行签订的合约。因此，期货交易流动性较高，远期交易流动性较低。

掉期合约是当事人之间签订的在未来某一期间内相互交换他们认为具有相等经济价值的现金流的合约。较为常见的是利率掉期合约和货币掉期合约。掉期合约中规定的交换货币若是同种货币，则为利率掉期；若是异种货币，则为货币掉期。

期权合约是买卖权利的交易。期权合约规定了在某一特定时间、以某一特定价格买卖某一特定种类、数量、质量原生资产的权利。期权合同有在交易所上市的标准化合同，也有在柜台交易的非标准化合同。

2. 根据原生资产，大致可以分为四类，即股票、利率、汇率和商品

这四类产品如果再加以细分，股票类中又包括具体的股票和由股票组合形成的股票指数；利率类中又可分为以短期存款利率为代表的短期利率和以长期债券利率为代表的长期利率；汇率类中包括各种不同币种之间的比值；商品类中包括各类大宗实物商品。

3. 根据交易方法，可分为场内交易和场外交易

场内交易又称交易所交易，指所有的供求方集中在交易所进行竞价交易的交易方式。交易所向交易参与者收取保证金，同时负责进行清算和承担履约担保责任，交易标的物是标准化的金融合同。场内交易通常可以形成流动性较高的市场。期货交易和部分标准化期权合同交易都属于这种交易方式。

场外交易又称柜台交易，指交易双方直接成为交易对手的交易方式。这种交易方式可以根据每个使用者的不同需求设计出不同内容的产品。同时，为了满足客户的具体要求，出售衍生产品的金融机构需要有高超的金融技术和风险管理能力。场外交易的参与者通常仅限于信用程度高的客户。掉期交易和远期交易是具有代表性的柜台交易的衍生产品。

（资料来源：金融衍生产品，MBA智库，有删节）

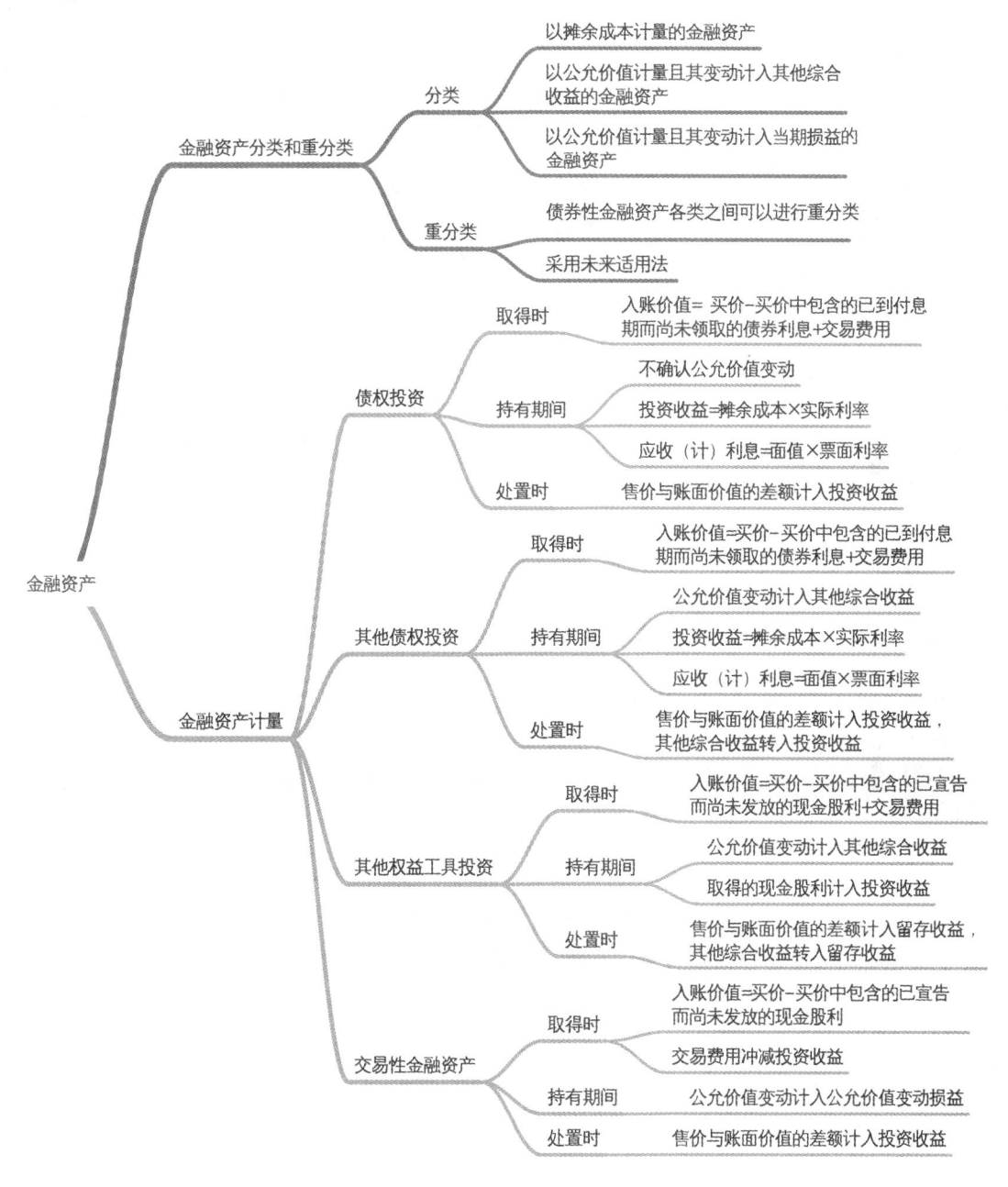

思维导图

- 金融资产
  - 金融资产分类和重分类
    - 分类
      - 以摊余成本计量的金融资产
      - 以公允价值计量且其变动计入其他综合收益的金融资产
      - 以公允价值计量且其变动计入当期损益的金融资产
    - 重分类
      - 债券性金融资产各类之间可以进行重分类
      - 采用未来适用法
  - 金融资产计量
    - 债权投资
      - 取得时：入账价值＝买价－买价中包含的已到付息期而尚未领取的债券利息＋交易费用
      - 持有期间
        - 不确认公允价值变动
        - 投资收益＝摊余成本×实际利率
        - 应收（计）利息＝面值×票面利率
      - 处置时：售价与账面价值的差额计入投资收益
    - 其他债权投资
      - 取得时：入账价值＝买价－买价中包含的已到付息期而尚未领取的债券利息＋交易费用
      - 持有期间
        - 公允价值变动计入其他综合收益
        - 投资收益＝摊余成本×实际利率
        - 应收（计）利息＝面值×票面利率
      - 处置时：售价与账面价值的差额计入投资收益，其他综合收益转入投资收益
    - 其他权益工具投资
      - 取得时：入账价值＝买价－买价中包含的已宣告而尚未发放的现金股利＋交易费用
      - 持有期间
        - 公允价值变动计入其他综合收益
        - 取得的现金股利计入投资收益
      - 处置时：售价与账面价值的差额计入留存收益，其他综合收益转入留存收益
    - 交易性金融资产
      - 取得时
        - 入账价值＝买价－买价中包含的已宣告而尚未发放的现金股利
        - 交易费用冲减投资收益
      - 持有期间：公允价值变动计入公允价值变动损益
      - 处置时：售价与账面价值的差额计入投资收益

项目二 长期股权投资

学习目标

知识目标
- ◎ 理解长期股权投资的概念和范围
- ◎ 掌握长期股权投资初始计量的类别划分和会计核算要求
- ◎ 掌握成本法进行后续计量的适用范围和会计核算要求
- ◎ 掌握权益法进行后续计量的适用范围和会计核算要求
- ◎ 了解长期股权投资核算方法转换的种类和基本核算要求
- ◎ 掌握长期股权投资处置的会计核算要求

能力目标
- ◎ 能够正确进行长期股权投资初始计量的会计核算
- ◎ 能够正确使用成本法进行长期股权投资后续计量的会计核算
- ◎ 能够正确使用权益法进行长期股权投资后续计量的会计核算
- ◎ 能够正确进行长期股权投资处置的会计核算

"中国水务"和"深圳建信"股权交易案例

◎ 引导案例

中国水务投资有限公司(简称"中国水务")是由水利部综合事业局联合战略投资者发起成立的国家级专业水务投资和运营管理公司,注册资本为12亿元,为全国前十大水务企业之一。

2016年9月6日,中国水务召开股东大会,审议通过了《关于审议转让公司所持新疆昌源水务集团有限公司51%股权、新疆昌源通达投资有限公司51%股权及债权的议案》,同意通过产权交易所将所持有的昌源水务51%股权公开挂牌转让。2016年11月21日,中国水务委托上海联合产权交易所,对所持昌源水务51%的股权进行公开转让。2016年12月29日,中国水务与深圳市建信投资发展有限公司(简称"深圳建信")签订"产权交易合同",约定将中国水务的昌源水务51%的股权转让给深圳建信。

截至2016年8月31日,昌源水务资产总额为815 933.85万元,负债总额为580 121.48万元,所有者权益为235 812.37万元(51%股权对应所有者权益为12.03亿元)。根据股权挂牌披露信息,经审计后的财务数据显示,昌源水务2015年营业收入为4.81亿元,净利润为1.36亿元;2016年上半年,其营业收入为2.13亿元,亏损为5 905.15万元。截至2016年8月31日,营业收入为4.21亿元,亏损为2 191万元。昌源水务51%股权的交易价款为人民币252 000万元,由于深圳建信和中国水务的实际控制人都是中华人民共和国财政部,本次股权转让为同一实际控制人下的间接股权转让。

(资料来源:A股上市公司股权转让案例深度解读,新浪博客缠师看市,编者有删改)

上述股权转让业务应该怎样解读?股权交易有哪些种类?分别应该怎样进行会计处理?本项目将帮助您找到答案。

任务一 长期股权投资的初始计量

一、长期股权投资的概念和范围

长期股权投资是指投资方对子公司、合营企业或联营企业的投资,也可以理解为投资方能够对被投资单位实施控制、共同控制或重大影响的权益性投资。

(1)投资方能够对被投资单位实施控制的权益性投资,即对子公司投资。控制,是指投资方拥有对被投资单位的权力,通过参与被投资单位的相关活动而享有可变回报,并且有能力运用对被投资单位的权力影响其回报金额。

控制一般存在以下情况:①直接拥有被投资单位50%以上的表决权资本。②虽然直接拥有被投资单位50%以下的表决权资本,但具有实质控制权。比如通过与其他投资者协议,代为行使其在被投资单位的权力,从而使投资方拥有被投资单位50%以上的表决权;根据章程或协议,投资方有权控制被投资单位的财务和经营政策;有权任免被投资单位董事会等类似权力机构的多数成员;在董事会或类似权力机构会议上有半数以上投票权等。

(2)投资方与其他合营方一同对被投资单位实施共同控制且对被投资单位净资产享有权利的权益性投资,即对合营企业投资。共同控制,是指按照相关约定对某项安排所共有的控制,并且该安排的相关活动必须经过分享控制权的参与方一致同意后才能决策。相关活动,通常包括商品或劳务的销售和购买、金融资产的管理、资产的购买和处置、研究

与开发活动以及融资活动等。值得注意的是,如果存在两个或两个以上的参与方组合能够集体控制某项安排,则不构成共同控制。

共同控制一般存在于以下情况:①投资各方所持表决权资本的比例相同,并按合同约定共同控制。比如A、B、C、D企业各占F企业表决权资本的25%,按照合同约定,投资各方按照出资比例控制F企业,由于出资比例相同,因此F企业就由A、B、C、D企业共同控制。②投资各方虽然所持表决权资本的比例不同,但按合同约定共同控制。比如A、B、C企业拥有D企业表决权资本各为30%、40%、30%,但合同约定,D企业由各出资方共同控制,D企业所有重大的财务和经营政策必须取得A、B、C企业的一致同意,任何一方不能单方面做出决定。在这种情况下,D企业就由A、B、C企业共同控制。

(3)投资方对被投资单位具有重大影响的权益性投资,即对联营企业投资。重大影响,是指对一个企业的财务和经营政策有参与决策的权力,但并不能够控制或者与其他方一起共同控制这些政策的制定。

重大影响一般存在于以下情况:①投资方直接或通过子公司间接持有被投资单位20%以上但低于50%的表决权;②投资方在被投资单位的董事会或类似权力机构中派有代表,通过在被投资单位财务和经营决策制定过程中的发言权实施重大影响。

值得注意的是,不具备上述三种关系的权益性投资,属于金融资产,按金融资产的分类和核算要求进行会计处理。

二、企业合并形成的长期股权投资的初始计量

在这里,企业合并意味着通过投资行为,投资方获得了被投资单位的控制权,或者说被投资单位成为投资方的子公司。企业合并形成的长期股权投资,应分别同一控制下企业合并与非同一控制下企业合并确定其初始投资成本。值得注意的是,这里只介绍合并后被合并方仍维持其独立法人地位的情形。

(一)同一控制下企业合并形成的长期股权投资

1.同一控制下企业合并的理解

同一控制下企业合并是指参与合并的企业在合并前、后均受同一方或相同的多方最终控制且该控制并非暂时性的企业合并。比如A、B两家公司受同一家母公司控制,母公司持有A公司70%的股权,持有B公司100%的股权。A公司通过向母公司支付现金取得母公司持有的B公司100%的股权,完成了A公司对B公司的合并。合并后,母公司仍持有A公司70%的股权,A公司持有B公司100%的股权,A公司和B公司的最终控制方仍是母公司。合并过程如图2-1所示。如果A公司通过增发本公司股份作为合并对价,从母公司处换取其所持有的B公司的股份,则母公司会相应增加对A公司的持股比例,而A公司合并了B公司,A公司和B公司的最终控制方也仍旧是母公司。

从最终控制方的角度来看,该类企业合并在一定程度上并不会造成构成企业集团整体的经济利益流入和流出,最终控制方在合并前后实际控制的经济资源并没有发生变化。所以同一控制下企业合并不能看成一项买卖业务,而应该看作两个或多个参与合并企业

权益的重新整合。相应的,股权的交易不能作为购买或出售来进行会计核算。

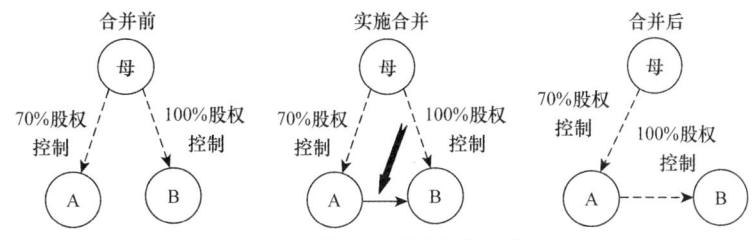

图 2-1 同一控制下企业合并

2. 同一控制下企业合并的会计核算

$$\text{长期股权投资的初始投资成本} = \text{被合并方在最终控制方合并财务报表中的净资产的账面价值} \times \text{合并方对被合并方的持股比例}$$

合并方以支付现金、转让非现金资产或承担债务方式作为合并对价的,应当在合并日按照所取得的被合并方在最终控制方合并财务报表中的净资产的账面价值的份额作为长期股权投资的初始投资成本,借记"长期股权投资"科目;按支付的现金、转让的非现金资产及所承担债务账面价值贷记相关资产或负债类科目;两者之间的差额,如果在贷方,应贷记"资本公积——资本溢价/股本溢价"科目,如果在借方,应借记"资本公积——资本溢价/股本溢价"科目,"资本公积——资本溢价/股本溢价"科目的余额不足冲减的,依次借记"盈余公积"和"利润分配——未分配利润"科目。

合并方以发行权益性工具作为合并对价的,应当在合并日按照所取得的被合并方在最终控制方合并财务报表中的净资产的账面价值的份额作为长期股权投资的初始投资成本,借记"长期股权投资"科目;按发行股份的面值总额贷记"股本"科目;两者之间的差额,如果在贷方,应贷记"资本公积——股本溢价"科目,如果在借方,应借记"资本公积——股本溢价"科目,"资本公积——股本溢价"科目的余额不足冲减的,依次借记"盈余公积"和"利润分配——未分配利润"科目。

被合并方在合并日的净资产账面价值为负数的,长期股权投资成本按零确定,同时在备查簿中予以登记。

合并方发生的审计、法律服务、评估咨询等中介费用以及其他相关费用,于发生时记入"管理费用"科目。与发行权益性工具作为合并对价直接相关的交易费用,应当冲减资本公积——股本溢价;资本公积——股本溢价不足冲减的,依次冲减盈余公积和未分配利润。与发行债务性工具作为合并对价直接相关的交易费用,应当计入债务性工具的初始确认金额。

例题 2-1 20×0 年 6 月 30 日,甲公司向其母公司乙发行 10 000 000 股普通股(每股面值为 1 元,每股公允价值为 4.34 元),取得母公司乙拥有对丙公司 100%的股权,并于当日起能够对丙公司实施控制。合并后丙公司仍维持其独立法人地位继续经营。20×0 年 6 月 30 日,乙公司合并财务报表中的丙公司净资产账面价值为 40 000 000 元。假定甲公司和丙公司都受乙公司控制。不考虑相关税费等其他因素影响。

该合并业务属于同一控制下的企业合并。甲公司在合并日应确认对丙公司的长期股权投资,初始投资成本为甲公司应享有丙公司在乙公司合并财务报表中的净资产账面价

值的份额,即 40 000 000×100%＝40 000 000(元)。甲公司应编制会计分录如下:

借:长期股权投资——丙公司　　　　　　　　　　　　40 000 000
　　贷:股本　　　　　　　　　　　　　　　　　　　　10 000 000
　　　　资本公积——股本溢价　　　　　　　　　　　　30 000 000

课堂能力训练

对于同一控制下的企业合并,合并方以固定资产作为合并对价取得长期股权投资的,下列说法中正确的有(　　)。

A.应当在合并日以所付出固定资产的账面价值作为长期股权投资的初始投资成本

B.长期股权投资的初始投资成本与所付出固定资产账面价值的差额,应该调整留存收益

C.应当在合并日以所取得被合并方所有者权益账面价值的份额作为长期股权投资的初始投资成本

D.对于所付出固定资产的公允价值与账面价值的差额,不予确认

想一想:上述会计核算方法是怎样体现非买卖的属性的?

(二)非同一控制下企业合并形成的长期股权投资

1.非同一控制下企业合并的理解

非同一控制下的企业合并,是指参与合并各方在合并前、后不受同一方或相同的多方最终控制的交易合并,即排除判断属于同一控制下的企业合并的情况以外的其他的企业合并。比如C公司控制B公司,A公司是与之无关联方关系的第三方,A公司通过向C公司付出资产、发生或承担负债、发行权益性工具或债务性工具等方式取得C公司所持有的B公司股权,从而实现了对B公司的合并。合并之后,C公司失去对B公司的控制权。如图2-2所示。

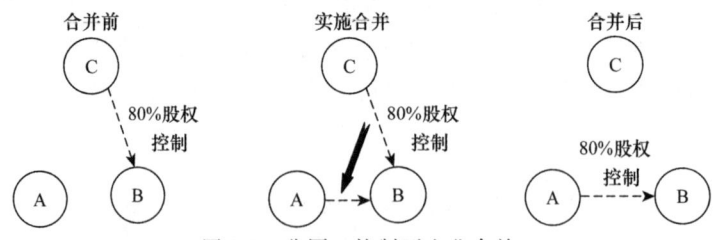

图2-2　非同一控制下企业合并

在总体原则上,将非同一控制下的企业合并视同一个企业购买另一个企业的交易行为。

2.非同一控制下企业合并的会计核算

长期股权投资的初始投资成本 ＝ 企业合并成本 ＝ 购买方付出的资产、发生或承担的负债、发行的权益性工具或债务性工具的公允价值之和

项目二　长期股权投资

非同一控制下的企业合并中,购买方应当按照确定的企业合并成本借记"长期股权投资"科目;付出的资产按照以公允价值出售资产进行处理,发生或承担的负债以公允价值入账,发行的权益性工具或债务性工具按照以公允价值发行相应金融工具进行处理。

购买方为企业合并发生的审计、法律服务、评估咨询等中介费用以及其他相关费用,应于发生时记入"管理费用"科目。与发行权益性工具作为合并对价直接相关的交易费用,应当冲减资本公积——股本溢价,资本公积——股本溢价不足冲减的,依次冲减盈余公积和未分配利润。与发行债务性工具作为合并对价直接相关的交易费用,应当计入债务性工具的初始确认金额。

例题 2-2　20×0年3月31日,甲公司取得乙公司70%的股权,并于当日起能够对乙公司实施控制。合并中,甲公司支付的有关资产在购买日的账面价值与公允价值见表2-1。合并中,甲公司为核实乙公司的资产价值,聘请专业资产评估机构对乙公司的资产进行评估,支付评估费用1 000 000元。假定合并前甲公司与乙公司不存在任何关联方关系。不考虑相关税费等其他因素影响。

表2-1　甲公司支付的有关资产购买日的账面价值与公允价值

20×0年3月31日　　　　　　　　　　　　　　　　　　　　　　　　　　单位:元

项目	账面价值	公允价值
土地使用权(自用)	20 000 000 (成本为30 000 000,累计摊销10 000 000)	32 000 000
专利技术	8 000 000 (成本为10 000 000,累计摊销2 000 000)	10 000 000
银行存款	8 000 000	8 000 000
合计	36 000 000	50 000 000

该合并业务属于非同一控制下的企业合并。甲公司在合并日应确认对乙公司的长期股权投资,初始投资成本为甲公司付出的资产的公允价值之和,即50 000 000元,甲公司的会计处理如下:

(1)支付评估费用

借:管理费用　　　　　　　　　　　　　　　　　　　　　　　　　　1 000 000
　　贷:银行存款　　　　　　　　　　　　　　　　　　　　　　　　　1 000 000

(2)取得长期股权投资:

借:长期股权投资——乙公司　　　　　　　　　　　　　　　　　　　50 000 000
　　累计摊销　　　　　　　　　　　　　　　　　　　　　　　　　　12 000 000
　　贷:无形资产　　　　　　　　　　　　　　　　　　　　　　　　　40 000 000
　　　　银行存款　　　　　　　　　　　　　　　　　　　　　　　　　8 000 000
　　　　资产处置损益　　　　　　　　　　　　　　　　　　　　　　　14 000 000

> 想一想:非同一控制下的企业合并和同一控制下的企业合并要怎样区分?在核算上有什么区别?产生这种区别的原因是什么?

课堂能力训练

20×0年6月30日,甲公司向乙公司的股东定向增发100 000 000股普通股对乙公司进行合并,增发的普通股每股面值为1元,每股市价为3.5元,同时发生交易费用10 000 000元。甲公司于当日取得对乙公司70%的股权。假定该项合并属于非同一控制下的企业合并。

要求:编制甲公司相关会计分录。

相关链接

企业合并的方式

企业合并按合并方式划分,包括控股合并、吸收合并和新设合并。

控股合并。合并方(或购买方,下同)通过企业合并交易或事项取得对被合并方(或被购买方,下同)的控制权,企业合并后能够通过所取得的股权等主导被合并方的生产经营决策并自被合并方的生产经营活动中获益,被合并方在企业合并后仍维持其独立法人资格继续经营。

吸收合并。合并方在企业合并中取得被合并方的全部净资产,并将有关资产、负债并入合并方自身生产经营活动中。企业合并完成后,注销被合并方的法人资格,由合并方持有合并中取得的被合并方的资产、负债,在新的基础上继续经营。

新设合并。参与合并的各方在企业合并后法人资格均被注销,重新注册成立一家新的企业,由新注册成立的企业持有参与合并各企业的资产、负债并在新的基础上经营。

(资料来源:吸收合并和控股合并的区别,会计学堂,有删改)

三、企业非合并形成的长期股权投资的初始计量

企业非合并意味着通过投资行为,投资方获得了被投资单位的共同控制或重大影响权,或者说被投资单位成为投资方的合营企业或联营企业。

(一)支付现金取得长期股权投资

长期股权投资的初始投资成本 = 支付的购买价款 + 直接相关费用、税金及其他必要支出 − 买价中包含的已宣告但尚未发放的现金股利或利润

支付现金取得长期股权投资,应当按照初始投资成本借记"长期股权投资——成本"科目,按购买价款中包含的应自被投资单位收取的已宣告但尚未发放的现金股利或利润借记"应收股利"科目,按实际支付的款项贷记"银行存款"等科目。

例题 2-3　甲公司于 20×0 年 2 月 10 日自公开市场中买入乙公司 20% 的股份,实际支付价款 80 000 000 元。在购买过程中支付手续费等相关费用 1 000 000 元。甲公司取得该部分股权后能够对乙公司施加重大影响。假定甲公司取得该项投资时,乙公司已宣告但尚未发放现金股利,甲公司按其持股比例计算确定可分得 300 000 元。

该业务属于非合并形成的长期股权投资。甲公司在合并日应确认对乙公司的长期股权投资,初始投资成本为甲公司支付的购买价款和相关费用之和,但不包括买价中包含的已宣告但尚未发放的现金股利或利润,即 80 000 000+1 000 000−300 000=80 700 000(元),甲公司应编制会计分录如下:

借:长期股权投资——乙公司——投资成本　　80 700 000
　　应收股利——乙公司　　　　　　　　　　　　300 000
　贷:银行存款　　　　　　　　　　　　　　　　　　81 000 000

(二)发行权益性证券取得长期股权投资

长期股权投资的初始投资成本 = 发行权益性证券的公允价值 + 为取得该投资发生的直接相关费用、税金及其他必要支出 − 买价中包含的已宣告但尚未发放的现金股利或利润

以发行权益性证券取得的长期股权投资,应当按照初始投资成本借记"长期股权投资——成本"科目,按购买价款中包含的应自被投资单位收取的已宣告但尚未发放的现金股利或利润借记"应收股利"科目,按照发行权益性证券的面值贷记"股本"科目,按照差额贷记"资本公积——股本溢价"科目。

为发行权益性证券支付的手续费、佣金等与发行直接相关的费用,不构成长期股权投资的初始投资成本。这部分费用应自所发行证券的溢价发行收入中扣除,溢价收入不足冲减的,应依次冲减盈余公积和未分配利润。

例题 2-4　20×0 年 3 月,甲公司通过增发 30 000 000 股(每股面值为 1 元)本企业普通股为对价,从非关联方处取得对乙公司 20% 的股权,所增发股份的公允价值为 52 000 000 元。为增发该部分普通股,甲公司支付了 2 000 000 元的佣金和手续费。取得乙公司股权后,甲公司能够对乙公司施加重大影响。不考虑相关税费等其他因素影响。

该业务属于非合并形成的长期股权投资。甲公司在合并日应确认对乙公司的长期股权投资,初始投资成本为甲公司发行权益性证券的公允价值,即 52 000 000 元,甲公司应编制会计分录如下:

借:长期股权投资——乙公司——投资成本　　52 000 000
　贷:股本　　　　　　　　　　　　　　　　　　30 000 000
　　　资本公积——股本溢价　　　　　　　　　　22 000 000
借:资本公积——股本溢价　　　　　　　　　　2 000 000
　贷:银行存款　　　　　　　　　　　　　　　　2 000 000

> 想一想:"为取得长期股权投资发生的直接相关费用、税金及其他必要支出"和"为发行权益性证券支付的手续费、佣金等与发行直接相关的费用"有什么区别?二者在会计核算时分别怎样入账?

任务二 长期股权投资的后续计量和处置

企业取得的长期股权投资,在持续持有期间,视对被投资单位的影响程度等情况的不同,应分别采用成本法或权益法进行核算。对子公司的长期股权投资应当按成本法核算,对合营企业、联营企业的长期股权投资应当按权益法核算。

将初始计量和后续计量连贯起来看的话,可以这样说:无论是同一控制下企业合并形成的长期股权投资,还是非同一控制下企业合并形成的长期股权投资,由于最终都形成了控制关系,被投资单位成为投资方的子公司,所以投资方对该长期股权投资的后续计量都应当采用成本法;非合并形成的长期股权投资,由于形成了共同控制或重大影响关系,被投资单位成为投资方的合营企业或联营企业,所以投资方对该长期股权投资的后续计量应该采用权益法。

一、长期股权投资后续计量的成本法

投资方持有的对子公司投资应当采用成本法核算(投资方为投资性主体且子公司不纳入其合并财务报表的除外)。

采用成本法核算的长期股权投资,应当按照初始投资成本计价。在长期股权投资持有期间,长期股权投资账面余额不会发生变化。

被投资单位宣告分派现金股利或利润的,投资方根据应享有的部分确认当期投资收益,借记"应收股利"科目,贷记"投资收益"科目。

例题 2-5 甲公司于20×0年4月10日自非关联方处取得乙公司60%股权,成本为12 000 000元,相关手续于当日完成,并能够对乙公司实施控制。20×1年2月6日,乙公司宣告分派现金股利,甲公司按照持股比例可取得100 000元。乙公司于20×1年2月12日实际分派现金股利。不考虑相关税费等其他因素的影响。

通过非同一控制下的企业合并,甲公司能够对乙公司实施控制,所以甲公司对该长期股权投资应该采用成本法核算。甲公司应进行的会计处理为:

(1)20×0年4月10日,取得乙公司股权:

借:长期股权投资——乙公司　　　　　　　　　　　　12 000 000
　　贷:银行存款　　　　　　　　　　　　　　　　　　　　　12 000 000

(2)20×1年2月6日,乙公司宣告分派现金股利:

借:应收股利　　　　　　　　　　　　　　　　　　　　　100 000
　　贷:投资收益　　　　　　　　　　　　　　　　　　　　　　100 000

(3)20×1年2月12日,收到乙公司分派的现金股利:

借:银行存款　　　　　　　　　　　　　　　　　　　　　　100 000
　　贷:应收股利　　　　　　　　　　　　　　　　　　　　　　100 000

> 想一想:在成本法下,被投资单位宣告分派股票股利,投资方需要确认投资收益吗?为什么?

二、长期股权投资后续计量的权益法

对合营企业和联营企业投资应当采用权益法核算。权益法下,长期股权投资的账面余额要随着被投资单位所有者权益公允价值的变化而变化。所有引起被投资单位所有者权益公允价值总额发生变动的事项,投资方的长期股权投资账户都要按照持股比例做出相应的反应。

(一)初始投资成本的调整

投资方以非合并方式取得被投资单位股权时,投资方应该按照本项目任务一所述确认初始投资成本。但按照权益法的核算要求,这个初始投资成本还需要进行一定的判断和调整,才能最终确认"长期股权投资——投资成本"。

投资方对于按照权益法核算的长期股权投资,应该在取得投资时,计算所享有被投资单位可辨认净资产公允价值的份额,并将初始投资成本和该份额金额进行比较,区别以下情况处理。

(1)初始投资成本大于或等于取得投资时应享有被投资单位可辨认净资产公允价值份额的,该部分差额是投资方为被投资单位的不可辨认净资产(即商誉)所付出的价值,这种情况下不要求对长期股权投资的初始投资成本进行调整。也就是按照本项目任务一所述确认投资成本即可。

(2)初始投资成本小于取得投资时应享有被投资单位可辨认净资产公允价值份额的,两者之间的差额体现为双方在交易作价过程中转让方的让步,该部分经济利益流入应计入取得投资当期的营业外收入,同时调整增加长期股权投资的账面价值。也就是在确认投资成本之后,还需要按照该差额,借记"长期股权投资——投资成本"科目,贷记"营业外收入"科目。

例题 2-6　甲公司于20×0年1月2日取得乙公司30%的股权,支付价款30 000 000元。取得投资时被投资单位账面所有者权益的构成如下(假定该时点被投资单位各项可辨认资产、负债的公允价值与其账面价值相同,单位:元):

实收资本　　　　　50 000 000
资本公积　　　　　24 000 000

盈余公积	16 000 000
未分配利润	30 000 000
所有者权益总额	120 000 000

假定在乙公司的董事会中,所有股东均以其持股比例行使表决权。甲公司在取得对乙公司的股权后,派人参与了乙公司的财务和生产经营决策,能够对乙公司的生产经营决策施加重大影响,甲公司对该项投资采用权益法核算。取得投资时,甲公司支付价款30 000 000元,因此应确认初始投资成本30 000 000元。甲公司编制会计分录如下：

借：长期股权投资——乙公司——投资成本　　　　　　　　30 000 000
　　贷：银行存款　　　　　　　　　　　　　　　　　　　　　　30 000 000

甲公司还需要进一步计算应享有乙公司可辨认净资产公允价值的份额＝120 000 000×30%＝36 000 000(元),初始投资成本小于应享有乙公司可辨认净资产公允价值的份额,差额部分6 000 000元应确认为营业外收入。甲公司应编制会计分录如下：

借：长期股权投资——乙公司——投资成本　　　　　　　　6 000 000
　　贷：营业外收入　　　　　　　　　　　　　　　　　　　　　6 000 000

甲公司也可以将上述两个步骤合并为一步,直接编制会计分录如下：

借：长期股权投资——乙公司——投资成本　　　　　　　　36 000 000
　　贷：银行存款　　　　　　　　　　　　　　　　　　　　　　30 000 000
　　　　营业外收入　　　　　　　　　　　　　　　　　　　　　6 000 000

假定上例中取得投资时乙公司可辨认净资产公允价值为90 000 000元,甲公司按持股比例30%计算确定应享有27 000 000元,则初始投资成本30 000 000元大于应享有乙公司可辨认净资产公允价值的份额,这时是不需要对长期股权投资初始投资成本进行调整的。也就是说只需要按30 000 000元确认初始投资成本即可。甲公司应编制会计分录如下：

借：长期股权投资——乙公司——投资成本　　　　　　　　30 000 000
　　贷：银行存款　　　　　　　　　　　　　　　　　　　　　　30 000 000

课堂能力训练

20×0年3月,甲公司通过增发30 000 000股(每股面值1元)本公司普通股为对价,从非关联方处取得对乙公司20%的股权,所增发股份的公允价值为52 000 000元。为增发该部分普通股,甲公司支付了2 000 000元的佣金和手续费。取得投资当日,乙公司可辨认净资产公允价值为300 000 000元。取得乙公司股权后,甲公司能够对乙公司施加重大影响。不考虑相关税费等其他因素影响。

要求：编制甲公司相关会计分录。

(二)被投资单位净利润和净亏损的确认

1.一般情况

会计期末,被投资单位实现盈利或发生亏损,被投资单位的所有者权益总额就会增加或减少。按照权益法的要求,投资方的长期股权投资账户余额就应该进行相应的调整。在不存在其他特殊情况下,投资方应当按照应享有的被投资单位实现的净利润份额,借记"长期股权投资——损益调整"科目,贷记"投资收益"科目;被投资单位发生净亏损的,则做相反的会计分录。

被投资单位宣告分派现金股利或利润时,被投资单位的所有者权益总额会减少,投资方的长期股权投资账户余额也应该相应减少。投资方应当按照应收取的现金股利或利润金额,借记"应收股利"科目,贷记"长期股权投资——损益调整"科目。

例题 2-7　甲公司于 20×0 年 1 月 2 日取得乙公司 30% 的股权,购买价款为 20 000 000 元,自取得股份之日起派人参与乙公司的生产经营决策。取得投资日,乙公司可辨认净资产公允价值为 60 000 000 元(假设与账面价值相等,且不存在内部交易)。乙公司 20×0 年实现净利润 5 000 000 元。甲公司应确认投资收益 5 000 000×30% = 1 500 000(元)。甲公司应编制会计分录如下:

借:长期股权投资——乙公司——损益调整　　　　1 500 000
　　贷:投资收益　　　　　　　　　　　　　　　　　　　　　1 500 000

2.取得投资时,被投资单位有关资产的公允价值与其账面价值不同

如果在取得投资时,被投资单位有关资产的公允价值与其账面价值不同,那么被投资单位在确认相应资产的折旧、摊销额及减值准备数额时,计算口径就会和投资方认可的口径不一致,从而导致被投资单位计算的净利润(或净亏损)额与投资方认可的净利润(或净亏损)额不一致。那么投资方在确认投资收益时,就不能直接根据被投资单位的净利润(或净亏损)的份额来确认。投资方应该先对被投资单位净利润(或净亏损)按照投资方认可的公允价值口径进行调整,再根据应享有的份额确认投资收益。

投资方在对被投资单位的净利润进行调整时,应考虑重要性原则,不具有重要性的项目可不予调整。

例题 2-8　沿用例题 2-7,其他条件不变。假定取得投资日,乙公司可辨认净资产公允价值为 60 000 000 元,账面价值为 54 000 000 元。见表 2-2。

表 2-2　　　　　　　乙公司资产项目账面价值和公允价值差别比较

20×0 年 1 月 2 日　　　　　　　　　　　　　　　　　　单位:元

项目	账面原价	已提折旧	公允价值	原预计使用年限	剩余使用年限
存货	5 000 000		7 000 000		
固定资产	10 000 000	2 000 000	12 000 000	20	16
合计	15 000 000	2 000 000	19 000 000		

乙公司 20×0 年实现净利润 5 000 000 元,其中在甲公司取得投资时的账面存货 5 000 000 元中有 80% 对外出售。甲公司与乙公司固定资产均按直线法计提折旧,预计净残值为 0。假定除上述差别外,其他资产、负债的公允价值与账面价值相同,甲、乙公司之间本年度未发生内部交易事项,不考虑所得税等因素影响。

甲公司在确定其应享有乙公司 20×0 年的投资收益时,乙公司的净利润 5 000 000 元

是不能直接使用的,应该对其进行调整。调整的思路为:

先看存货。乙公司根据存货 5 000 000 元账面价值结转销售成本,本期销售 80%,则确认主营业务成本 5 000 000×80%=4 000 000(元)。而甲公司以存货公允价值 7 000 000 元为口径,认为应确认主营业务成本 7 000 000×80%=5 600 000(元)。若成本多确认 1 600 000 元,利润将减少 1 600 000 元。

再看固定资产。乙公司根据固定资产账面原价继续计提本年度累计折旧,折旧额为 10 000 000÷20=500 000(元)。而甲公司认为应该以固定资产公允价值 12 000 000 元,在剩余使用年限 16 年内确定年折旧额,折旧额为 12 000 000÷16=750 000(元)。若折旧费用多确认 250 000 元,利润将减少 250 000 元。

因此,调整后的净利润=5 000 000−1 600 000−250 000=3 150 000(元)
甲公司应享有的份额=3 150 000×30%=945 000(元)
甲公司应编制会计分录如下:
借:长期股权投资——乙公司——损益调整　　　　　　　　　　945 000
　　贷:投资收益　　　　　　　　　　　　　　　　　　　　　　945 000

课堂能力训练

20×1 年 1 月 1 日,甲公司持有的乙公司长期股权投资的账面价值为 23 000 000 元,该项投资为甲公司 20×0 年取得乙公司有表决权资本的 40%,对乙公司具有重大影响。取得投资时,乙公司可辨认净资产中一项无形资产的账面价值为 7 000 000 元,公允价值为 9 000 000 元,剩余使用年限为 5 年,净残值为零,采用直线法摊销。除该项无形资产外,其他资产负债的公允价值与账面价值相同。乙公司 20×1 年度发生亏损 5 000 000 元。

要求:编制甲公司相关会计分录。

3.内部交易损益

投资方和被投资单位之间发生的商品交易就是内部交易,其中投资方出售给被投资单位称为顺流交易,被投资单位出售给投资方称为逆流交易。无论是顺流交易还是逆流交易,购买方本期如果未将该商品对外部独立第三方出售,或该商品未被消耗,则这部分商品交易的损益就认为还没有实现,因此被称为未实现内部交易损益。一旦商品对外部独立第三方出售,或被消耗,就认为未实现内部交易损益被实现了。

投资方在确认投资收益时,在被投资方本期净利润(或净亏损)的基础上,应抵销掉投资方与被投资单位之间发生的未实现内部交易损益,以前会计期间发生的未实现内部交易损益在本期实现的,应当予以确认。根据这个原则调整被投资方的净利润(或净亏损),在此基础上按应享有的份额确认投资收益。

应当说明的是,投资方与被投资单位发生的内部交易损失,如果按照资产减值准则等规定属于资产减值损失的,则不应抵销掉该未实现内部交易损失的影响,而应当按照被投资单位当期实现的净利润(或净亏损)全额确认投资收益。

例题 2-9

甲公司持有乙公司 20% 有表决权的股份，能够对乙公司施加重大影响。20×0 年 9 月，甲公司将其账面价值为 8 000 000 元的商品以 12 000 000 元的价格出售给乙公司，乙公司将取得的商品作为管理用固定资产，预计使用寿命为 10 年，净残值为 0。假定甲公司取得该项投资时，乙公司各项可辨认资产、负债的公允价值与其账面价值相同，两者在以前期间未发生过内部交易。乙公司 20×0 年实现净利润为 20 000 000 元。不考虑相关税费等其他因素影响。

甲公司在确定其应享有乙公司 20×0 年的投资收益时，乙公司的净利润 20 000 000 元是不能直接使用的，应该对其进行调整。调整的思路为：

本年度甲、乙公司之间发生过一次内部交易，该项交易的内部交易损益是 4 000 000 元，由于购买方买入后作为固定资产使用，所以内部交易损益是随着累计折旧的计提而实现的。本年度未实现的内部交易损益为 4 000 000－4 000 000÷10×3/12＝3 900 000(元)。

因此，调整后的净利润＝20 000 000－(4 000 000－4 000 000÷10×3/12)
＝16 100 000(元)

甲公司应享有的份额＝16 100 000×20%＝3 220 000(元)

甲公司应编制会计分录如下：

借：长期股权投资——乙公司——损益调整　　3 220 000
　　贷：投资收益　　　　　　　　　　　　　　　　　　　　3 220 000

例题 2-10

甲公司持有乙公司 20% 有表决权股份，能够对乙公司施加重大影响。20×0 年 8 月，乙公司将其成本为 9 000 000 元的某商品以 15 000 000 元的价格出售给甲公司，甲公司将取得的商品作为存货。至 20×0 年 12 月 31 日，甲公司仍未对外出售该存货。乙公司 20×0 年实现净利润 48 000 000 元。假定甲公司取得该投资时，乙公司各项可辨认资产、负债的公允价值与其账面价值相同，两者在以前期间未发生过内部交易。假定不考虑相关税费等其他因素影响。

甲公司在确定其应享有乙公司 20×0 年的投资收益时，乙公司的净利润 48 000 000 元是不能直接使用的，应该对其进行调整。调整的思路为：

本年度甲、乙公司之间发生过一次内部交易，该项交易的内部交易损益是 6 000 000 元，由于购买方买入后作为存货，所以内部交易损益是随着存货的销售而实现的。本年度未对外出售该批存货，因此内部交易损益 6 000 000 元全都未实现。

因此，调整后的净利润＝48 000 000－6 000 000＝42 000 000(元)

甲公司应享有的份额＝42 000 000×20%＝8 400 000(元)

甲公司应编制会计分录如下：

借：长期股权投资——乙公司——损益调整　　8 400 000
　　贷：投资收益　　　　　　　　　　　　　　　　　　　　8 400 000

例题 2-11

承例题 2-10，20×1 年甲公司将该商品以 18 000 000 元的价格出售给外部独立第三方，乙公司 20×1 年实现净利润 30 000 000 元。假定不考虑相关税费等其他因素影响。

甲公司在确定其应享有乙公司20×1年的投资收益时,乙公司的净利润30 000 000元是不能直接使用的,应该对其进行调整。调整的思路为:

本年度乙公司将上年度内部交易取得的存货对外出售了,所以上年度未实现的内部交易损益6 000 000元在本年度实现了。

因此,调整后的净利润=30 000 000+6 000 000=36 000 000(元)

甲公司应享有的份额=36 000 000×20%=7 200 000(元)

甲公司应编制会计分录如下:

借:长期股权投资——乙公司——损益调整　　　　　　　　　7 200 000
　　贷:投资收益　　　　　　　　　　　　　　　　　　　　　　7 200 000

> 想一想:如果存在内部交易,在投资方确认投资收益时,顺流交易和逆流交易的会计处理方法是否不同?

课堂能力训练

甲公司20×0年1月1日取得乙公司25%有表决权股份,能够对乙公司施加重大影响。20×0年11月,甲公司将其成本为8 000 000元的某商品以12 000 000元的价格出售给乙公司,乙公司将取得的商品作为存货,至20×0年12月31日,乙公司将上述存货对外销售40%。乙公司20×0年实现净利润50 000 000元。至20×1年年末,乙公司将上述存货全部对外出售,乙公司20×1年度实现的净利润为45 000 000元。

要求:编制甲公司相关会计分录。

4.超额亏损的确认

权益法下,被投资单位当期如果发生净损失,投资方应该按照应分担的份额确认投资损失,同时冲减长期股权投资的账面价值。但是,假如被投资单位当期亏损金额过大,使投资方按照应分担的份额计算的损失已经超过了长期股权投资的账面价值,即出现了超额亏损,则长期股权投资账面余额最多只能减记至零。

投资方在确认应分担被投资单位发生的损失时,应按照以下顺序处理:

首先,减记长期股权投资的账面价值。

其次,在长期股权投资的账面价值减记至零的情况下,考虑是否有其他构成长期权益的项目,如果有,则以其他实质上构成对被投资单位长期权益的账面价值为限,继续确认投资损失,冲减长期应收项目等的账面价值。这里所讲"其他实质上构成对被投资单位的长期权益"通常是指长期应收项目等,例如,投资方对被投资单位的长期债权,该债权没有明确的清收计划且在可预见的未来期间不准备收回的,实质上构成对被投资单位的净投资。应该说明的是,该类长期权益不包括投资方与被投资单位之间因销售商品、提供劳务等日常活动所产生的长期债权。

最后,在其他实质上构成对被投资单位长期权益的价值也减记至零的情况下,如果按照投资合同或协议约定,投资方需要履行其他额外的损失赔偿义务,则需按预计将承担责任的金额确认预计负债,继续确认投资损失。

除按上述顺序已确认的损失以外仍有额外损失的,应在账外做备查登记,不再予以确认。

在发生超额亏损的以后会计期间,被投资单位实现净利润或其他综合收益增加净额时,投资方应当按照以前确认或登记有关投资净损失时的相反顺序进行会计处理,即依次减记备查簿中未确认投资净损失金额、冲减预计负债、恢复其他长期权益和恢复长期股权投资的账面价值。上述流程如图2-3所示:

图2-3 超额亏损冲减及恢复顺序图

例题 2-12 甲公司持有乙公司40%的股权,能够对乙公司施加重大影响。20×0年12月31日,该项长期股权投资的账面价值为20 000 000元。乙公司20×1年发生亏损70 000 000元。假定甲公司取得投资时,乙公司各项可辨认资产、负债的公允价值与其账面价值相同。如果甲公司账面上有应收乙公司的长期应收款3 000 000元,该长期应收款符合冲减的要求。另外,按照投资合同约定,甲公司需要替乙公司履行额外的损失赔偿义务,预计将承担2 000 000元。乙公司20×2年发生净利润25 000 000元。

20×1年乙公司亏损70 000 000元,甲公司按其应承担的份额计算损失28 000 000元。这个金额已经超过了甲公司对乙公司长期股权投资的账面价值20 000 000元,产生了超额亏损。无法用长期股权投资账面价值冲减的亏损,可以用甲公司对乙公司的长期应收款冲减3 000 000元。其余部分确认预计负债2 000 000元后,还剩3 000 000元备查登记。

20×1年,甲公司确认投资损失的会计处理如下:

借:投资收益 25 000 000
　　贷:长期股权投资——乙公司——损益调整 20 000 000
　　　　长期应收款——乙公司——超额亏损 3 000 000
　　　　预计负债 2 000 000

剩余3 000 000元在备查簿中登记未确认投资净损失。

20×1年乙公司盈利25 000 000元,甲公司按应享有的份额计算收益为10 000 000元。甲公司应按照与上一年度确认损失相反的顺序恢复相关账户。

20×1年,甲公司确认投资收益的会计处理如下:

减记备查簿中3 000 000元未确认投资净损失,编制会计分录如下:

借:预计负债 2 000 000
　　长期应收款——乙公司——超额亏损 3 000 000
　　长期股权投资——乙公司——损益调整 2 000 000
　　贷:投资收益 7 000 000

课堂能力训练

20×0年1月1日甲公司持有的乙公司有表决权资本40%的长期股权投资账面价值为23 000 000元,对乙公司具有重大影响。取得投资时乙公司可辨认净资产中一项无形资产的账面价值为7 000 000元,公允价值为9 000 000元,剩余使用年限为5年,净残值为零,采用直线法摊销。除该项无形资产之外,其他资产负债的公允价值与账面价值相同。20×0年7月1日,甲公司将其生产的一批存货以7 000 000元的价格出售给乙公司,该批存货的成本为5 000 000元,至20×0年12月31日,该批存货未实现对外出售。乙公司20×0年度发生亏损60 000 000元,未发生其他所有者权益的变动。假设甲公司没有实质上构成对乙公司净投资的长期权益项目,合同或协议也未规定甲公司承担额外义务。不考虑所得税等其他因素的影响。

要求:编制甲公司相关会计分录。

(三)被投资单位其他综合收益变动的处理

被投资单位其他综合收益发生变动的,被投资单位的所有者权益总额就会增加或减少。按照权益法的要求,投资方的长期股权投资账户余额就应该进行相应的调整。当被投资单位其他综合收益增加时,投资方应借记"长期股权投资——其他综合收益"科目,贷记"其他综合收益"科目。被投资单位其他综合收益减少时,则做相反的会计分录。

例题2-13 甲公司持有乙公司30%的股份,能够对乙公司施加重大影响。当期,乙公司因持有分类为以公允价值计量且其变动计入其他综合收益的金融资产(其他债权投资),公允价值变动计入其他综合收益的金额为20 000 000元。不考虑其他因素的影响,甲公司应相应确认该其他综合收益的影响20 000 000×30%=6 000 000(元),甲公司调整其他综合收益的会计分录如下:

借:长期股权投资——乙公司——其他综合收益　　6 000 000
　　贷:其他综合收益　　　　　　　　　　　　　　　　6 000 000

(四)被投资单位除净损益、其他综合收益以外的所有者权益的其他变动

被投资单位除净损益、其他综合收益以外的所有者权益的其他变动的因素,主要包括被投资单位接受其他股东的资本性投入、被投资单位发行可分离交易的可转债中包含的权益成分、以权益结算的股份支付、其他股东对被投资单位增资导致投资方持股比例变动等。投资方应按所持股权比例计算应享有的份额,调整长期股权投资的账面价值,记入"长期股权投资——其他权益变动"科目,同时记入"资本公积——其他资本公积"科目,并在备查簿中予以登记。

想一想:权益法核算的情况下,长期股权投资会涉及哪些明细科目?分别核算什么内容?它们的增减变化是怎样形成的?反映什么信息?

三、长期股权投资的减值

无论在成本法还是权益法下,在资产负债表日,都应当考虑长期股权投资是否发生减值。出现减值迹象的,企业应当按照本书项目五的相关内容对长期股权投资进行减值测试,可收回金额低于长期股权投资账面价值的,应当计提减值准备,借记"资产减值损失"科目,贷记"长期股权投资减值准备"科目。

四、长期股权投资的处置

处置长期股权投资时,应该按照实际收到的款项借记"银行存款"等科目;按照已计提的减值金额借记"长期股权投资减值准备"科目;同时结转与所售股权相对应的长期股权投资的账面余额,成本法下按照长期股权投资的账面余额贷记"长期股权投资"科目,权益法下分别贷记或借记"长期股权投资——成本/损益调整/其他综合收益/其他权益变动"等科目;按照被投资单位已宣告但尚未领取的现金股利或利润,贷记"应收股利"科目;差额贷记或借记"投资收益"科目。

采用权益法核算的长期股权投资,原由于该长期股权投资而计入其他综合收益和资本公积中的金额,在处置时也应进行结转。按应转出金额借记或贷记"其他综合收益""资本公积——其他资本公积"科目,贷记或借记"投资收益"科目。

◎ 典型案例

情景与背景: 20×0年1月1日,甲公司支付2 700 000元购买乙公司股份总额的30%,能够对乙公司施加重大影响。当日乙公司可辨认净资产的公允价值为8 000 000元,乙公司各项资产、负债的公允价值与账面价值相等。5月1日,乙公司宣告分派现金股利2 000 000元,实际发放日为5月4日。6月30日,乙公司持有的其他债权投资增值800 000元,20×0年乙公司实现净利润4 000 000元。20×1年乙公司发生净亏损2 000 000元。20×1年12月31日,甲公司对乙公司投资的预计可收回金额为2 720 000元。20×2年1月5日,甲公司将其持有的乙公司股份全部对外转让,转让价款2 500 000元。

要求: 假定不考虑所得税因素,对甲公司的长期股权投资业务进行会计处理。

案例分析: 甲公司采用权益法核算该长期股权投资的会计处理如下:

(1)20×0年1月1日,取得长期股权投资,初始投资成本2 700 000元,取得乙公司可辨认净资产公允价值的份额为2 400 000元,所以无须调整初始投资成本:

借:长期股权投资——投资成本　　　　　　　　　　　　　2 700 000
　　贷:银行存款　　　　　　　　　　　　　　　　　　　　　2 700 000

(2)20×0年5月1日,乙公司宣告分派现金股利,甲公司按30%计算应收到的金额为600 000元:

借:应收股利　　　　　　　　　　　　　　　　　　　　　　600 000
　　贷:长期股权投资——损益调整　　　　　　　　　　　　　　600 000

(3)20×0年5月4日,乙公司实际发放现金股利:

借:银行存款　　　　　　　　　　　　　　　　　　　　　　　600 000
　　贷:应收股利　　　　　　　　　　　　　　　　　　　　　　600 000

(4)20×0年6月30日,乙公司持有的其他债权投资增值800 000元,乙公司其他综合收益增加800 000元,甲公司按30%计算应确认的金额为240 000元:

借:长期股权投资——其他综合收益　　　　　　　　　　　　　240 000
　　贷:其他综合收益　　　　　　　　　　　　　　　　　　　　240 000

(5)20×0年12月31日,乙公司实现净利润4 000 000元,甲公司按30%计算的投资收益为1 200 000元:

借:长期股权投资——损益调整　　　　　　　　　　　　　　　1 200 000
　　贷:投资收益　　　　　　　　　　　　　　　　　　　　　　1 200 000

(6)20×1年12月31日,乙公司发生净亏损2 000 000元,甲公司按30%计算的投资损失为600 000元:

借:投资收益　　　　　　　　　　　　　　　　　　　　　　　600 000
　　贷:长期股权投资——损益调整　　　　　　　　　　　　　　600 000

(7)20×1年12月31日,该长期股权投资账面价值＝2 700 000－600 000＋240 000＋1 200 000－600 000＝2 940 000(元),可收回金额为2 720 000元,应计提减值准备220 000元:

借:资产减值损失　　　　　　　　　　　　　　　　　　　　　220 000
　　贷:长期股权投资减值准备　　　　　　　　　　　　　　　　220 000

(8)20×2年1月5日,甲公司将其持有的乙公司股份全部对外转让:

借:银行存款　　　　　　　　　　　　　　　　　　　　　　　2 500 000
　　长期股权投资减值准备　　　　　　　　　　　　　　　　　　220 000
　　投资收益　　　　　　　　　　　　　　　　　　　　　　　　220 000
　　贷:长期股权投资——投资成本　　　　　　　　　　　　　　2 700 000
　　　　　　　　　　——其他综合收益　　　　　　　　　　　　240 000
借:其他综合收益　　　　　　　　　　　　　　　　　　　　　240 000
　　贷:投资收益　　　　　　　　　　　　　　　　　　　　　　240 000

课堂能力训练

甲公司和乙公司均为增值税一般纳税人,有关投资业务有关资料如下:

(1)20×0年1月1日,甲公司通过增发8 000 000股(每股面值1元)本企业普通股为对价,从非关联方处取得对乙公司30%的股权,所增发股份的公允价值为13 500 000元。取得投资当日,乙公司可辨认净资产公允价值为50 000 000元。取得乙公司股权后,甲公司能够对乙公司施加重大影响。

(2)20×0年1月1日,乙公司除一台设备的公允价值与账面价值不同外,其他资产负债的公允价值与账面价值相同。该设备的公允价值为10 000 000元,账面价值为8 000 000元。假定对该设备按年限平均法计提折旧,预计尚可使用年限为10年,无残值。

(3)20×0年12月31日,乙公司由于所持以公允价值计量且其变动计入其他综合收益的金融资产公允价值变动而调减其他综合收益2 000 000元。

(4)20×0年12月10日,乙公司向甲公司销售一批商品,该批商品成本为800 000元,售价为1 000 000元,至20×0年12月31日,甲公司尚未将上述商品对外出售。

(5)20×0年度乙公司实现净利润10 400 000元。

(6)20×1年1月1日,甲公司将所持有的乙公司30%的股权全部对外出售,售价为22 000 000元。

要求:编制甲公司相关会计分录。

相关链接

长期股权投资核算方法的转换

企业进行的权益性投资,如果形成了对被投资单位的控制关系,就归类为长期股权投资,采用成本法核算;如果形成了对被投资单位的共同控制或重大影响关系,就归类为长期股权投资,采用权益法核算;如果没有形成控制、共同控制或重大影响关系当中的任何一种,就归类为金融资产。而权益性金融资产根据业务模式和合同现金流特征可以分类为以公允价值计量且其变动计入当期损益的金融资产和指定为以公允价值计量且其变动计入其他综合收益的金融资产。上述金融资产也可以并称为以公允价值计量的权益工具。

投资方会因为追加投资而导致持股比例上升,使原本不具有控制、共同控制或重大影响关系的投资转换为具有控制、共同控制或重大影响关系的投资,或使原本只有共同控制或重大影响关系的投资转换为具有控制关系的投资。

相反,企业也会因为处置部分投资而导致持股比例下降,使原本具有控制、共同控制或重大影响关系的投资转换为不具有控制、共同控制或重大影响关系的投资,或使原本具有控制关系的投资转换为只有共同控制或重大影响关系的投资。

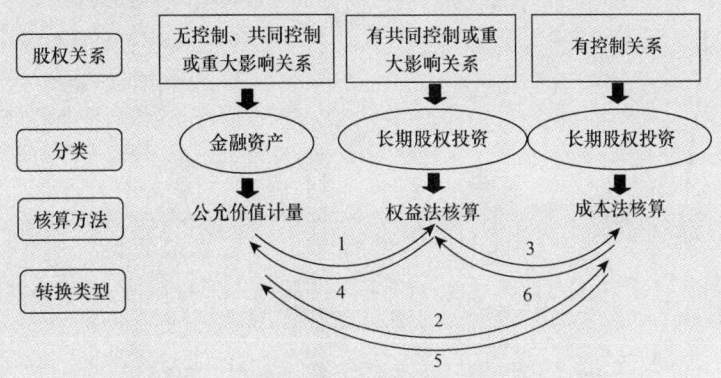

图2-4 长期股权投资核算方法转换的类型图

如图2-4所示,长期股权投资核算方法的转换涉及以下类型:
1.公允价值计量转权益法核算;
2.公允价值计量转成本法核算;
3.权益法核算转成本法核算;
4.权益法核算转公允价值计量;
5.成本法核算转公允价值计量;
6.成本法核算转权益法核算。
(资料来源:编者根据《企业会计准则》整理)

思维导图

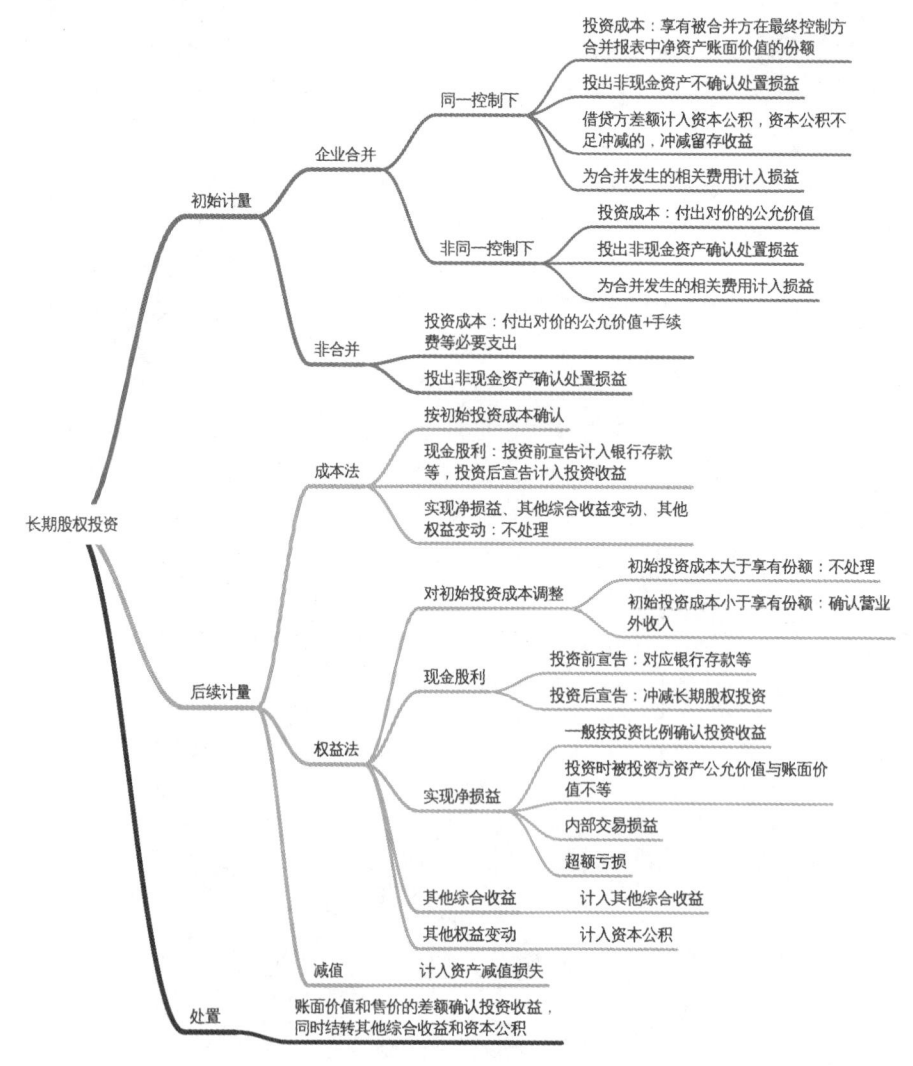

长期股权投资
- 初始计量
  - 企业合并
    - 同一控制下
      - 投资成本:享有被合并方在最终控制方合并报表中净资产账面价值的份额
      - 投出非现金资产不确认处置损益
      - 借贷方差额计入资本公积,资本公积不足冲减的,冲减留存收益
      - 为合并发生的相关费用计入损益
    - 非同一控制下
      - 投资成本:付出对价的公允价值
      - 投出非现金资产确认处置损益
      - 为合并发生的相关费用计入损益
  - 非合并
    - 投资成本:付出对价的公允价值+手续费等必要支出
    - 投出非现金资产确认处置损益
- 后续计量
  - 成本法
    - 按初始投资成本确认
    - 现金股利:投资前宣告计入银行存款等,投资后宣告计入投资收益
    - 实现净损益、其他综合收益变动、其他权益变动:不处理
  - 权益法
    - 对初始投资成本调整
      - 初始投资成本大于享有份额:不处理
      - 初始投资成本小于享有份额:确认营业外收入
    - 现金股利
      - 投资前宣告:对应银行存款等
      - 投资后宣告:冲减长期股权投资
    - 实现净损益
      - 一般按投资比例确认投资收益
      - 投资时被投资方资产公允价值与账面价值不等
      - 内部交易损益
      - 超额亏损
    - 其他综合收益:计入其他综合收益
    - 其他权益变动:计入资本公积
  - 减值:计入资产减值损失
- 处置:账面价值和售价的差额确认投资收益,同时结转其他综合收益和资本公积

项目三 投资性房地产

学习目标

知识目标

◎ 理解投资性房地产的含义、特征和范围
◎ 掌握投资性房地产初始计量的会计核算要求
◎ 掌握采用成本模式进行计量的投资性房地产的会计核算要求
◎ 掌握采用公允价值模式进行计量的投资性房地产的会计核算要求
◎ 掌握投资性房地产后续计量模式变更的会计核算要求
◎ 掌握投资性房地产转换的类型和相应的会计核算要求
◎ 掌握投资性房地产处置的会计核算要求

能力目标

◎ 能够正确进行投资性房地产取得的会计核算
◎ 能够正确使用成本模式进行投资性房地产后续计量的会计核算
◎ 能够正确使用公允价值模式进行投资性房地产后续计量的会计核算
◎ 能够正确进行投资性房地产后续计量模式变更的会计核算
◎ 能够正确区分投资性房地产转换的类型并正确进行投资性房地产转换的会计核算
◎ 能够正确进行投资性房地产处置的会计核算

上市公司"炒房"热

◎ 引导案例

自 2006 年以来,A 股市场首次出现上市公司持有投资性房地产。随着房价的上涨以及上市公司数量的增加,越来越多的上市公司成为炒房大军的一员。截至 2019 年 5 月,上市公司投资性房地产已超万亿元。排名前 10 的上市公司持有投资性房地产近 4 000 亿元,2018 年度"炒房"赚超 100 亿元。

作为家居行业的龙头企业,美凯龙触及的也不仅仅只有家居这一方面,旗下还有着不少的房地产,被称为"家居行业中最会搞房地产的,地产运营商中最会收租的"。2018 年

年报显示,美凯龙持有的投资性房地产价值达到777亿元,投资性房地产占据公司总资产份额达72%,连续几年排在A股上市公司中的第一位。美凯龙的商场布局在全国29个省份,触及的城市达到189座。也是现在同行业中全国经营面积最大的一家做家居卖场运营的企业。根据2018年年报披露,自营商场中的新商场,在施工完成后,在六个月之内基本就能完成招商,而且开业时的出租率能在90%以上。从经营面积的地区分布情况来看,公司的自营商场主要分布在一二线城市核心区域,经营面积占比达78%,其中有19家商场分布在北京、上海、天津、重庆等直辖市,75家商场的平均出租率为97.9%。公司租金收益也不菲。以北京为例,美凯龙在北京的4家商场全部位于交通便利的环路上,分别包括东、西、北四环各一家和北五环一家,都在京城要塞。而北京东四环店在2015年创造了3.19亿元营收,面积为80 000多平方米,平均每平方米产生的收益接近4 000元。

此外,方大集团2018年的净利润达到22.46亿元,尚不及去年"炒房"收益。方大集团2018年年报显示,该公司2018年度归属于上市公司股东的扣除非经常性损益的净利润约为2 117万元,同比下降94.22%。深圳方大广场项目1#楼确认为投资性房地产,评估增值产生的公允价值变动损益为29.17亿元,为非经常性损益,占年度利润总额的比重为98.12%。

除方大集团外,中国高科、雪人股份、供销大集3家公司去年投资性房地产价值变动损益也超过其净利润。其中,供销大集2018年投资性房地产价值变动损益达8.86亿元,超过去年7.62亿元的净利。

赚钱的同时也有亏钱的,在楼市节节高升的大背景下,仍有部分公司2018年"炒房"亏了钱。其中,ST冠福投资性房地产公允价值变动损益为-4.59亿元。公司在年报中称,其变动损益主要系上海五天投资性房地产评估减值所致。此外,云南城投、广汇物流、阳光城等公司2018年投资性房地产公允价值变动损益也均为负。

(资料来源:长江商报,2019.5.15)

投资性房地产业务是企业一项重要的经营活动。那么究竟哪些房地产项目属于投资性房地产?投资性房地产应该怎样进行会计核算?它是怎样为企业带来盈利或亏损的?本项目将帮助您找到答案。

任务一
投资性房地产的含义、特征和范围

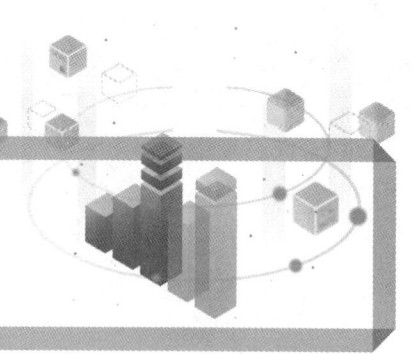

一、投资性房地产的含义与特征

投资性房地产,是指为赚取租金或资本增值,或者两者兼有而持有的房地产。投资性房地产应当能够单独计量和出售。

投资性房地产具有以下特征：

(1)投资性房地产是一种经营性活动。投资性房地产的主要形式是出租建筑物、出租土地使用权，这实质上属于一种让渡资产使用权行为。房地产租金就是让渡资产使用权取得的使用费收入，是企业为完成其经营目标所从事的经营性活动以及与之相关的其他活动形成的经济利益总流入。投资性房地产的另一种形式是持有并准备增值后转让的土地使用权，尽管其增值收益通常与市场供求、经济发展等因素相关，但目的是在增值后转让以赚取增值收益，也是企业为完成其经营目标所从事的经营性活动以及与之相关的其他活动形成的经济利益总流入。

(2)投资性房地产在用途、状态、目的等方面区别于作为生产经营场所的房地产和用于销售的房地产。企业持有的房地产除了用作自身管理、生产经营活动场所和对外销售之外，出现了将房地产用于赚取租金或增值收益的活动，甚至成为个别企业的主营业务。这就需要将投资性房地产单独作为一项资产核算和反映，与自用的厂房、办公楼等房地产和作为存货(已建完工商品房)的房地产加以区别，从而更加清晰地反映企业所持有房地产的构成情况和盈利能力。

二、投资性房地产的范围

投资性房地产主要包括已出租的土地使用权、持有并准备增值后转让的土地使用权和已出租的建筑物。

(一)属于投资性房地产的项目

1.已出租的土地使用权

已出租的土地使用权，是指企业通过出让或转让方式取得并以经营租赁方式出租的土地使用权。对于租入土地使用权再转租给其他单位的，不能确认为投资性房地产。

例题 3-1 20×0年5月1日，甲公司与乙公司签订了一项经营租赁合同，约定自20×0年6月1日起，甲公司以年租金8 000 000元租赁使用乙公司拥有的一块400 000平方米的场地，租赁期为8年。20×0年7月1日，甲公司又将这块场地转租给丙公司，以赚取租金差价，租赁期为5年。以上交易假设不违反国家有关规定。

本例中，对于甲公司而言，这项土地使用权是租入再转租的，不属于其投资性房地产。对于乙公司而言，自租赁期开始日(20×0年6月1日)起，这项土地使用权属于投资性房地产。

2.持有并准备增值后转让的土地使用权

持有并准备增值后转让的土地使用权，是指企业通过出让或转让方式收得并准备增值后转让的土地使用权。但是，按照国家有关规定认定的闲置土地，不属于持有并准备增值的土地使用权。

3.已出租的建筑物

已出租的建筑物，是指企业拥有产权并出租的房屋等建筑物，包括自行建造或开发活动完成后用于出租的建筑物。

企业在判断和确认已出租的建筑物时,应当把握以下要点:

(1)用于出租的建筑物,是指企业拥有产权的建筑物,企业租入再转租的建筑物不属于投资性房地产。

(2)已出租的建筑物,是企业已经与其他方签订了租赁协议,约定出租的建筑物。一般应自租赁协议规定的租赁期开始日起,租出的建筑物才作为已出租的建筑物。

(3)企业将建筑物出租,按租赁协议向承租人提供的相关辅助服务在整个协议中不重大的,应当将该建筑物确认为投资性房地产。例如,企业将其办公楼出租,同时向承租人提供维护、保安等日常辅助服务,企业应当将其确认为投资性房地产。

> 想一想:投资性房地产中为什么不包括"持有并准备增值后转让的建筑物"?

(二)不属于投资性房地产的项目

下列房地产不属于投资性房地产:

(1)自用房地产,即为生产商品、提供劳务或者经营管理而持有的房地产,包括自用建筑物和自用土地使用权。

(2)作为存货的房地产,通常指房地产开发企业在正常经营过程中销售的或为销售而正在开发的商品房和土地。

如果某项房地产部分用于赚取租金或资本增值、部分自用(即用于生产商品、提供劳务或经营管理),区分两种情况处理。能够单独计量和出售的,用于赚取租金或资本增值的部分,应当确认为投资性房地产,自用部分确认为固定资产或无形资产;不能够单独计量和出售的,用于赚取租金或资本增值的部分和自用的部分,应当共同确认为固定资产或无形资产。

相关链接

土地所有权和土地使用权

在我国,土地所有权的权利主体只能是国家或农民集体,其他任何单位或个人都不享有土地所有权。也就是说,我国的土地所有权只有国家土地所有权和集体土地所有权。城市市区的土地属于国家所有。农村和城市郊区的土地,除由法律规定属于国家所有的以外,属于农民集体所有;宅基地和自留地、自留山,属于农民集体所有。

任何单位和个人不得侵占、买卖或者以其他形式非法转让土地。也就是说,土地所有权的买卖、赠与、互易和以土地所有权作为投资,均属非法行为。国家为了公共利益的需要,可以依照法律规定对土地实行征收或者征用并给予补偿。此外,土地所有权的归属状态不能改变。

土地使用权和土地所有权是相互分离的两个概念,土地使用权可以依照法律的规定转让。

(资料来源:我国土地所有权的特征有哪些?土流网,编者有删改)

任务二 投资性房地产的确认和初始计量

一、投资性房地产的确认条件

投资性房地产只有在符合定义,并同时满足下列条件时,才能予以确认:

(1)与该投资性房地产有关的经济利益很可能流入企业。

(2)该投资性房地产的成本能够可靠地计量。

企业外购的房地产,只有在购入的同时开始对外出租或用于资本增值,才能作为投资性房地产加以确认。企业购入房地产,自用一段时间之后再改为出租或用于资本增值的,应当先将外购的房地产确认为固定资产或无形资产,自租赁期开始日或用于资本增值之日起,才能从固定资产或无形资产转换为投资性房地产。

企业自行建造的房地产,只有在自行建造活动完成(即达到预定可使用状态)的同时开始对外出租或用于资本增值,才能将自行建造的房地产确认为投资性房地产。企业自行建造房地产达到预定可使用状态后一段时间才对外出租或用于资本增值的,应当先将自行建造的房地产确认为固定资产、无形资产或存货,自租赁期开始日或用于资本增值之日开始,将固定资产、无形资产或存货转换为投资性房地产。

二、投资性房地产的初始计量

企业外购投资性房地产时,应当按照取得时的实际成本进行初始计量。取得时的实际成本,包括购买价款、相关税费和可直接归属于该资产的其他支出。采用成本模式进行后续计量的,企业应当在购入投资性房地产时,借记"投资性房地产"科目,贷记"银行存款"等科目;采用公允价值模式进行后续计量的,企业应当在购入投资性房地产时,借记"投资性房地产——成本"科目,贷记"银行存款"等科目。

企业自行建造投资性房地产时,应当按照取得时的实际成本进行初始计量。其成本由建造该项房地产达到预定可使用状态前发生的必要支出构成。包括土地开发费、建筑成本、安装成本、应予以资本化的借款费用、支付的其他费用和分摊的间接费用等。采用成本模式进行后续计量的,应按照确定的自行建造投资性房地产成本,借记"投资性房地产"科目,贷记"在建工程"或"开发产品"科目。采用公允价值模式进行后续计量的,应按照确定的自行建造投资性房地产成本,借记"投资性房地产——成本"科目,贷记"在建工程"或"开发产品"科目。

例题 3-2　20×0 年 2 月,甲公司支付 9 000 000 元从其他单位购入一块使用期限为 50 年的土地使用权,并在这块土地上开始自行建造两栋厂房。20×0 年 11 月,甲公司预计厂房即将完工,与乙公司签订了经营租赁合同,将其中一栋厂房租赁给乙公司使用。租赁合同约定,该厂房于完工时开始起租。20×0 年 12 月 5 日,两栋厂房同时完工,两栋厂房的实际造价均为 12 000 000 元,能够单独出售。至 20×0 年 12 月 5 日,这块土地使用权已摊销 165 000 元。为简化处理,假设两栋厂房分别占用这块土地的一半面积,并且以占用的土地面积作为土地使用权划分依据。假设甲公司对投资性房地产采用成本模式进行后续计量。

甲公司购入的土地使用权在自行建造厂房期间均属于自用土地使用权,是企业的无形资产,在建造厂房期间要将该土地使用权对应的累计摊销额计入在建工程的成本。厂房建造完工后,对于自用的那一栋,将其"在建工程"账户归集的相应建造成本转入"固定资产"账户,对应的土地使用权依然在"无形资产"账户核算。对于对外出租的那一栋,将其"在建工程"账户归集的相应建造成本转入"投资性房地产"账户,由于地上建筑物的出租使对应的土地使用权也转变为出租的状态,所以应将对应的土地使用权的成本从"无形资产"账户转出,记入"投资性房地产"账户。甲公司的会计处理如下:

(1)20×0 年 2 月,取得土地使用权:

借:无形资产——土地使用权　　　　　　　　　　　　　　9 000 000
　　贷:银行存款　　　　　　　　　　　　　　　　　　　9 000 000

(2)20×0 年计提无形资产累计摊销:

借:在建工程——厂房　　　　　　　　　　　　　　　　　165 000
　　贷:累计摊销　　　　　　　　　　　　　　　　　　　165 000

(3)20×0 年 12 月 5 日,厂房建造完工:

借:固定资产——厂房　　　　　　　　　　　　　　　　12 000 000
　　投资性房地产——厂房　　　　　　　　　　　　　　12 000 000
　　贷:在建工程——厂房　　　　　　　　　　　　　　24 000 000

同时,甲公司应结转一半土地使用权账面价值到"投资性房地产"账户,所以其应将"无形资产"账户转出 9 000 000×1/2＝4 500 000(元),将"投资性房地产累计摊销"账户转出 165 000×1/2＝82 500(元)。

借:投资性房地产——土地使用权　　　　　　　　　　　4 500 000
　　累计摊销　　　　　　　　　　　　　　　　　　　　　82 500
　　贷:无形资产——土地使用权　　　　　　　　　　　4 500 000
　　　　投资性房地产累计摊销　　　　　　　　　　　　　82 500

想一想:同样是在土地上建造建筑物,自用建筑物、用于出租的建筑物、作为商品的建筑物,其对应的土地使用权的会计核算是不同的,你能明确它们的区别吗?

任务三 投资性房地产的后续计量

一、投资性房地产后续计量模式的选择

投资性房地产的后续计量有成本和公允价值两种模式,通常应当采用成本模式计量,只有存在确凿证据表明投资性房地产的公允价值能够持续可靠取得的情况下,企业才可以采用公允价值模式对投资性房地产进行后续计量。但是,同一企业只能采用一种模式对所有投资性房地产进行后续计量,不得同时采用两种计量模式。

存在确凿证据表明投资性房地产的公允价值能够持续可靠取得,应当同时满足以下两个条件:

(1)投资性房地产所在地有活跃的房地产交易市场。

所在地,通常指投资性房地产所在的城市。对于大中型城市,应当为投资性房地产所在的城区。

(2)企业能够从活跃的房地产交易市场上取得同类或类似房地产的市场价格及其他相关信息,从而对投资性房地产的公允价值做出合理的估计。

同类或类似的房地产,对建筑物而言,是指所处地理位置和地理环境相同、性质相同、结构类型相同或相近、新旧程度相同或相近、可使用状况相同或相近的建筑物;对土地使用权而言,是指同一位置区域、所处地理环境相同或相近、可使用状况相同或相近的土地。

投资性房地产的公允价值是市场参与者在计量日的有序交易中,出售该房地产所能收到的金额。确定投资性房地产的公允价值时,应当参照活跃市场上同类或类似房地产的现行市场价格(市场公开报价);无法取得同类或类似房地产现行市场价格的,应当参照活跃市场上同类或类似房地产的最近交易价格,并考虑交易情况、交易日期、所在区域等因素,从而对投资性房地产的公允价值做出合理的估计;也可以基于预计未来获得的租金收益和相关现金流量予以估计。

二、投资性房地产采用成本模式进行后续计量

企业通常应当采用成本模式对投资性房地产进行后续计量。

按照固定资产或无形资产的有关规定,按期(月)计提折旧或摊销时,借记"其他业务成本"等科目,贷记"投资性房地产累计折旧(摊销)"科目。

取得的租金收入,借记"银行存款"等科目,贷记"其他业务收入"等科目。

投资性房地产存在减值迹象的,适用"项目五 资产减值"的有关规定。经减值测试后确定发生减值的,应当计提减值准备,借记"资产减值损失"科目,贷记"投资性房地产减值准备"科目。

例题 3-3 甲公司将一栋写字楼出租给乙公司使用,确认为投资性房地产,采用成本模式进行后续计量。假设这栋写字楼的成本为 72 000 000 元,采用年限平均法计提折旧,使用寿命为 20 年,预计净残值为 0。经营租赁合同约定,乙公司每月等额支付甲公司租金 400 000 元。甲公司的会计处理如下:

(1)甲公司出租写字楼:

借:投资性房地产——写字楼　　　　　　　　　　　　72 000 000
　　贷:固定资产——写字楼　　　　　　　　　　　　　　72 000 000

(2)每月计提折旧:

每月计提的折旧＝72 000 000÷20÷12＝300 000(元)

借:其他业务成本——出租写字楼折旧　　　　　　　　300 000
　　贷:投资性房地产累计折旧　　　　　　　　　　　　　300 000

(3)每月确认租金收入:

借:银行存款(或其他应收款)　　　　　　　　　　　　400 000
　　贷:其他业务收入——出租写字楼租金收入　　　　　　400 000

三、投资性房地产采用公允价值模式进行后续计量

采用公允价值模式进行后续计量的投资性房地产,不对投资性房地产计提折旧或摊销。企业应当以资产负债表日投资性房地产的公允价值为基础调整其账面价值,公允价值与原账面价值之间的差额计入当期损益。资产负债表日,投资性房地产的公允价值高于原账面价值的差额,借记"投资性房地产——公允价值变动"科目,贷记"公允价值变动损益"科目;公允价值低于原账面价值的差额,做相反的会计处理。

取得的租金收入,借记"银行存款"等科目,贷记"其他业务收入"等科目。

例题 3-4 20×0 年 9 月,甲公司与乙公司签订租赁协议,约定将甲公司新建造的一栋写字楼租赁给乙公司使用,租赁期为 10 年,乙公司每月等额支付甲公司租金 400 000 元。20×0 年 12 月 1 日,该写字楼开始起租,写字楼的工程造价为 72 000 000 元,公允价值也为相同金额。写字楼所在区域有活跃的房地产交易市场,而且能够从房地产交易市场上取得同类房地产的市场报价,甲公司决定采用公允价值模式对该项出租的房地产进行后续计量。在确定该投资性房地产的公允价值时,甲公司选取了与该处房地产所处地区相近、结构及用途相同的房地产,参照公司所在地房地产交易市场上平均销售价格,结合周边市场信息和自有房地产的特点。20×0 年 12 月 31 日,该写字楼的公允价值为 76 000 000 元。甲公司的会计处理如下:

(1)20×0年12月1日，甲公司出租写字楼：

借：投资性房地产——写字楼——成本　　　　　　　　　72 000 000
　　贷：固定资产——写字楼　　　　　　　　　　　　　　　72 000 000

(2)每月确认租金收入：

借：银行存款(或其他应收款)　　　　　　　　　　　　　　400 000
　　贷：其他业务收入——出租写字楼租金收入　　　　　　　　400 000

(3)20×0年12月31日，按照公允价值调整其账面价值：

借：投资性房地产——写字楼——公允价值变动　　　　　4 000 000
　　贷：公允价值变动损益——投资性房地产　　　　　　　4 000 000

> **想一想**：投资性房地产后续计量的成本模式和公允价值模式有什么相同点和区别？

课堂能力训练

甲公司与乙公司于20×0年11月11日签订租赁合同，将其当日建造完工的一栋写字楼整体出租给乙公司。合同规定：租赁期自20×1年1月1日开始，租期为5年，年租金为2 400 000元，每年年底支付。出租时，该栋写字楼的成本为30 000 000元，甲公司预计该写字楼的使用年限为30年，预计净残值为零。20×1年12月31日，甲公司收到租金2 400 000元。同日，该写字楼的公允价值为32 000 000元。

要求：分别按照成本模式和公允价值模式编制甲公司相关会计分录。

相关链接

投资性房地产租金收入怎样交增值税

一般纳税人出租其2016年5月1日后取得的不动产，适用一般计税方法计税。不动产所在地与机构所在地不在同一县(市、区)的，纳税人应按照3%的预征率向不动产所在地主管国税机关预缴税款，向机构所在地主管国税机关申报纳税。一般纳税人出租其2016年4月30日前取得的不动产，可以选择适用简易计税方法，按照5%的征收率计算应纳税额。

小规模纳税人出租不动产、单位和个体工商户出租不动产(不含个体工商户出租住房)，按照5%的征收率计算应纳税额。不动产所在地与机构所在地不在同一县(市、区)的，纳税人应按上述计税方法向不动产所在地主管国税机关预缴税款，向机构所在地主管国税机关申报纳税。

出租不动产税率为11%，征收率为5%，预缴税款如下：

1.纳税人出租不动产适用一般计税方法计税的，按照以下公式计算应预缴税款：

应预缴税款＝含税租金收入÷(1＋11%)×3%

2.纳税人出租不动产适用简易计税方法计税的,除个人出租住房外,按照以下公式计算应预缴税款:

应预缴税款＝含税租金收入÷(1+5％)×5％

(资料来源:投资性房地产租金收入交增值税吗? 会计学堂)

三、投资性房地产后续计量模式的变更

为保证会计信息的可比性,企业对投资性房地产的计量模式一经确定,不得随意变更。只有在房地产市场比较成熟、能够满足采用公允价值模式计量条件的情况下,才允许企业对投资性房地产从成本模式计量变更为公允价值模式计量。值得注意的是,企业一旦选择公允价值模式计量,就必须对其所有投资性房地产均采用公允价值模式进行计量。且已采用公允价值模式计量的投资性房地产,不得从公允价值模式计量转为成本模式计量。

成本模式计量转为公允价值模式计量的,应当作为会计政策变更处理,将计量模式变更时公允价值与账面价值的差额,调整期初留存收益。变更日,按照投资性房地产的公允价值,借记"投资性房地产——成本"科目,按照已计提的折旧或摊销,借记"投资性房地产累计折旧(摊销)"科目,原已计提减值准备的,借记"投资性房地产减值准备"科目,按照原账面余额,贷记"投资性房地产"科目,按照公允价值与其账面价值之间的差额,取其中10％贷记或借记"盈余公积"科目,90％贷记或借记"利润分配——未分配利润"科目。

例题3-5 20×0年12月8日,甲公司董事会决定自20×1年1月1日起将位于城区的一栋已出租写字楼的后续计量由成本模式改为公允价值模式。该写字楼是20×0年1月20日投入使用并对外出租的,入账时初始成本为19 400 000元,公允价值为24 000 000元,预计使用年限为20年,预计净残值为200 000元,采用年限平均法计提折旧。年租金为1 800 000元,按月收取。20×1年1月1日,该写字楼的公允价值为25 000 000元。不考虑所得税等因素,甲公司在转换日应该怎样进行会计处理?

甲公司在进行后续计量模式转换时,首先要明确成本模式计量下的几个账户余额。投资性房地产账户余额是19 400 000元,投资性房地产累计折旧账户余额＝(19 400 000－200 000)/20×11/12＝880 000(元)。所以转换日投资性房地产账面价值是18 520 000元,公允价值是25 000 000元,它们之间的差额为6 480 000元,调整留存收益。甲公司的会计处理如下:

借:投资性房地产——写字楼——成本　　　　　　　　　25 000 000
　　投资性房地产累计折旧　　　　　　　　　　　　　　　880 000
　贷:投资性房地产——写字楼　　　　　　　　　　　　　19 400 000
　　　盈余公积　　　　　　　　　　　　　　　　　　　　648 000
　　　利润分配——未分配利润　　　　　　　　　　　　　5 832 000

四、投资性房地产的后续支出

(一)资本化的后续支出

与投资性房地产有关的后续支出,满足投资性房地产确认条件的,应当计入投资性房地产的成本。例如,企业为了提高投资性房地产的使用效能,往往需要对投资性房地产进行改建、扩建而使其更加坚固耐用,或者通过装修而改善其室内装潢,改扩建或装修支出满足确认条件的,应当将其资本化。

投资性房地产进入改扩建或装修阶段后,应当将其账面价值转入改扩建工程。在成本模式下,借记"投资性房地产——在建""投资性房地产累计折旧"等科目,贷记"投资性房地产"科目。在公允价值模式下,借记"投资性房地产——在建"科目,贷记"投资性房地产——成本"科目,贷记或借记"投资性房地产——公允价值变动"等科目。发生资本化的改良或装修支出,通过"投资性房地产——在建"科目归集,借记"投资性房地产——在建"科目,贷记"银行存款""应付账款"等科目。改扩建或装修完成后,借记"投资性房地产"科目(成本模式)或"投资性房地产——成本"科目(公允价值模式),贷记"投资性房地产——在建"科目。

值得注意的是,在投资性房地产改扩建期间,不计提折旧或摊销。

例题 3-6 20×0 年 5 月,甲公司与乙公司的一项厂房经营租赁合同即将到期。该厂房原价为 50 000 000 元,已计提折旧 10 000 000 元。为了提高厂房的租金收入,甲公司决定在租赁期满后对该厂房进行改扩建,并与丙公司签订了经营租赁合同,约定自改扩建完工时将该厂房出租给丙公司。20×0 年 5 月 31 日,与乙公司的租赁合同到期,该厂房随即进入改扩建工程。20×0 年 12 月 31 日,厂房改扩建工程完工,共发生支出 5 000 000 元,均已通过银行存款支付。即日按照租赁合同出租给丙公司。假定甲公司对投资性房地产采用成本模式计量。甲公司的会计处理如下:

(1)20×0 年 5 月 31 日,投资性房地产转入改扩建工程:

借:投资性房地产——厂房——在建　　　　　　　40 000 000
　　投资性房地产累计折旧　　　　　　　　　　　10 000 000
　　贷:投资性房地产——厂房　　　　　　　　　　　　　50 000 000

(2)改扩建期间发生改扩建资本化支出:

借:投资性房地产——厂房——在建　　　　　　　 5 000 000
　　贷:银行存款　　　　　　　　　　　　　　　　　　　 5 000 000

(3)20×0 年 12 月 31 日,改扩建工程完工:

借:投资性房地——厂房　　　　　　　　　　　　45 000 000
　　贷:投资性房地产——厂房——在建　　　　　　　　　45 000 000

课堂能力训练

20×0年5月,甲公司与乙公司的一项厂房经营租赁合同即将到期。该厂房原价为50 000 000元,公允价值变动为增值2 000 000元。为了提高厂房的租金收入,甲公司决定在租赁期满后对该厂房进行改扩建,并与丙公司签订了经营租赁合同,约定自改扩建完工时将该厂房出租给丙公司。20×0年5月31日,与乙公司的租赁合同到期,该厂房随即进入改扩建工程。20×0年12月31日,厂房改扩建工程完工,共发生支出5 000 000元,均已通过银行存款支付。即日按照租赁合同出租给丙公司。假定甲公司对投资性房地产采用公允价值模式计量。

要求:编制甲公司相关会计分录。

(二)费用化的后续支出

与投资性房地产有关的后续支出,不满足资本化条件的,如企业对投资性房地产进行日常维护所发生的支出,应当在发生时计入当期损益,借记"其他业务成本"等科目,贷记"银行存款"等科目。

任务四 投资性房地产的转换和处置

一、投资性房地产的转换

(一)投资性房地产转换的类型

房地产的转换,是指地产用途的变更。企业不得随意对自用或作为存货的房地产进行重新分类。企业有确凿证据表明房地产用途发生改变,满足下列条件之一的,才应当将投资性房地产转换为其他资产或者将其他资产转换为投资性房地产:

(1)作为存货的房地产改为出租,即房地产开发企业将其持有的开发产品以经营租赁的方式出租,开发产品相应地转换为投资性房地产。在此种情况下,转换日为房地产的租赁期开始日。

(2)自用建筑物停止自用改为出租,即企业将原本用于生产商品、提供劳务或者经营管理的房地产改用于出租,固定资产相应地转换为投资性房地产。在此种情况下,转换日为租赁期开始日。

自用土地使用权停止自用,改用于赚取租金或资本增值。即企业将原本用于生产商品、提供劳务或者经营管理的土地使用权改用于赚取租金或资本增值,该无形资产相应地转换为投资性房地产。在此种情况下,转换日为自用土地使用权停止自用后,确定用于赚取租金或资本增值的日期。

(3)投资性房地产重新开发用于对外销售,即房地产企业将用于经营出租的房地产重新开发用于对外销售,从投资性房地产转为开发产品。在这种情况下,转换日为租赁期满,企业董事会或类似机构做出书面决议明确表明将其重新开发用于对外销售的日期。

(4)投资性房地产开始自用,即将投资性房地产转为固定资产或无形资产。在此情况下,转换日为房地产达到自用状态,企业开始将其用于生产商品、提供劳务或者经营管理的日期。

以上所指确凿证据包括两个方面:一是企业董事会或类似机构应当就改变房地产用途形成正式的书面决议;二是房地产因用途改变而发生实际状态上的改变,如从自用状态改为出租状态。投资性房地产转换的类型如图3-1所示:

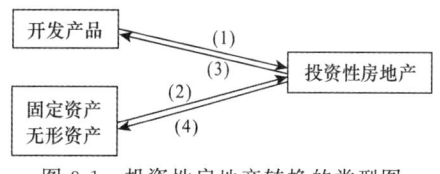

图3-1 投资性房地产转换的类型图

> 想一想:投资性房地产的转换和投资性房地产后续计量模式的变更是容易引起混淆的两个概念,你能说清楚它们的区别吗?

(二)投资性房地产转换的会计处理

1.成本模式下的转换

(1)开发产品转换为投资性房地产

企业将作为存货的房地产转换为采用成本模式计量的投资性房地产时,应当按该项存货在转换日的账面价值,借记"投资性房地产"科目;原已计提跌价准备的,借记"存货跌价准备"科目,按其账面余额,贷记"开发产品"等科目。

例题 3-7 甲公司是从事房地产开发的企业,20×0年4月10日,甲公司董事会就将其开发的一栋写字楼不再出售改用作出租形成了书面决议。甲公司遂与乙公司签订了租赁协议,将此写字楼整体出租给乙公司使用,租赁期开始日为20×0年5月1日,租赁期为5年。20×0年5月1日,该写字楼对应的开发产品账户账面余额为500 000 000元,已计提存货跌价准备2 000 000元,转换后采用成本模式进行后续计量。

20×0年5月1日,甲公司应编制会计分录如下:

借:投资性房地产——写字楼　　　　　　　　　498 000 000
　　存货跌价准备　　　　　　　　　　　　　　 2 000 000
　贷:开发产品　　　　　　　　　　　　　　　　　　　　　500 000 000

(2)固定资产或无形资产转换为投资性房地产

企业将自用土地使用权或建筑物转换为采用成本模式计量的投资性房地产时,应当按该项建筑物或土地使用权在转换日的原价、累计折旧、减值准备等,分别对应转入投资性房地产的相应科目。按其账面余额,借记"投资性房地产"科目,贷记"固定资产"或"无形资产"科目;按已计提的折旧或摊销,借记"累计折旧(摊销)"科目,贷记"投资性房地产累计折旧(摊销)"科目;原已计提减值准备的,借记"固定资产减值准备"或"无形资产减值准备"科目,贷记"投资性房地产减值准备"科目。

例题 3-8 甲公司拥有一栋本公司总部办公使用的办公楼,公司董事会就将该栋办公楼用于出租形成了书面决议。20×0年4月10日,甲公司与乙公司签订了经营租赁协议,将这栋办公楼整体出租给乙公司使用,租赁期开始日为20×0年5月1日,租赁期为5年。20×0年5月1日,这栋办公楼对应的固定资产账户账面余额为500 000 000元,已计提折旧2 000 000元。假设甲公司所在城市不存在活跃的房地产交易市场。

20×0年5月1日,甲公司应编制会计分录如下:

借:投资性房地产——办公楼　　　　　　　　　　500 000 000
　　累计折旧　　　　　　　　　　　　　　　　　　2 000 000
　　贷:固定资产——办公楼　　　　　　　　　　　500 000 000
　　　　投资性房地产累计折旧　　　　　　　　　　2 000 000

(3)投资性房地产转换为开发产品

企业将采用成本模式计量的投资性房地产转换为存货时,应当按照该项房地产在转换日的账面价值,借记"开发产品"科目;按照已计提的折旧或摊销,借记"投资性房地产累计折旧(摊销)"科目;原已计提减值准备的,借记"投资性房地产减值准备"科目;按其账面余额,贷记"投资性房地产"科目。

例题 3-9 20×0年8月10日,甲房地产开发公司董事会做出书面决议,计划于20×0年8月31日将某出租在外的写字楼在租赁期满时收回,用于重新开发后对外销售。20×0年8月31日,甲公司将该出租的写字楼收回,20×0年9月1日开始将其作为存货核算。该项房地产在转换前采用成本模式计量,截至20×0年8月31日,这项房地产对应的投资性房地产账户的账面余额为80 000 000元,已计提累计折旧为20 000 000元。假定不考虑其他因素。

20×0年9月1日,甲公司应编制会计分录如下:

借:开发产品　　　　　　　　　　　　　　　　　60 000 000
　　累计折旧　　　　　　　　　　　　　　　　　20 000 000
　　贷:投资性房地产——写字楼　　　　　　　　　80 000 000

(4)投资性房地产转换为固定资产或无形资产

企业将采用成本模式计量的投资性房地产转换为自用房地产时,应当按该项投资性房地产在转换日的账面余额、累计折旧、减值准备等,分别对应转入固定资产或无形资产的相应科目。按其账面余额,借记"固定资产"或"无形资产"科目,贷记"投资性房地产"科目;按已计提的折旧或摊销,借记"投资性房地产累计折旧(摊销)"科目,贷记"累计折旧"或"累计摊销"科目;原已计提减值准备的,借记"投资性房地产减值准备"科目,贷记"固定资产减值准备"或"无形资产减值准备"科目。

例题 3-10 20×0 年 8 月 10 日,为扩大生产经营,甲公司董事会做出书面决议,计划于 20×0 年 8 月 31 日将某出租在外的厂房在租赁期满时收回,用于本公司生产产品。随后,甲公司做好了厂房重新用于生产的各项准备工作。20×0 年 8 月 31 日,甲公司将该出租的厂房收回,20×0 年 9 月 1 日开始将其用于生产产品。该项房地产在转换前采用成本模式计量,截至 20×0 年 8 月 31 日,这项房地产对应的投资性房地产账户的账面余额为 80 000 000 元,已计提累计折旧为 20 000 000 元。假定不考虑其他因素。

20×0 年 9 月 1 日,甲公司应编制会计分录如下:

借:固定资产——厂房   80 000 000
  投资性房地产累计折旧   20 000 000
 贷:投资性房地产——厂房   80 000 000
  累计折旧   20 000 000

相关链接

账面余额和账面价值的区别

账面余额,是指某科目的账面实际余额。不扣除作为该科目备抵的项目,如累计折旧、累计摊销、相关资产的减值准备等。

账面价值,是指某科目的账面余额减去相关的备抵项目后的净额。

(资料来源:账面余额和账面价值的区别,东奥会计在线)

2. 公允价值模式下的转换

(1) 开发产品转换为投资性房地产

企业将作为存货的房地产转换为采用公允价值模式计量的投资性房地产时,应当按该项房地产在转换日的公允价值,借记"投资性房地产——成本"科目;原已计提跌价准备的,借记"存货跌价准备"科目;按其账面余额,贷记"开发产品"等科目;同时,转换日的公允价值小于账面价值的,按其差额,借记"公允价值变动损益"科目;转换日的公允价值大于账面价值的,按其差额,贷记"其他综合收益"科目。

值得注意的是,待该项投资性房地产处置时,因转换计入其他综合收益的部分应转入当期损益。

例题 3-11 20×0 年 4 月 15 日,甲房地产开发公司董事会形成书面决议,将其开发的一栋写字楼用于出租。甲公司遂与乙公司签订了租赁协议,租赁期开始日为 20×0 年 5 月 1 日,租赁期为 5 年。20×0 年 5 月 1 日,该写字楼对应的开发产品账户的账面余额为 400 000 000 元,公允价值为 430 000 000 元。

20×0年5月1日,甲公司应编制会计分录如下:
借:投资性房地产——写字楼——成本　　　　　　　　　430 000 000
　　贷:开发产品　　　　　　　　　　　　　　　　　　　　400 000 000
　　　　其他综合收益——公允价值变动——投资性房地产　　30 000 000

(2)固定资产或无形资产转换为投资性房地产

企业将自用建筑物或土地使用权转换为采用公允价值模式计量的投资性房地产时,应当按该项建筑物或土地使用权在转换日的公允价值,借记"投资性房地产——成本"科目;按已计提的累计折旧或累计摊销,借记"累计折旧"或"累计摊销"科目;原已计提减值准备的,借记"固定资产减值准备"或"无形资产减值准备"科目;按其账面余额,贷记"固定资产"或"无形资产"科目;同时,转换日的公允价值小于账面价值的,按其差额,借记"公允价值变动损益"科目;转换日的公允价值大于账面价值的,按其差额,贷记"其他综合收益"科目。

值得注意的是,待处置该项投资性房地产时,因转换计入其他综合收益的部分应转入当期损益。

例题3-12 20×0年8月,甲公司打算搬迁至新建办公楼,由于原办公楼处于商业繁华地段,甲公司准备将其出租,以赚取租金收入,已经公司董事会批准形成书面决议。20×0年12月底,甲公司完成了搬迁工作,原办公楼停止自用。20×1年1月1日,甲公司与乙公司签订了租赁协议,将其原办公楼租赁给乙公司使用,约定租赁期开始日为20×1年1月1日,租赁期为3年。假设甲公司对出租的该办公楼采用公允价值模式计量。20×1年1月1日办公楼的公允价值为380 000 000元,办公楼对应的固定资产账户的账面余额为550 000 000元,已计提折旧150 000 000元。

20×1年1月1日,甲公司应编制会计分录如下:
借:投资性房地产——办公楼——成本　　　　　　　　　380 000 000
　　公允价值变动损益——投资性房地产　　　　　　　　　20 000 000
　　累计折旧　　　　　　　　　　　　　　　　　　　　150 000 000
　　贷:固定资产——办公楼　　　　　　　　　　　　　　550 000 000

想一想:为什么从存货或自用房地产转换为投资性房地产时,公允价值增加部分要记入"其他综合收益"科目?

(3)投资性房地产转换为开发产品

企业将采用公允价值模式计量的投资性房地产转换为存货时,应当以其转换当日的公允价值作为存货的账面价值,借记"开发产品"等科目;按该项投资性房地产的账面价值,贷记"投资性房地产——成本"科目,贷记或借记"投资性房地产——公允价值变动"科目;差额贷记或借记"公允价值变动损益"科目。

(4)投资性房地产转换为固定资产或无形资产

企业将采用公允价值模式计量的投资性房地产转换为自用房地产时,应当以其转换当日的公允价值作为自用房地产的账面价值,借记"固定资产"或"无形资产"科目;按该项投资性房地产的账面价值,贷记"投资性房地产——成本"科目,贷记或借记"投资性房地产——公允价值变动"科目;差额贷记或借记"公允价值变动损益"科目。

例题 3-13　20×0年11月1日,租赁期满,甲公司将出租的写字楼收回,公司董事会就将该写字楼作为办公楼用于本公司的行政管理形成了书面决议。20×0年11月1日,该写字楼正式开始自用,相应由投资性房地产转换为自用房地产,当日的公允价值为72 000 000元。该项房地产在转换前采用公允价值模式计量,原账面价值为70 000 000元,其中,成本为67 000 000元,公允价值变动为增值3 000 000元。

20×0年11月1日,甲公司应编制会计分录如下:

借:固定资产——写字楼　　　　　　　　　　　　　72 000 000
　　贷:投资性房地产——写字楼——成本　　　　　　　67 000 000
　　　　　　　　　　　　　　　——公允价值变动　　 3 000 000
　　　　公允价值变动损益——投资性房地产　　　　　 2 000 000

想一想:成本模式计量和公允价值模式计量下,投资性房地产的转换在会计处理上有什么区别?

课堂能力训练

20×0年1月1日,甲公司将其自用的一栋办公楼租赁给乙公司使用,租赁期开始日为20×1年1月1日,租赁期为3年。转换日该办公楼的账面余额为10 000 000元,已计提折旧1 000 000元,已计提资产减值准备2 000 000元,该项办公楼在转换日的公允价值为15 000 000元。

要求:分别按照成本模式和公允价值模式编制甲公司相关会计分录。

三、投资性房地产的处置

当投资性房地产被处置,或者永久退出使用且预计不能从其处置中取得经济利益时,应当终止确认该项投资性房地产。企业出售、转让、报废投资性房地产或者发生投资性房地产毁损,应当将处置收入扣除其账面价值和相关税费后的金额计入当期损益。此外,企业因其他原因,如非货币性资产交换等而减少投资性房地产,也属于投资性房地产的处置。

(一)成本模式计量的投资性房地产的处置

处置采用成本模式计量的投资性房地产时,应当按实际收到的金额,借记"银行存款"等科目,贷记"其他业务收入"科目;按该项投资性房地产的账面价值,借记"其他业务成本"科目;按其账面余额,贷记"投资性房地产"科目;按已计提的折旧或摊销,借记"投资性房地产累计折旧(摊销)"科目;原已计提减值准备的,借记"投资性房地产减值准备"科目。

例题 3-14 甲公司将其出租的一栋写字楼确认为投资性房地产。租赁期届满后，甲公司将该栋写字楼出售给乙公司，合同价款为 200 000 000 元，乙公司已用银行存款付清。假设这栋写字楼原采用成本模式计量。出售时，该栋写字楼的成本为 180 000 000 元，已计提折旧 20 000 000 元，不考虑相关税费。甲公司应编制会计分录如下：

```
借：银行存款                            200 000 000
    贷：其他业务收入                        200 000 000
借：其他业务成本                        160 000 000
    投资性房地产累计折旧                 20 000 000
    贷：投资性房地产——写字楼             180 000 000
```

（二）公允价值模式计量的投资性房地产的处置

处置采用公允价值模式计量的投资性房地产时，应当按实际收到的金额，借记"银行存款"等科目，贷记"其他业务收入"科目；按该项投资性房地产的账面价值，借记"其他业务成本"科目；按其成本，贷记"投资性房地产——成本"科目；按其累计公允价值变动贷记或借记"投资性房地产——公允价值变动"科目。同时结转投资性房地产累计公允价值变动损益，借记或贷记"公允价值变动损益"科目，贷记"其他业务成本"科目。若存在原转换日计入其他综合收益的金额，也一并结转，借记"其他综合收益"科目，贷记"其他业务成本"科目。

◎ 典型案例

情景与背景：20×0 年 12 月 16 日，甲公司与乙公司签订了一项租赁协议，将一栋经营管理用写字楼出租给乙公司，租赁期为 3 年，租赁期开始日为 20×1 年 1 月 1 日，年租金为 2 400 000 元，于每年年初收取。相关资料如下：

(1) 20×0 年 12 月 31 日，甲公司将该写字楼停止自用，准备出租给乙公司，拟采用成本模式进行后续计量，预计尚可使用 46 年，预计净残值为 200 000 元，采用年限平均法计提折旧，不存在减值迹象。当日，该写字楼账面余额 19 700 000 元，累计折旧 1 560 000 元。

(2) 20×1 年 1 月 1 日，预收当年租金 2 400 000 元，款项已收存银行。甲公司按月将租金收入确认为其他业务收入，并结转相关成本。

(3) 20×2 年 12 月 31 日，甲公司考虑到所在城市存在活跃的房地产市场，并且能够合理估计该写字楼的公允价值。甲公司为提供更相关的会计信息，将投资性房地产的后续计量从成本模式转换为公允价值模式，当日，该写字楼的公允价值为 20 000 000 元。

(4) 20×3 年 12 月 31 日，该写字楼的公允价值为 21 500 000 元。

(5) 20×4 年 1 月 1 日，租赁合同到期，甲公司因资金周转困难，将该写字楼出售给丙公司，价款为 21 000 000 元，款项已收存银行。

要求：甲公司按净利润的 10% 提取法定盈余公积，假定不考虑其他因素，对甲公司的投资性房地产业务进行会计处理。

案例分析：甲公司的会计处理如下：

(1)20×1年1月1日,将写字楼出租给乙公司:

借:投资性房地产——写字楼　　　　　　　　　　　　　　　19 700 000
　　累计折旧　　　　　　　　　　　　　　　　　　　　　　　1 560 000
　　贷:固定资产——写字楼　　　　　　　　　　　　　　　　　　　19 700 000
　　　　投资性房地产累计折旧　　　　　　　　　　　　　　　　　　1 560 000

(2)20×1年1月1日,预收当年租金:

借:银行存款　　　　　　　　　　　　　　　　　　　　　　2 400 000
　　贷:预收账款　　　　　　　　　　　　　　　　　　　　　　　2 400 000

(3)20×1年1月31日,确认当月损益:

月租金＝2 400 000×1/12＝200 000(元)

借:预收账款　　　　　　　　　　　　　　　　　　　　　　　200 000
　　贷:其他业务收入　　　　　　　　　　　　　　　　　　　　　200 000

月折旧额＝(19 700 000－1 560 000－200 000)÷46×1/12＝32 500(元)

借:其他业务成本　　　　　　　　　　　　　　　　　　　　　32 500
　　贷:投资性房地产累计折旧　　　　　　　　　　　　　　　　　　32 500

20×1年2月至20×2年12月收取租金和确认损益的分录同上。

(4)20×2年12月31日,投资性房地产后续计量模式变更为公允价值模式:

转换日,投资性房地产账户的账面余额19 700 000元,投资性房地产累计折旧账户的账面余额＝1 560 000＋32 500×24＝2 340 000(元),投资性房地产账面价值＝19 700 000－2 340 000＝17 360 000(元),与当日公允价值20 000 000元之间的差额为2 640 000元。

借:投资性房地产——写字楼——成本　　　　　　　　　　　20 000 000
　　投资性房地产累计折旧　　　　　　　　　　　　　　　　　2 340 000
　　贷:投资性房地产——写字楼　　　　　　　　　　　　　　　　19 700 000
　　　　盈余公积　　　　　　　　　　　　　　　　　　　　　　　264 000
　　　　利润分配——未分配利润　　　　　　　　　　　　　　　　2 376 000

(5)20×3年1月1日,预收当年租金:

借:银行存款　　　　　　　　　　　　　　　　　　　　　　2 400 000
　　贷:预收账款　　　　　　　　　　　　　　　　　　　　　　　2 400 000

(6)20×3年1月31日,确认当月损益:

借:预收账款　　　　　　　　　　　　　　　　　　　　　　　200 000
　　贷:其他业务收入　　　　　　　　　　　　　　　　　　　　　200 000

20×3年2月至20×3年12月确认损益的分录同上。

(7)20×3年12月31日,按公允价值调整账面价值:

借:投资性房地产——写字楼——公允价值变动　　　　　　　1 500 000
　　贷:公允价值变动损益　　　　　　　　　　　　　　　　　　　1 500 000

(8)20×4年1月1日,出售该投资性房地产:

借:银行存款　　　　　　　　　　　　　　　　　　　　　　21 000 000
　　贷:其他业务收入　　　　　　　　　　　　　　　　　　　　　21 000 000

借:其他业务成本	21 500 000	
贷:投资性房地产——写字楼——成本		20 000 000
投资性房地产——写字楼——公允价值变动		1 500 000
借:公允价值变动损益	1 500 000	
贷:其他业务成本		1 500 000

课堂能力训练

20×0年5月1日,甲房地产开发公司将其开发的一栋写字楼出租给乙公司,租赁期为2年,租赁期内每月初收取租金400 000元。当日,该写字楼对应的开发产品账户的账面余额为400 000 000元,公允价值为430 000 000元。20×0年12月31日,写字楼的公允价值为425 000 000元。20×1年12月31日,写字楼的公允价值为450 000 000元。20×2年4月30日,租赁期满,甲公司将该写字楼直接出售给丙公司,价款为460 000 000元,款项已收存银行。

要求:编制甲公司相关会计分录。

思维导图

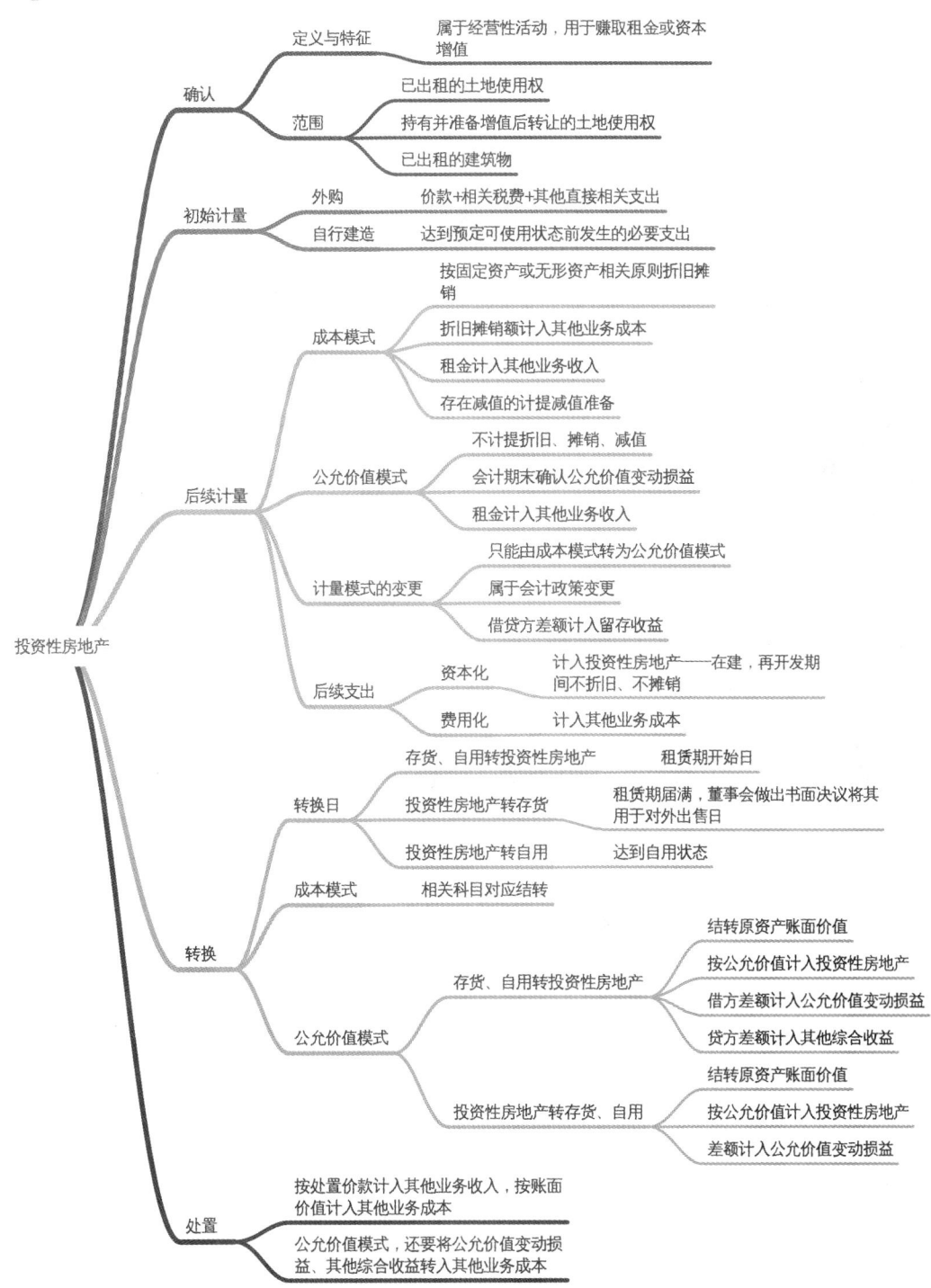

- 投资性房地产
  - 确认
    - 定义与特征 —— 属于经营性活动，用于赚取租金或资本增值
    - 范围
      - 已出租的土地使用权
      - 持有并准备增值后转让的土地使用权
      - 已出租的建筑物
  - 初始计量
    - 外购 —— 价款+相关税费+其他直接相关支出
    - 自行建造 —— 达到预定可使用状态前发生的必要支出
  - 后续计量
    - 成本模式
      - 按固定资产或无形资产相关原则折旧摊销
      - 折旧摊销额计入其他业务成本
      - 租金计入其他业务收入
      - 存在减值的计提减值准备
    - 公允价值模式
      - 不计提折旧、摊销、减值
      - 会计期末确认公允价值变动损益
      - 租金计入其他业务收入
    - 计量模式的变更
      - 只能由成本模式转为公允价值模式
      - 属于会计政策变更
      - 借贷方差额计入留存收益
    - 后续支出
      - 资本化 —— 计入投资性房地产——在建，再开发期间不折旧、不摊销
      - 费用化 —— 计入其他业务成本
  - 转换
    - 转换日
      - 存货、自用转投资性房地产 —— 租赁期开始日
      - 投资性房地产转存货 —— 租赁期届满，董事会做出书面决议将其用于对外出售日
      - 投资性房地产转自用 —— 达到自用状态
    - 成本模式 —— 相关科目对应结转
    - 公允价值模式
      - 存货、自用转投资性房地产
        - 结转原资产账面价值
        - 按公允价值计入投资性房地产
        - 借方差额计入公允价值变动损益
        - 贷方差额计入其他综合收益
      - 投资性房地产转存货、自用
        - 结转原资产账面价值
        - 按公允价值计入投资性房地产
        - 差额计入公允价值变动损益
  - 处置
    - 按处置价款计入其他业务收入，按账面价值计入其他业务成本
    - 公允价值模式，还要将公允价值变动损益、其他综合收益转入其他业务成本

项目四 非货币性资产交换

学习目标

知识目标
- ◎ 理解非货币性资产交换的概念
- ◎ 掌握非货币性资产交换认定的标准
- ◎ 理解商业实质的含义及判断标准
- ◎ 掌握以公允价值计量的非货币性资产交换的会计核算要求
- ◎ 掌握以账面价值计量的非货币性资产交换的会计核算要求
- ◎ 了解多项资产进行非货币性资产交换的会计核算要求

能力目标
- ◎ 能够判断交易是否属于非货币性资产交换
- ◎ 能够判断一项交易是否具有商业实质
- ◎ 能够正确进行以公允价值计量的非货币性资产交换的会计核算
- ◎ 能够正确进行以账面价值计量的非货币性资产交换的会计核算

大商股份资产交换案

◎ 引导案例

大商股份有限公司(以下简称"大商股份")是1992年5月经大连市体改委批准,由国有企业改组募集设立的股份公司,并在上海证券交易所上市。2010年10月18日,公司的子公司百大宾馆、大庆百货大楼及关联方新百大与大庆市金银来有限公司签署资产置换协议,百大宾馆以其面积6 731平方米主楼和面积为1 734平方米的招待所楼等固定资产、大庆百货大楼以其面积为359平方米的仓库等固定资产、新百大以其246.88平方米的仓库共同换入金银来公司位于庆莎商场面积为10 434平方米的房产。各项目的公允价值与账面价值见表4-1。

表 4-1　　　　　　　　　大商股份资产置换情况表

项目	金额(元)
公司换入资产公允价值	31 823 700.00
公司换出资产公允价值	29 182 899.90
新百大换出资产公允价值	920 000.00
公司换出资产账面价值	3 026 534.16

在大商股份 2010 年度财务报告中,报告期内公司财务情况说明见表 4-2:

表 4-2　　　　　　　　　大商股份财务情况说明表

利润项目	本期金额(元)	上期金额(元)	增减幅度(%)	增减原因
资产减值损失	50 623 036.91	24 330 506.90	108.06	公司本期存货跌价准备和坏账准备增加所致
营业外收入	77 619 333.15	53 436 256.29	45.26	公司的子公司百大宾馆、大庆百货大楼与第三方进行资产置换获得非货币性资产交换利得所致
所得税费用	210 064 954.41	120 720 069.64	74.01	公司本期经营利润较上年同期增加形成

2010 年度,大商股份营业外收入构成情况见表 4-3:

表 4-3　　　　　大商股份营业外收入构成情况表　　　　　单位:元

项目	本期	上年同期
非流动资产处置利得	7 836 406.09	14 141 596.95
非货币性资产交换利得	26 156 365.74	0.00
政府补贴	18 446 815.71	20 387 588.10
盘盈利得	38 260.15	65 081.37
捐赠利得	0.00	47 880.00
其他项目	25 141 485.46	18 794 109.87
合计	77 619 333.15	53 436 256.29

(资料来源:大商股份 2010 年度财务报告,网易财经,有删改。)

大商股份的资产置换业务是什么具体内容?公司的子公司百大宾馆、大庆百货大楼及关联方新百大与大庆市金银来有限公司签署资产置换协议属不属于非货币性资产交换?如果属于非货币性资产交换,应当如何进行会计处理?本项目将帮助您找到答案。

任务一 非货币性资产交换的认定

企业在生产经营过程中,有时会出现这种状况,即甲企业需要乙企业拥有的某项设备,而乙企业恰好需要甲企业生产的产品作为原材料,双方可能通过互相交换上述设备和原材料达成交易,这就是一种非货币性资产交换行为。通过这种交换,企业一方面满足了各自生产经营的需要;另一方面也在一定程度上减少了货币性资产的流出。

一、非货币性资产交换的概念

非货币性资产交换是一种非经常性的特殊交易行为,是交易双方主要以固定资产、无形资产和长期股权投资等非货币性资产进行的交换。这里的非货币性资产是相对于货币性资产而言的。所谓货币性资产,是指企业持有的货币资金和将以固定或可确定的金额收取的资产,包括现金、银行存款、应收账款和应收票据以及债权投资等;所谓非货币性资产,是指货币性资产以外的资产,该类资产在将来为企业带来的经济利益不固定或不可确定,包括存货(如原材料、库存商品等)、以公允价值计量的金融资产、长期股权投资、投资性房地产、固定资产、在建工程、无形资产等。

值得注意的是,并不是所有的交易双方主要以非货币性资产进行的交换都能称为非货币性资产交换。比如用存货换取客户的其他非货币性资产,不属于非货币性资产交换,而是按照销售存货来进行会计核算;交换一方或双方用金融资产进行的交换,也不属于非货币性资产交换,按照金融资产的相关要求进行会计核算。

二、非货币性资产交换的认定

从非货币性资产交换的概念可以看出,非货币性资产交换的交易对象主要是非货币性资产,交易中一般不涉及货币性资产,或只涉及少量货币性资产。在涉及的货币性资产中,扣除掉增值税影响之后的金额就被称为补价。一般认为,如果补价占整个资产交换金额的比例低于25%,则认定所涉及的补价为"少量",该交换为非货币性资产交换。非货币性资产交换的认定条件可以用下面的公式表示:

对收到补价方来说:

$$\frac{收到的补价}{换出资产的公允价值(或换入资产的公允价值+收到的补价)} < 25\%$$

对支付补价方来说：

$$\frac{支付的补价}{换入资产的公允价值（或换出资产的公允价值＋支付的补价）} < 25\%$$

需要说明的是，上述公式中的补价和公允价值都是指不含税的金额。以账面价值计量的非货币性资产交换，上述公式中的公允价值应改为账面价值。另外，如果该比例等于或高于25％，这项交换就属于货币性资产交换，应作为一般的资产购入和出售交易进行处理。

课堂能力训练

下列项目中，属于非货币性资产交换的有（　　）。
A.以公允价值50万元的原材料换取一项设备
B.以公允价值100万元的长期股权投资换取专利权
C.以公允价值100万元的专利换取长期股权投资，同时收到25万元的补价
D.以持有至到期投资换取一批存货

任务二 非货币性资产交换的确认和计量

非货币性资产交换无外乎几种形式，即一项资产换入一项资产、一项资产换入多项资产、多项资产换入一项资产和多项资产换入多项资产。无论采用何种形式进行交换，在进行会计核算之前，都需要进行计量基础的选择。非货币性资产交换有以公允价值计量和以账面价值计量两种计量基础，怎样进行选择，取决于该项交换是否具有商业实质，以及换入资产或换出资产的公允价值能否可靠地计量。

一、计量基础的选择过程

（一）商业实质的判断

认定某项非货币性资产交换具有商业实质，必须满足下列条件之一：一是换入资产的未来现金流量在风险、时间和金额方面与换出资产显著不同；二是换入资产与换出资产的预计未来现金流量现值不同，且其差额与换入资产和换出资产的公允价值相比是重大的。

企业如果难以判断某项非货币性资产交换是否满足第一项条件，则应当考虑第二项

条件。

资产的预计未来现金流量现值,应当按照资产在持续使用过程中和最终处置时预计产生的税后未来现金流量(因为交易双方适用的所得税税率可能不同),根据企业自身而不是市场参与者对资产特定风险的评价,选择恰当的折现率对预计未来现金流量折现后的金额加以确定。强调企业自身,是由于考虑到换入资产的性质和换入企业经营活动的特征,换入资产与换入企业其他现有资产相结合,可能比换出资产产生更大的作用,即换入资产与换出资产对换入企业的使用价值明显不同,使换入资产的预计未来现金流量现值与换出资产相比产生明显差异,表明该两项资产的交换具有商业实质。

值得注意的是,在确定非货币性资产交换是否具有商业实质时,企业应当关注交易各方之间是否存在关联方关系。关联方关系的存在可能导致发生的非货币性资产交换不具有商业实质。

> **相关链接**
>
> **关联方和关联方交易**
>
> 一方控制、共同控制另一方或对另一方施加重大影响,以及两方或两方以上受同一方控制、共同控制的,构成关联方。
>
> 关联方交易,是指关联方之间发生转移资源或义务的事项,而不论是否收取价款。关联方交易是一种独特的交易形式,具有两面性的特征,具体表现在:从制度经济学角度看,与遵循市场竞争原则的独立交易相比较,关联方之间进行交易的信息成本、监督成本和管理成本要少,交易成本可得到节约,故关联方交易可作为公司集团实现利润最大化的基本手段。从法律角度看,关联方交易的双方尽管在法律上是平等的,但在事实上因为交易时不存在竞争性的、自由市场交易的条件,而且交易双方的关系常常以一种微妙的方式影响交易,所以关联方之间的交易可能不是建立在公平交易的基础上。在某种情况下,关联方之间通过虚假交易可以达到粉饰经营业绩的目的,进而损害公司及其他利益相关者的合法权益。
>
> (资料来源:关联方,360百科)

(二)公允价值能否可靠计量的判断

属于以下三种情形之一的,换入资产或换出资产的公允价值视为能够可靠计量:

(1)换入资产或换出资产存在活跃市场,以市场价格为基础确定公允价值。

(2)换入资产或换出资产不存在活跃市场,但同类或类似资产存在活跃市场,以同类或类似资产市场价格为基础确定公允价值。

(3)换入资产或换出资产不存在同类或类似资产可比交易市场,采用估值技术确定公允价值。

(三)计量基础的选择

非货币性资产交换同时满足下列两个条件的,应当以公允价值计量:

(1)该项交换具有商业实质。

(2)换入资产或换出资产的公允价值能够可靠计量。

换入资产和换出资产公允价值均能够可靠计量的,应当以换出资产公允价值作为确定换入资产成本的基础,但有确凿证据表明换入资产的公允价值更加可靠的除外。

有下列情形之一的,非货币性资产交换以账面价值计量:

(1)该项交换不具有商业实质。

(2)换入资产和换出资产的公允价值都无法可靠计量。

二、以公允价值计量的非货币性资产交换的会计核算

非货币性资产交换的会计核算首要的问题是换入资产的入账价值的确定。一般来说,取得资产的成本应当按照所放弃资产的对价来确定,在非货币性资产交换中,换出资产的价值就是放弃的对价,如果其公允价值能够可靠确定,应当优先考虑按照换出资产的公允价值作为确定换入资产成本的基础;如果有确凿证据表明换入资产的公允价值更加可靠的,应当以换入资产公允价值为基础确定换入资产的成本。

在以公允价值计量的情况下,不论是否涉及补价,只要换出资产的公允价值与其账面价值不相同,就通常会涉及损益的确认,因为非货币性资产交换损益通常是由换出资产公允价值与换出资产账面价值的差额通过非货币性资产交换予以实现的。

非货币性资产交换的会计处理,视换出资产的类别不同而有所区别:

(1)换出资产为固定资产、无形资产的,应当视同固定资产、无形资产处置处理,换出资产公允价值与换出资产账面价值的差额计入资产处置损益。

(2)换出资产为长期股权投资的,应当视同长期股权投资处置处理,换出资产公允价值与换出资产账面价值的差额计入投资收益。

(一)不涉及补价情况下的会计核算

例题 4-1 20×0年5月1日,甲公司以其生产经营用设备交换乙公司一批办公设备,甲公司换入的办公设备用于日常经营,乙公司换入的设备继续用于生产。甲公司设备的账面原价为1 500 000元,在交换日的累计折旧为525 000元,不含税公允价值为1 404 000元,计税价格等于公允价值,甲公司此前没有为该设备计提资产减值准备。此外,甲公司以银行存款支付清理费1 500元。乙公司办公设备的账面价值为1 200 000元,在交换日的累计折旧为120 000元,不含税市场价格为1 404 000元,计税价格等于市场价格,乙公司此前也没有为该批办公设备计提资产减值准备。甲公司、乙公司均为增值税一般纳税人,适用的增值税税率为13%。假设甲公司和乙公司在整个交易过程中没有发生除增值税以外的其他税费,甲公司和乙公司均开具了增值税专用发票。

本例中,整个资产交换过程没有涉及收付货币性资产,因此,该项交换属于非货币性资产交换。甲公司以生产经营设备换入办公设备,乙公司用办公设备换入生产设备,两项资产交换后对换入企业的特定价值显著不同,两项资产的交换具有商业实质;同时,两项资产的公允价值都能够可靠地计量,符合公允价值计量的两个条件。因此,甲公司和乙公司均应当以公允价值为计量基础。

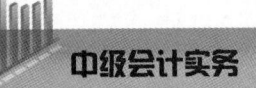

甲公司的会计处理如下：

换出生产设备的增值税销项税额＝1 404 000×13％＝182 520(元)

换入办公设备的增值税进项税额＝1 404 000×13％＝182 520(元)

(1)将固定资产转入清理：

借：固定资产清理　　　　　　　　　　　　　　　　　　　　　975 000
　　累计折旧　　　　　　　　　　　　　　　　　　　　　　　　525 000
　　贷：固定资产——生产设备　　　　　　　　　　　　　　　　　　1 500 000

(2)清理发生税费：

借：固定资产清理　　　　　　　　　　　　　　　　　　　　　　1 500
　　贷：银行存款　　　　　　　　　　　　　　　　　　　　　　　　1 500

(3)清理发生收入：

借：固定资产——办公设备　　　　　　　　　　　　　　　　　1 404 000
　　应交税费——应交增值税(进项税额)　　　　　　　　　　　　182 520
　　贷：固定资产清理　　　　　　　　　　　　　　　　　　　　　1 404 000
　　　　应交税费——应交增值税(销项税额)　　　　　　　　　　　　182 520

(4)结转固定资产清理净损益：

借：固定资产清理　　　　　　　　　　　　　　　　　　　　　427 500
　　贷：资产处置损益　　　　　　　　　　　　　　　　　　　　　427 500

乙公司的会计处理如下：

换出办公设备的增值税销项税额＝1 404 000×13％＝182 520(元)

换入生产设备的增值税进项税额＝1 404 000×13％＝182 520(元)

(1)将固定资产转入清理：

借：固定资产清理　　　　　　　　　　　　　　　　　　　　　1 080 000
　　累计折旧　　　　　　　　　　　　　　　　　　　　　　　　120 000
　　贷：固定资产——办公设备　　　　　　　　　　　　　　　　　　1 200 000

(2)清理发生收入：

借：固定资产——生产设备　　　　　　　　　　　　　　　　　1 404 000
　　应交税费——应交增值税(进项税额)　　　　　　　　　　　　182 520
　　贷：固定资产清理　　　　　　　　　　　　　　　　　　　　　1 404 000
　　　　应交税费——应交增值税(销项税额)　　　　　　　　　　　　182 520

(3)结转固定资产清理净损益：

借：固定资产清理　　　　　　　　　　　　　　　　　　　　　324 000
　　贷：资产处置损益　　　　　　　　　　　　　　　　　　　　　324 000

(二)涉及补价情况下的会计核算

1.支付补价方

在以公允价值确定换入资产成本的情况下，涉及补价的，支付补价方对交换业务的理解如图4-1所示：

图 4-1 非货币性资产交换支付补价方业务理解图

换入资产成本＝换出资产公允价值＋应支付的相关税费＋支付的补价

计入当期损益的金额＝换出资产公允价值－换出资产账面价值

2.收到补价方

收到补价方对交换业务的理解如图 4-2 所示：

图 4-2 非货币性资产交换收到补价方业务理解图

换入资产成本＝换出资产公允价值＋应支付的相关税费－收到的补价

计入当期损益的金额＝换出资产公允价值－换出资产账面价值

想一想:图 4-1 和图 4-2 中"应支付的相关税费"是否包含增值税？"换出资产公允价值"是否包含增值税？

例题 4-2 20×0 年 7 月 1 日,甲公司经协商以其拥有的一幢自用写字楼与乙公司持有的对丙公司长期股权投资交换。在交换日,该幢写字楼的账面原价为 6 000 000 元,已计提折旧 1 200 000 元,未计提减值准备,在交换日的不含税公允价值为 6 200 000 元,公允价值等于计税价格;乙公司持有的对丙公司长期股权投资账面价值为 4 500 000 元,未计提减值准备,在交换日的公允价值为 6 000 000 元,乙公司支付 758 000 元给甲公司。乙公司换入写字楼后用于生产经营。甲公司换入的对丙公司投资仍然作为长期股权投资,并采用成本法核算。甲公司、乙公司均为增值税一般纳税人,销售不动产适用的增值税税率为 9％,转让长期股权投资不属于增值税应税项目。假设甲公司和乙公司在整个交易过程中没有发生除增值税以外的其他税费,甲公司开具了增值税专用发票。

本例中,该项资产交换涉及收付货币性资产 758 000 元,但 758 000 元并不都是补价。这 758 000 元中有 200 000 元是由于换出和换入资产公允价值不同而产生的补价,另外 558 000 元是换出和换入资产增值税的差额。

对甲公司而言,收到的补价÷换出资产的公允价值(或换入资产公允价值＋收到的补价)＝200 000÷6 200 000(6 000 000＋200 000)＝3.23％＜25％,属于非货币性资产交换。

对乙公司而言,支付的补价÷换入资产的公允价值(或换出资产公允价值＋支付的补价)＝200 000÷6 200 000(6 000 000＋200 000)＝3.23％＜25％,属于非货币性资产交换。

本例属于以固定资产交换长期股权投资。由于两项资产的交换具有商业实质,且长期股权投资和固定资产的公允价值均能够可靠地计量,因此,甲、乙公司均应当以公允值为基础确定换入资产的成本,并确认产生的损益。

甲公司的会计处理如下:

换出写字楼的增值税销项税额=6 200 000×9%=558 000(元)

换入长期股权投资的成本=6 200 000－200 000=6 000 000(元)

(1)将固定资产转入清理:

借:固定资产清理	4 800 000
累计折旧	1 200 000
贷:固定资产——写字楼	6 000 000

(2)清理发生收入:

借:长期股权投资——丙公司	6 000 000
银行存款	758 000
贷:固定资产清理	6 200 000
应交税费——应交增值税(销项税额)	558 000

(3)结转固定资产清理净损益:

借:固定资产清理	1 400 000
贷:资产处置损益	1 400 000

其中,资产处置损益1 400 000元为甲公司换出固定资产的公允价值6 200 000元与账面价值4 800 000元之间的差额。

乙公司的会计处理如下:

换入写字楼的增值税进项税额=6 200 000×9%=558 000(元)

换入长期股权投资的成本=6 000 000＋200 000=6 200 000(元)

借:固定资产——写字楼	6 200 000
应交税费——应交增值税(进项税额)	558 000
贷:长期股权投资——丙公司	4 500 000
银行存款	758 000
投资收益	1 500 000

其中,投资收益1 500 000元为乙公司换出长期股权投资的公允价值6 000 000元与账面价值4 500 000元之间的差额。

课堂能力训练

20×0年7月10日,甲公司以其拥有的一辆作为固定资产核算的轿车换入乙公司一项非专利技术,并支付补价11 000元。当日,甲公司该轿车原价为800 000元,累计折旧为160 000元,公允价值为600 000元;乙公司该项非专利技术原价为700 000元,累计摊销100 000元,公允价值为650 000元。甲公司、乙公司均为增值税一般纳税人,销售固定资产增值税税率为13%,销售无形资产增值税税率为6%。该项交换具有商业实质,不考虑其他因素。

要求:分别编制甲公司和乙公司非货币性资产交换的会计分录。

项目四 非货币性资产交换

三、以账面价值计量的非货币性资产交换的会计核算

非货币性资产交换不具有商业实质,或者虽然具有商业实质但换入资产和换出资产的公允价值均不能可靠计量的,应当以换出资产的账面价值为基础确定换入资产的成本。无论是否支付补价,均不确认出售相应资产的损益。

值得注意的是,在以账面价值计量的前提下,交易双方都只能知道自己换出资产的账面价值,而无法得知该资产在对方的原账面价值。也就是说,换入资产的账面价值这个概念事实上是无法准确获得的。所以以账面价值计量的非货币性资产交换只能以换出资产的账面价值为基础确定换入资产的成本。

(一)不涉及补价情况下的会计核算

例题 4-3 甲公司以其持有的对丙公司的长期股权投资交换乙公司拥有的商标权。在交换日,甲公司持有的长期股权投资账面余额为 5 000 000 元,已计提长期股权投资减值准备余额为 1 400 000 元,该长期股权投资在市场上没有公开报价,公允价值也不能可靠计量;乙公司商标权的账面原价为 4 200 000 元,累计已摊销金额为 600 000 元,其公允价值也不能可靠计量,乙公司没有为该项商标权计提减值准备。乙公司将换入的对丙公司的投资仍作为长期股权投资,并采用成本法核算。乙公司因转让商标权向甲公司开具的增值税专用发票上注明的销售价款为 3 600 000 元,增值税销项税额为 216 000 元。假设除增值税外,整个交易过程没有发生其他相关税费。

本例中,该项资产交换没有涉及收付货币性资产,因此属于非货币性资产交换。本例属于以长期股权投资交换无形资产。由于换出资产和换入资产的公允价值都无法可靠计量,因此,甲、乙公司换入资产的成本均应当按照换出资产的账面价值确定,不确认出售资产的损益。

甲公司应编制会计分录如下:

借:无形资产——商标权	3 384 000	
应交税费——应交增值税(进项税额)	216 000	
长期股权投资减值准备——丙公司	1 400 000	
贷:长期股权投资——丙公司		5 000 000

乙公司应编制会计分录如下:

借:长期股权投资——丙公司	3 816 000	
累计摊销	600 000	
贷:无形资产——商标权		4 200 000
应交税费——应交增值税(销项税额)		216 000

(二)涉及补价情况下的会计核算

发生补价的,对待补价的处理思路和以公允价值计量情况下的思路完全相同。在以

换出资产的账面价值为基础加上为换入资产发生的相关税费后,加上支付的补价,或者减去收到的补价,就是换入资产的成本。不确认出售相应资产的损益。

例题 4-4 甲公司拥有一个离生产基地较远的仓库,该仓库账面原价 3 500 000 元,已计提折旧 2 350 000 元;乙公司拥有一项长期股权投资,账面价值 1 050 000 元,两项资产均未计提减值准备。由于仓库离市区较远,公允价值不能可靠计量;乙公司拥有的长期股权投资在活跃市场中没有报价,其公允价值也不能可靠计量。双方商定,乙公司支付给甲公司 200 000 元补价,以换取甲公司拥有的仓库。甲公司因转让仓库向乙公司开具的增值税专用发票上注明的销售价款为 1 150 000 元,增值税销项税额为 103 500 元。

本例中,该项资产交换涉及收付货币性资产 200 000 元,但 200 000 元并不都是补价。200 000 元中有 103 500 元是换出和换入资产增值税的差额,其余 96 500 元才是补价。

对甲公司而言,收到的补价÷换出资产的账面价值=96 500÷1 150 000=8.39%<25%,属于非货币性资产交换。

对乙公司而言,支付的补价÷(换出资产账面价值+支付的补价)=96 500÷(1 050 000+96 500)=8.42%<25%,属于非货币性资产交换。

本例属于以固定资产交换长期股权投资。由于换出资产和换入资产的公允价值都无法可靠计量,因此,甲、乙公司换入资产的成本均应当按照换出资产的账面价值确定,不确认出售资产的损益。

甲公司的会计处理如下:

(1)将固定资产转入清理:

借:固定资产清理   1 150 000
  累计折旧   2 350 000
  贷:固定资产——仓库   3 500 000

(2)清理发生收入:

借:长期股权投资——××公司   1 153 500
  银行存款   100 000
  贷:固定资产清理   1 150 000
   应交税费——应交增值税(销项税额) 103 500

乙公司的会计处理如下:

借:固定资产——仓库   1 046 500
  应交税费——应交增值税(进项税额)   103 500
  贷:长期股权投资——××公司   1 050 000
   银行存款   100 000

想一想:对非货币性资产交换以账面价值计量和以公允价值计量在会计处理上有哪些区别?

项目四　非货币性资产交换

课堂能力训练

20×0年5月1日,甲公司用一台已使用2年的A设备从乙公司换入一台B设备,为换入设备支付相关费用10 000元,从乙公司收取补价30 000元。A设备的账面原价为500 000元,原预计使用年限为5年,原预计净残值为5%,并采用双倍余额递减法计提折旧,未计提减值准备;B设备的账面原价为240 000元。已提折旧30 000元。置换时,A、B设备的公允价值分别为250 000元和220 000元,计税价格等于公允价值。假定该交换不具有商业实质。不考虑增值税之外的其他税费。

要求:分别编制甲公司和乙公司非货币性资产交换的会计分录。

四、涉及多项非货币性资产交换的会计核算

非货币性资产交换有时涉及多项资产。无论交换的哪一方以多项非货币性资产参与交换,会计处理的基本思路与单项非货币性资产交换是一样的。也应当首先确定换入资产成本的计量基础和损益确认原则,再计算换入资产的成本总额。然后需要将该换入资产的成本总额按照一定的比例分配给各换入资产即可。

具有商业实质且换入资产公允价值能够可靠计量的多项非货币性资产交换,应当按照换入各项资产的公允价值占换入资产公允价值总额的比例,对换入资产的成本总额进行分配,确定各项换入资产的成本。

不具有商业实质或者虽具有商业实质但换入资产的公允价值不能可靠计量的多项非货币性资产交换,应当按照换入各项资产的原账面价值占换入资产原账面价值总额的比例,对换入资产的成本总额进行分配,确定各项换入资产的成本。

◎ 典型案例

情景与背景: 20×0年6月30日,为适应业务发展的需要,经与乙公司协商,甲公司决定以生产经营过程中使用的办公楼、机器设备换入乙公司生产经营过程中使用的10辆货运车、5辆轿车和15辆客运汽车。

甲公司办公楼的账面原价为5 250 000元,在交换日的累计折旧为1 450 000元,公允价值为6 850 000元;机器设备账面原价为1 800 000元,在交换日的累计折旧为900 000元,公允价值为1 200 000元。

乙公司货运车的账面原价为2 250 000元,在交换日的累计折旧为750 000元,公允价值为2 250 000元;轿车的账面原价为3 000 000元,在交换日的累计折旧为1 350 000元,公允价值为2 500 000元;客运汽车的账面原价为4 500 000元,在交换日的累计折旧为1 200 000元,公允价值为3 600 000元。

乙公司另外收取甲公司以银行存款支付的613 000元。假定甲公司和乙公司都没有

为换出资产计提减值准备;甲公司换入乙公司的货运车、轿车、客运汽车均作为固定资产使用和管理;乙公司换入甲公司的办公楼、机器设备作为固定资产使用和管理。甲公司和乙公司均为增值税一般纳税人。甲公司、乙公司均开具了增值税专用发票,计税价格等于公允价值。

其中包括由于换出和换入资产公允价值不同而支付的补价300 000元,以及换出资产销项税额与换入资产进项税额的差额313 000元。

要求:假定不考虑其他因素,对甲公司和乙公司的非货币性资产交换业务进行会计处理。

案例分析:本例中,交换涉及收付货币性资产613 000元,但613 000元并不都是补价。这613 000元中有313 000元是换出和换入资产增值税的差额,其余300 000元才是补价。

对甲公司而言,支付的补价÷(换出资产的公允价值+支付的补价)=300 000÷(8 050 000+300 000)=3.59%<25%。可以认定这一涉及多项资产的交换行为属于非货币性资产交换。

对乙公司而言,收到的补价÷换出资产的公允价值=300 000÷8 350 000=3.59%<25%。可以认定这一涉及多项资产的交换行为属于非货币性资产交换。

对于甲公司而言,为了拓展运输业务,需要客运汽车、轿车、货运汽车等,乙公司为了满足生产,需要办公楼、机器设备、原材料等,换入资产对换入企业均能发挥更大的作用,因此,该项涉及多项资产的非货币性资产交换具有商业实质;同时,各单项换入资产和换出资产的公允价值均能可靠计量,因此,甲、乙公司均应当以公允价值为基础确定换入资产的总成本,确认产生的相关损益。同时,按照各单项换入资产的公允价值占换入资产公允价值总额的比例,确定各单项换入资产的成本。

甲公司的会计处理如下:

(1)换出办公楼的增值税销项税额=6 850 000×9%=616 500(元)

换出设备的增值税销项税额=1 200 000×13%=156 000(元)

换入货运车、轿车和客运汽车的增值税进项税额=(2 250 000+2 500 000+3 600 000)×13%=1 085 500(元)

(2)计算换入资产、换出资产公允价值总额:

换出资产公允价值总额=6 850 000+1 200 000=8 050 000(元)

换入资产公允价值总额=2 250 000+2 500 000+3 600 000=8 350 000(元)

(3)计算换入资产总成本:

换入资产总成本=换出资产公允价值+应支付的相关税费+支付的补价=8 050 000+0+300 000= 8 350 000(元)

(4)计算确定换入各项资产的成本:

货运车的成本=8 350 000×(2 250 000÷8 350 000×100%)=2 250 000(元)

轿车的成本=8 350 000×(2 500 000÷8 350 000×100%)=2 500 000(元)

客运汽车的成本=8 350 000×(3 600 000÷8 350 000×100%)=3 600 000(元)

(5)甲公司应编制会计分录如下：

借：固定资产清理		4 700 000
累计折旧		2 350 000
贷：固定资产——办公楼		5 250 000
——机器设备		1 800 000
借：固定资产——货运车		2 250 000
——轿车		2 500 000
——客运汽车		3 600 000
应交税费——应交增值税(进项税额)		1 085 500
贷：固定资产清理		8 050 000
应交税费——应交增值税(销项税额)		772 500
银行存款		613 000
借：固定资产清理		3 350 000
贷：资产处置损益		3 350 000

其中，资产处置损益 3 350 000 元，为甲公司换出办公楼和设备的公允价值 8 050 000 (6 850 000＋1 200 000)元超过其账面价值 4 700 000[(5 250 000－1 450 000)＋(1 800 000－900 000)]元的金额。

乙公司的会计处理如下：

(1)换出货运车、轿车和客运汽车的增值税销项税额＝(2 250 000＋2 500 000＋3 600 000)×13%＝1 085 500(元)

换入办公楼的增值税进项税额＝6 850 000×9%＝616 500(元)

换入设备的增值税进项税额＝1 200 000×13%＝156 000(元)

(2)计算换入资产、换出资产公允价值总额：

换出资产公允价值总额＝2 250 000＋2 500 000＋3 600 000＝8 350 000(元)

换入资产公允价值总额＝6 850 000＋1 200 000＝8 050 000(元)

(3)确定换入资产总成本：

换入资产总成本＝换出资产公允价值＋应支付的相关税费－收取的补价＝8 350 000＋0－300 000＝8 050 000(元)

(4)计算确定换入各项资产的成本：

办公楼的成本＝8 050 000×(6 850 000÷8 050 000×100%)＝6 850 000(元)

机器设备的成本＝8 050 000×(1 200 000÷8 050 000×100%)＝1 200 000(元)

(5)乙公司应编制会计分录如下：

借：固定资产清理		6 450 000
累计折旧		3 300 000
贷：固定资产——货运车		2 250 000
——轿车		3 000 000
——客运汽车		4 500 000
借：固定资产——办公楼		6 850 000
——机器设备		1 200 000
应交税费——应交增值税(进项税额)		772 500

银行存款	613 000
贷：固定资产清理	8 350 000
应交税费——应交增值税（销项税额）	1 085 500
借：固定资产清理	1 900 000
贷：资产处置损益	1 900 000

其中，资产处置损益 1 900 000 元，为换出货运车、轿车和客运汽车的公允价值 8 350 000（2 250 000＋2 500 000＋3 600 000）元超过其账面价值 6 450 000[（2 250 000－750 000）＋（3 000 000－1 350 000）＋（4 500 000－1 200 000）]元的金额。

课堂能力训练

20×0 年 1 月 1 日，甲公司与乙公司达成协议，以市区 200 亩土地的土地使用权和两栋办公楼换入乙公司拥有的 S 公司 30% 的股权和 T 公司 40% 的股权。甲公司 200 亩土地使用权的账面原价为 40 000 000 元，已计提累计摊销 2 000 000 元，公允价值为 80 000 000 元，未曾计提减值准备。两栋办公楼的原价为 100 000 000 元，累计折旧为 80 000 000 元，公允价值为 20 000 000 元，未曾计提减值准备。乙公司拥有 S 公司 30% 的股权的账面价值及其公允价值均为 60 000 000 元；拥有 T 公司 40% 的股权的账面价值及其公允价值均为 40 000 000 元。甲公司和乙公司均为增值税一般纳税人。假定该交换没有商业实质。

要求：分别编制甲公司和乙公司非货币性资产交换的会计分录。

相关链接

《企业会计准则第 7 号——非货币性资产交换》准则变更解读

2019 年 5 月 9 日，财政部发布了修订后的《企业会计准则第 7 号——非货币性资产交换》（以下简称"修订后准则"），适用于所有执行企业会计准则的企业。

非货币性资产交换业务在我国企业会计准则体系中是以专门准则进行规范，而国际财务报告准则下的相关规范则分散在固定资产、无形资产、投资性房地产等准则中。但国际国内准则对此类业务规范的基本原则是一致的。

修订后准则总体上保持了原有的计量原则，进一步明确了准则的适用范围，规范了换入与换出资产的确认和终止确认时点，细化了非货币性资产交换在不同计量基础下的具体会计处理，充分考虑了不同准则之间的协调一致。

修订后的准则自 2019 年 6 月 10 日起施行。对 2019 年 1 月 1 日至修订后准则施行日之间发生的非货币性资产交换，应根据修订后准则进行调整。对 2019 年 1 月 1 日之前发生的非货币性资产交换，不需要按照修订后准则的规定进行追溯调整。

（资料来源：《企业会计准则第 7 号——非货币性资产交换》准则变更解读，东奥会计在线）

项目四　非货币性资产交换

思维导图

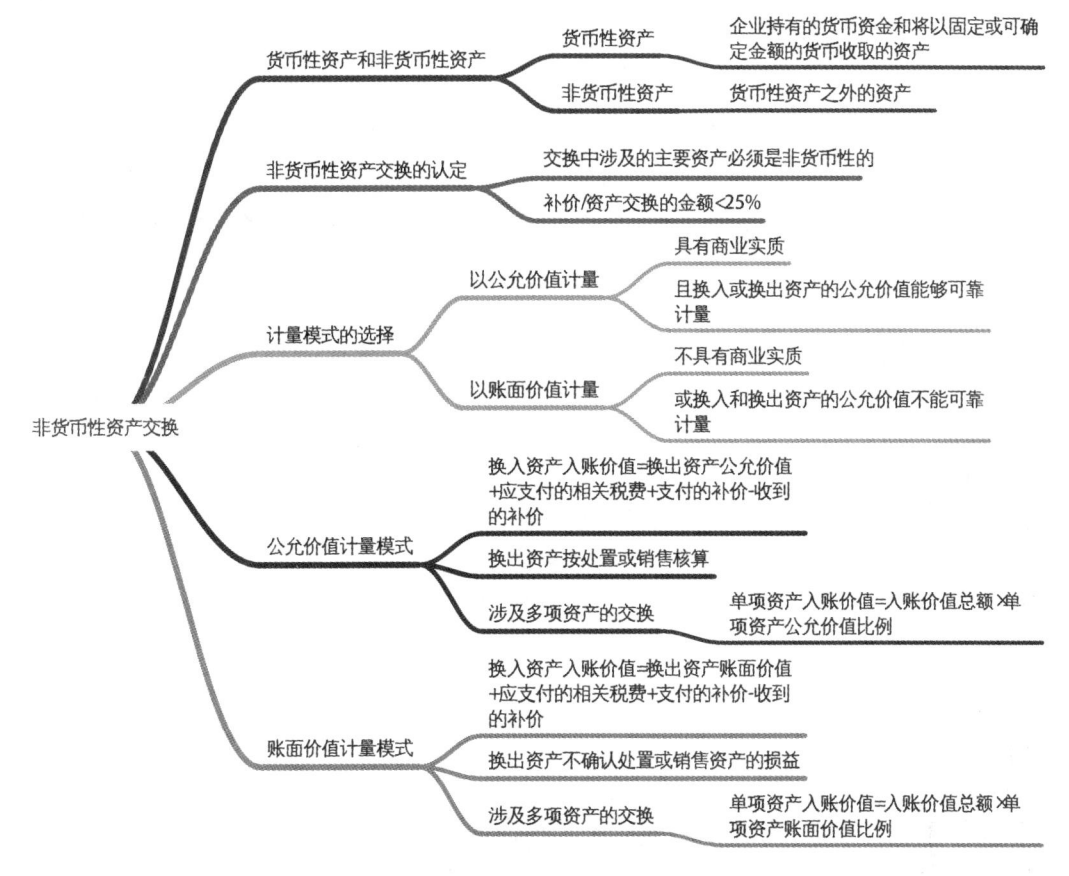

- 非货币性资产交换
  - 货币性资产和非货币性资产
    - 货币性资产：企业持有的货币资金和将以固定或可确定金额的货币收取的资产
    - 非货币性资产：货币性资产之外的资产
  - 非货币性资产交换的认定
    - 交换中涉及的主要资产必须是非货币性的
    - 补价/资产交换的金额<25%
  - 计量模式的选择
    - 以公允价值计量
      - 具有商业实质
      - 且换入或换出资产的公允价值能够可靠计量
    - 以账面价值计量
      - 不具有商业实质
      - 或换入和换出资产的公允价值不能可靠计量
  - 公允价值计量模式
    - 换入资产入账价值=换出资产公允价值+应支付的相关税费+支付的补价-收到的补价
    - 换出资产按处置或销售核算
    - 涉及多项资产的交换：单项资产入账价值=入账价值总额×单项资产公允价值比例
  - 账面价值计量模式
    - 换入资产入账价值=换出资产账面价值+应支付的相关税费+支付的补价-收到的补价
    - 换出资产不确认处置或销售资产的损益
    - 涉及多项资产的交换：单项资产入账价值=入账价值总额×单项资产账面价值比例

项目五 资产减值

学习目标

知识目标
- 理解资产减值的概念和范围
- 理解资产组的概念
- 掌握资产可收回金额的计量方法
- 了解资产公允价值减去处置费用后的净额的确定方法
- 了解资产预计未来现金流量现值的确定方法
- 掌握资产组减值的会计核算方法

能力目标
- 能够进行资产可收回金额的计量
- 能够进行单项资产减值的会计核算
- 能够进行资产组减值的会计核算

多家上市公司计提大额资产减值

◎ 引导案例

2019年12月27日晚,新集能源(601918)公告,拟对公司所属杨村煤矿计提资产减值准备约11亿元,将减少公司2019年度合并报表归属于上市公司股东的净利润约11亿元。事实上,2018年年底,该公司对杨村煤矿已计提8亿元资产减值损失,两次合计金额已经达到19亿元。

鹏鼎控股(002938)也在12月27日晚间公告,公司于2019年12月27日召开的第一届董事会第二十七次会议审议通过了《关于对子公司宏群胜计提资产减值准备的议案》,董事会同意公司对全资子公司宏群胜计提资产减值准备2.11亿元。鹏鼎控股表示,全资子公司宏群胜由于所处地远离电子产业集群地带,使得其无法获取高效率、低成本的产业配套,难以为客户提供高质量的产品与服务。公司为进一步优化资源配置,提高公司整体资产管理效率及提升经营效益,已于2019年11月底暂停该子公司的生产经营活动。目前,公司基于谨慎性原则,对宏群胜账面资产进行了减值测试后,计提了相关资产减值准备,计提依据合理且充分,符合《企业会计准则》的相关规定。

慈星股份(300307)在12月30日晚间公告,预计2019年亏损7.2亿元至7.25亿元,其上年同期为盈利1.38亿元。对于此次业绩大额预亏的原因,慈星股份称,结合公司移动互联网业务的实际经营情况及行业政策变化等影响,公司前期收购的两家移动互联网公司存在大额计提商誉及无形资产减值准备的迹象,预计计提减值准备的金额在6亿元左右。此外,由于市场竞争加剧及电脑横机机型更新速度加快等因素,慈星股份预计产生存货减值损失1亿元左右。

(资料来源:多家上市公司计提大额资产减值,中证网,2019.12.31。)

企业外部的经营环境不断变化,企业资产的盈利能力也具有不确定性,出于谨慎性要求,保证会计信息使用者对企业真实财务状况的了解,就需要对满足条件的资产计提减值准备。那么,资产减值准备应该怎样计算?相应的会计核算怎样进行?本项目将帮助您找到答案。

任务一 资产减值的认定

一、资产减值的概念和适用范围

资产减值,是指资产的可收回金额低于其账面价值。本项目所指资产,包括单项资产和资产组。

由于企业不同的资产特性不同,其减值的会计处理也有差异,适用的会计准则也不一样。本项目涉及的资产主要是企业的非流动资产,具体包括长期股权投资、采用成本模式进行后续计量的投资性房地产、固定资产、无形资产等。

其他资产如存货、应收账款、采用公允价值模式进行后续计量的投资性房地产、金融资产、递延所得税资产等,其减值的核算分别适用对应的会计准则,不在本项目的范围内。

二、资产减值的判断

企业应当在资产负债表日对各项资产进行核查,判断资产是否有迹象表明可能发生了减值。如果有迹象表明减值了,就应当做减值测试。资产存在减值迹象是资产需要进行减值测试的必要前提,但有两项资产例外。一是企业合并所形成的商誉,二是使用寿命不确定的无形资产。这两项资产无论是否存在减值迹象,至少应当每年进行减值测试。

资产可能发生减值的迹象,主要可从外部信息来源和内部信息来源两方面加以判断。从企业外部信息来源看,以下情况均属于资产可能发生减值的迹象:

(1)资产的市价当期大幅度下跌,跌幅明显高于因时间的推移和正常使用而预计的下跌。

(2)企业经营所处的经济、技术或法律环境以及资产所处的市场在当期或即将在近期发生重大变化,从而对企业产生不利影响。

(3)市场利率或其他市场投资报酬率在当期已经提高,从而影响企业计算资产预计未来现金流量现值的折现率,导致可收回金额大幅度下降。

从企业内部信息来源看,以下情况均属于资产可能发生减值的迹象:

(1)有证据表明资产已经陈旧过时或者其实体已经损坏。

(2)资产已经或者将被闲置、终止使用或者计划提前处置。

(3)企业内部报告的证据表明资产的经济绩效已经低于或者将低于预期,如资产所创造的净现金流量或者实现的营业利润(或者亏损)远远低于(或者高于)预计金额等。

> 想一想:为什么企业合并所形成的商誉和使用寿命不确定的无形资产无论是否存在减值迹象,至少应当每年进行减值测试?

任务二 资产可收回金额的计量和减值损失的确定

一、资产可收回金额的确定原则

资产存在可能发生减值迹象的,企业应当对其进行减值测试,估计可收回金额。可收回金额低于账面价值的,应当按照可收回金额低于账面价值的差额,计提减值准备,确认减值损失。资产的可收回金额,应当根据资产的公允价值减去处置费用后的净额与资预计未来现金流量的现值两者之间较高者确定。

为什么要求在这两者之间取较高者呢,可以进行如下理解:企业在期末考虑某项资产价值时,可以从两个角度去判断,一是通过出售可以带来多少价值,一是通过继续使用可以带来多少价值。公允价值减去处置费用后的净额,就代表了通过出售取得的价值;资产预计未来现金流量的现值就代表了继续使用给企业带来的价值。这两者之间的较高者代表了这项资产目前的最高价值,也就是资产的可收回金额。假如这个最高价值都是小于账面价值的,那就只能说明账面价值过高,违背了谨慎性原则对资产计量的要求,就有必要对该项资产可收回金额低于账面价值的部分计提减值准备。

企业估计资产的可收回金额,通常需要同时估计该资产的公允价值减去处置费用后的净额和资产预计未来现金流量的现值。但是在下列情况下,可以有例外或者做特殊考虑:

(1)资产的公允价值减去处置费用后的净额和资产预计未来现金流量的现值,两者中只要有一项超过了资产的账面价值,就表明资产没有发生减值,不需要再估计另一项金额。

(2)对某些特殊资产,其公允价值减去处置费用后的净额是明显高于预计未来现金流量现值的,那就可以直接将该资产的公允价值减去处置费用后的净额视为资产的可收回金额,而无须计算预计未来现金流量现值。如企业持有待售的非流动资产,该资产在持有期间(处置之前)产生的现金流量可能很少,明显会低于公允价值减去处置费用后的净额。

> 想一想:资产的可收回金额,是根据资产的公允价值减去处置费用后的净额与资产预计未来现金流量的现值两者之间较高者确定的,这是否违背谨慎性原则?

二、资产的公允价值减去处置费用后净额的确定

资产的公允价值减去处置费用后的净额,通常反映的是资产如果被出售或者处置时可以收回的净现金流入。其中,资产的公允价值是指在公平交易中,熟悉情况的交易双方自愿进行资产交换的金额;处置费用是指可以直接归属于资产处置的增量成本,包括与资产处置有关的法律费用、相关税费、搬运费以及为使资产达到可销售状态所发生的直接费用等,但是财务费用和所得税费用等不包括在内。

在实务中,资产的公允价值的参考价格应当按照以下顺序确定:

(1)公平交易中的销售协议价格。

(2)在资产不存在销售协议但存在活跃市场的情况下,按该资产在活跃市场中的买方出价。难以获得买方出价的,最近交易的实际交易价格也可以作为公允价值,但是前提是在此期间,有关经济、市场环境等没有发生重大变化。

(3)如果上述两项都不存在,应当以可获得的最佳信息为基础,估计资产的公允价值,该金额可参考同行业类似资产的最近交易价格或者结果进行估计。

此外,企业如果无法可靠估计资产的公允价值减去处置费用后的净额的,则应当直接以该资产预计未来现金流量的现值作为其可收回金额。

三、资产预计未来现金流量现值的确定

资产预计未来现金流量的现值,应当按照资产在持续使用过程中和最终处置时所产生的预计未来现金流量,选择恰当的折现率对其进行折现后的金额加以确定。预计资产未来现金流量的现值,需要综合考虑资产的预计未来现金流量、资产的使用寿命和折现率三个因素。其中,资产使用寿命的预计与固定资产、无形资产准则等规定的使用寿命预计方法相同。

(一)资产未来现金流量的预计

企业应当以经营管理层批准的最近(最长不超过 5 年)财务预算或者预测数据为基础来预计未来现金流量。

1.预计资产未来现金流量应当包括的内容

(1)资产持续使用过程中预计产生的现金流入。

(2)为实现资产持续使用过程中产生的现金流入所必需的预计现金流出(包括为使资产达到预定可使用状态所发生的现金流出)。

(3)资产使用寿命结束时,处置资产所收到或者支付的净现金流量。该现金流量应当是在公平交易中,熟悉情况的交易双方自愿进行交易时,企业预期可从资产的处置中获取的、减去预计处置费用后的金额。

2.预计资产未来现金流量应当考虑的因素

(1)以资产的当前状况为基础预计资产未来现金流量。企业资产在使用过程中有时会因改良、重组等发生变化。在预计资产未来现金流量时,不应当包括与将来可能会发生的、尚未做出承诺的重组事项或者与资产改良有关的预计未来现金流量。

(2)预计资产未来现金流量不应当包括筹资活动和与所得税收付有关的现金流量。

(3)对通货膨胀因素的考虑应当和折现率相一致。如果折现率考虑了通货膨胀因素,预计资产未来现金流量也应当考虑这一影响因素;如果折现率没有考虑通货膨胀因素,预计资产未来现金流量也不应当考虑这一影响因素。

3.预计资产未来现金流量的方法

预计资产未来现金流量,通常应当根据资产未来期间最有可能产生的现金流量进行预测。也就是说,使用单一的未来每期预计现金流量和单一的折现率计算资产未来现金流量现值。

例题 5-1 甲公司拥有剩余使用年限为 3 年的 MN 固定资产。甲公司预计在正常情况下未来 3 年中,MN 固定资产每年可为公司产生的净现金流量分别为:第 1 年 2 000 000 元;第 2 年 1 000 000 元;第 3 年 200 000 元。该现金流量通常即为最有可能产生的现金流量,甲公司应以该现金流量的预计数为基础计算 MN 固定资产的现值。

在实务中,如果影响资产未来现金流量的因素较多,不确定性较大,使用单一的现金流量可能并不能如实反映资产创造现金流量的实际情况。此时,企业应当采用期望现金流量法预计资产未来现金流量。也就是说,资产未来现金流量应当根据每期现金流量期

望值进行预计,每期现金流量期望值按照各种可能情况下的现金流量乘以相应的发生概率加总计算。

例题 5-2 沿用例题 5-1,如果 MN 固定资产生产的产品受市场行情波动影响较大,在产品市场行情好、一般和差三种可能情况下,产生的现金流量有较大差异。MN 固定资产预计未来 3 年每年产生的现金流量情况见表 5-1:

表 5-1　　　　　　MN 固定资产预计未来 3 年现金流量情况表　　　　　单位:元

年限	市场行情好(30%可能性)	市场行情一般(60%可能性)	市场行情差(10%可能性)
第 1 年	3 000 000	2 000 000	1 000 000
第 2 年	1 600 000	1 000 000	400 000
第 3 年	400 000	200 000	0

在本例中,甲公司采用期望现金流量法预计资产未来现金流量更为合理,即资产未来现金流量应当根据每期现金流量期望值进行预计,每期现金流量期望值按照各种可能情况下的现金流量乘以相应的发生概率加总计算。因此,根据表 5-1 提供的信息,甲公司计算 MN 固定资产每年预计未来现金流量如下:

第 1 年预计现金流量(期望现金流量)
=3 000 000×30%+2 000 000×60%+1 000 000×10%=2 200 000(元)

第 2 年预计现金流量(期望现金流量)
=1 600 000×30%+1 000 000×60%+400 000×10%=1 120 000(元)

第 3 年预计现金流量(期望现金流量)
=400 000×30%+200 000×60%+0×10%=240 000(元)

(二)折现率的选择

计算未来现金流量的现值时,需要使用的折现率应当选择反映货币时间价值的当前市场评价以及资产特有风险的税前利率。在实务中,折现率选择该资产的市场利率。如果该资产的市场利率无法从市场获得,也可以根据企业的加权平均资金成本、增量借款利率或者其他相关市场借款利率做适当调整后确定。

(三)资产未来现金流量现值的计算

在预计了资产的未来现金流量和折现率的基础上,企业将该资产的预计未来现金流量按照预计折现率在预计期限内予以折现,即可确定该资产未来现金流量的现值。计算公式如下:

$$资产未来现金流量的现值(PV) = \sum \frac{第\ t\ 年预计资产未来现金流量(NCF_t)}{[1+折现率(R)]^t}$$

例题 5-3 甲航运公司于 20×0 年末对一艘远洋运输船舶进行减值测试。该船舶账面价值为 320 000 000 元,预计尚可使用年限为 8 年。甲航运公司难以确定该船舶的公允价值减去处置费用后的净额,因此,需要通过计算其未来现金流量的现值确定资产的可收回金额。假定甲航运公司的增量借款利率为 15%,公司认为 15%是该资产的最低必要

报酬率,已考虑了与该资产有关的货币时间价值和特定风险。因此,计算该船舶未来现金流量时,使用15%作为其折现率(所得税前)。

甲航运公司管理层批准的最近财务预算显示:公司将于20×5年更新船舶的发动机系统,预计为此发生资本性支出36 000 000元,这一支出将降低船舶运输油耗、提高使用效率等,因此,船舶的运营绩效也将显著提高。

为了计算船舶在20×0年年末未来现金流量的现值,甲航运公司首先必须预计其未来现金流量。假定与该船舶公司有关的预计未来现金流量见表5-2。

表5-2　　　　　　　　甲公司船舶预计未来现金流量表　　　　　　　　单位:元

年份	预计未来现金流量(不包括改良的影响金额)	预计未来现金流量(包括改良的影响金额)
20×1	50 000 000	
20×2	49 200 000	
20×3	47 600 000	
20×4	47 200 000	
20×5	47 800 000	
20×6	49 400 000	65 800 000
20×7	50 000 000	66 300 000
20×8	50 200 000	67 800 000

甲航运公司在20×0年年末预计资产未来现金流量时,应当以资产的当前状态为基础,不应当考虑与该资产改良有关的预计未来现金流量,因此,尽管20×5年船舶的发动机系统将进行更新从而改良资产绩效,提高资产未来现金流量,但是在20×0年年末对其进行减值测试时,不应将其包括在内。即在20×0年年末计算该资产未来现金流量现值时,应当以不包括资产改良影响金额的未来现金流量为基础计算,具体计算过程见表5-3。

表5-3　　　　　　　　甲公司船舶预计未来现金流量现值计算表　　　　　　　　单位:元

年份	预计未来现金流量 (不包括改良的影响金额)	折现率15%的折现系数	预计未来现金流量现值
20×1	50 000 000	0.869 6	43 480 000
20×2	49 200 000	0.756 1	37 200 000
20×3	47 600 000	0.657 5	31 300 000
20×4	47 200 000	0.571 8	26 980 000
20×5	47 800 000	0.497 2	23 770 000
20×6	49 400 000	0.432 3	21 360 000
20×7	50 000 000	0.375 9	18 800 000
20×8	50 200 000	0.326 9	16 410 000
合计			219 300 000

由于在20×0年年末,船舶的账面价值(尚未确认减值损失时)为320 000 000元,可收回金额为219 300 000元,账面价值高于其可收回金额,因此,应当确认减值损失,并计提相应的资产减值准备。

应当确认的减值损失＝320 000 000－219 300 000＝100 700 000(元)

四、资产减值损失的确定及其会计处理

(一)资产减值损失的确定

企业在对资产进行减值测试并计算确定资产的可收回金额后,如果资产的可收回金额低于账面价值,应当将资产的账面价值减记至可收回金额,减记的金额确认为资产减值损失,计入当期损益,同时计提相应的资产减值准备。资产的账面价值,是指资产成本扣减累计折旧(或累计摊销)和累计减值准备后的金额。

资产减值损失确认后,减值资产的折旧或者摊销费用应当在未来期间做相应调整,以使该资产在剩余使用寿命内,系统地分摊调整后的资产账面价值。比如,固定资产计提了减值准备后,固定资产账面价值为抵减了计提的固定资产减值准备后的金额,因此,在以后会计期间对该固定资产计提折旧时,应当以固定资产新的账面价值扣除预计净残值为基础计提每期的折旧额。

资产减值准则规定,资产减值损失一经确认,在以后会计期间不得转回。资产报废、出售、对外投资、以非货币性资产交换方式换出、通过债务重组抵偿债务等符合资产终止确认条件的,企业应当将相关资产减值准备予以转销。

(二)资产减值损失的会计处理

企业应当设置"资产减值损失"科目,核算企业计提各项资产减值准备所形成的损失。对于长期股权投资、投资性房地产、固定资产、无形资产等资产发生减值的,企业应当按照所确认的可收回金额低于账面价值的差额,借记"资产减值损失"科目,贷记"长期股权投资减值准备""投资性房地产减值准备""固定资产减值准备""无形资产减值准备"等科目。

例题5-4　承例题5-3,根据甲航运公司船舶减值测试结果,在20×0年年末,船舶的账面价值为320 000 000元,可收回金额为219 300 000元,可收回金额低于账面价值100 700 000元。甲航运公司应当在20×0年年末计提固定资产减值准备,确认相应的资产减值损失。应编制会计分录如下:

借:资产减值损失——固定资产——船舶　　　　　　　100 700 000
　　贷:固定资产减值准备　　　　　　　　　　　　　　　100 700 000

课堂能力训练

20×0年12月31日,甲公司因为发现了减值迹象而对某生产线进行减值测试。预计该生产线在未来4年内每年产生的现金流量净额分别为 2 000 000 元、2 000 000 元、3 000 000 元和 3 000 000 元,20×5年产生的现金流量净额以及该生产线使用寿命结束时处置形成的现金流量净额合计为 4 000 000 元。假定按照5%的折现率和相应期间的时间价值系数计算该生产线未来现金流量的现值。20×0年12月31日,该生产线的公允价值减去处置费用后的净额为 12 000 000 元。20×0年12月31日,计提减值准备前该生产线的账面价值为 12 600 000 元。

要求:判断该生产线减值情况并进行相应会计处理。

相关链接

信用减值损失

信用减值损失和资产减值损失一样,都属于损益类账户,但是会计确认和计量要求不同。

企业应当在资产负债表日计算金融资产的预期信用损失。如果该预期信用损失大于该金融资产当前减值准备的账面金额,企业应当将其差额确认为减值损失,借记"信用减值损失"科目,根据金融资产的种类,贷记"债权投资减值准备""坏账准备"等科目。如果资产负债表日计算的预期信用损失小于该金融资产当前减值准备的账面金额,则企业应当根据差额做相反的会计分录。

(资料来源:编者根据《企业会计准则》整理)

任务三 资产组的认定和减值的处理

一、资产组的认定

如果有迹象表明一项资产可能发生减值,企业应当以单项资产为基础估计其可收回金额。在企业难以对单项资产的可收回金额进行估计的情况下,应当以该资产所属的资产组为基础确定资产组的可收回金额,并据此判断是否需要计提资产减值准备及应当计提多少资产减值准备。因此,资产组的认定十分重要。

(一)资产组的概念

资产组,是指企业可以认定的最小资产组合,其产生的现金流入应当基本上独立于其他资产或资产组产生的现金流入。资产组应当由与创造现金流入相关的资产构成。

(二)认定资产组应当考虑的因素

资产组的认定,应当以资产组产生的主要现金流入是否独立于其他资产或者资产组的现金流入为依据。因此,资产组能否独立产生现金流入是认定资产组的最关键因素。比如,企业的某一生产线、营业网点、业务部门等,如果能够独立于其他部门或者单位等形成收入、产生现金流入,或者其形成的收入和现金流入绝大部分独立于其他部门或者单位,并且属于可认定的最小资产组合的,通常应将该生产线、营业网点、业务部门等认定为一个资产组。

例题 5-5　甲矿业公司拥有一个煤矿,与煤矿的生产和运输相配套,建设有一条专用铁路线。该铁路线除非报废出售,其在持续使用过程中,难以脱离于煤矿生产和运输相关的资产而产生单独的现金流入。因此,专用铁路线和煤矿其他相关资产必须结合在一起,成为一个资产组。

例题 5-6　甲公司拥有一条生产线,这条生产线由 A、B、C 三台机器组成,A、B 各自生产零部件,供 C 组装成最终产品。A、B 所生产的零部件均不能单独对外出售,只有 C 组装完成的产品才能对外销售,产生单独的现金流入。那么 A、B、C 三台机器组成的这条生产线就是一个资产组。

资产组的认定,应当考虑企业管理层管理生产经营活动的方式(如是按照生产线、业务种类还是按照地区或者区域等)和对资产的持续使用或者处置的决策方式等。比如,企业各生产线都是独立生产、管理和监控的,则各生产线很可能应当认定为单独的资产组;如果某些机器设备是相互关联、互相依存且其使用和处置是一体化决策的,则这些机器设备很可能应当认定为一个资产组。

例题 5-7　甲家具制造有限公司由 M 车间和 N 车间两个生产车间组成,M 车间专门生产家具部件且该部件没有活跃市场,生产后由 N 车间负责组装并对外销售。甲家具制造有限公司对 M 车间和 N 车间资产的使用和处置等决策是一体化的。在这种情况下,M 车间和 N 车间通常应当认定为一个资产组。

值得注意的是,资产组一经确定,在各个会计期间应当保持一致,不得随意变更,即资产组各项资产的构成通常不能随意变更。但是,企业如果由于重组、变更资产用途等原因,导致资产组的构成确需变更的,企业可以进行变更,但企业管理层应当证明该变更是合理的,并应当在附注中做出说明。

二、资产组可收回金额和账面价值的确定

资产组的可收回金额应当按照该资产组的公允价值减去处置费用后的净额与其预计未来现金流量的现值两者之间较高者确定。

资产组账面价值的确定基础应当与其可收回金额的确定方式相一致。资产组的账面价值包括可直接归属于资产组与可以合理和一致地分摊至资产组的资产账面价值,通常不应当包括已确认负债的账面价值,但如不考虑该负债金额就无法确认资产组可收回金额的除外。

三、资产组减值测试

资产组减值测试的原理和单项资产相同,即企业需要估计资产组的可收回金额并计算资产组的账面价值,并将两者进行比较,如果资产组的可收回金额低于其账面价值,应当按照差额确认相应的减值损失。减值损失金额应当按照下列顺序进行分摊:

(1)抵减分摊至资产组中商誉的账面价值。
(2)根据资产组中除商誉之外的其他各项资产的账面价值所占比重,按比例抵减其他各项资产的账面价值。

以上资产账面价值的抵减,应当作为各单项资产(包括商誉)的减值损失处理,计入当期损益。抵减后的各资产的账面价值不得低于以下三者之中最高者:该资产的公允价值减去处置费用后的净额(如可确定的)、该资产预计未来现金流量的现值(如可确定的)和零。因此而导致的未能分摊的减值损失金额,应当按照相关资产组中其他各项资产的账面价值所占比重再次进行分摊。

例题 5-8 甲公司拥有一条生产线生产某精密仪器,该生产线由 A、B、C 三部机器构成,成本分别为 800 000 元、1 200 000 元和 2 000 000 元。使用年限均为 10 年,预计净残值为零,采用年限平均法计提折旧。20×0 年,该生产线生产的精密仪器有替代产品上市,导致公司精密仪器的销售锐减 40%,该生产线可能发生了减值,因此,甲公司在 20×0 年 12 月 31 日对该生产线进行减值测试。假定至 20×0 年 12 月 31 日,甲公司整条生产线已经使用 5 年,预计尚可使用 5 年,以前年度未计提固定资产减值准备。

甲公司在综合分析后认为,A、B、C 三部机器均无法单独产生现金流量,但整条生产线构成完整的产销单元,属于一个资产组。甲公司估计 A 机器的公允价值减去处置费用后的净额为 300 000 元,B 和 C 机器都无法合理估计其公允价值减去处置费用后的净额以及未来现金流量的现值。甲公司估计整条生产线未来 5 年的现金流量及其恰当的折现率后,得到该生产线预计未来现金流量现值为 1 200 000 元。由于无法合理估计整条生产线的公允价值减去处置费用后的净额,甲公司以该生产线预计未来现金流量现值为其可收回金额。

甲公司进行资产减值金额的计算过程如下:

(1) 计算资产组的减值金额：

生产线账面价值 = (800 000 - 800 000 × 5/10) + (1 200 000 - 1 200 000 × 5/10) + (2 000 000 - 2 000 000 × 5/10) = 400 000 + 600 000 + 1 000 000 = 2 000 000(元)

生产线可收回金额 = 1 200 000(元)

生产线减值额 = 2 000 000 - 1 200 000 = 800 000(元)

(2) 将资产组的减值金额按账面价值比例分摊至各资产：

A 机器分摊的减值金额 = 800 000 × 400 000/2 000 000 = 160 000(元)

B 机器分摊的减值金额 = 800 000 × 600 000/2 000 000 = 240 000(元)

C 机器分摊的减值金额 = 800 000 × 1 000 000/2 000 000 = 400 000(元)

(3) 判断是否存在超出分摊限额的情况：

A 机器减值后的账面价值 = 400 000 - 160 000 = 240 000(元)，该账面价值已低于 A 机器的公允价值减去处置费用后的净额 300 000 元，这就意味着分摊给 A 机器的减值金额已经超出了分摊限额。所以 A 机器减值额最多只能确认 400 000 - 300 000 = 100 000(元)，超出分摊限额的 60 000 元不能由 A 机器承担，而应该再次按账面价值比例由 B、C 两个机器分摊。

(4) 将 60 000 元减值金额再次按账面价值比例分摊至 B 和 C：

B 机器二次分摊的减值金额 = 60 000 × 600 000/1 600 000 = 22 500(元)

C 机器二次分摊的减值金额 = 60 000 × 1 000 000/1 600 000 = 37 500(元)

(5) 确定资产组中各资产最终的减值金额：

A 机器减值金额 = 100 000(元)

B 机器减值金额 = 240 000 + 22 500 = 262 500(元)

C 机器减值金额 = 400 000 + 37 500 = 437 500(元)

甲公司应编制会计分录如下：

借：资产减值损失　　　　　　　　　　　　　　800 000
　　贷：固定资产减值准备——A 机器　　　　　　100 000
　　　　　　　　　　　　——B 机器　　　　　　262 500
　　　　　　　　　　　　——C 机器　　　　　　437 500

课堂能力训练

甲公司某生产线由 X、Y、Z 三台设备组成，共同完成某产品生产。X 设备、Y 设备、Z 设备均不能单独产生现金流量。至 20×0 年 12 月 31 日，该生产线账面价值为 15 000 000 元，其中 X 设备的账面价值为 4 000 000 元，Y 设备的账面价值为 5 000 000 元，Z 设备的账面价值为 6 000 000 元，均未计提固定资产减值准备。3 台设备预计尚可使用年限均为 5 年。20×0 年 12 月 31 日，该生产线公允价值减去处置费用后的净额为 11 840 000 元，其中：Z 设备的公允价值减去处置费用后的净额为 5 000 000 元，X 设备、Y 设备均无法合理估计其公允价值和处置费用。预计该生产线未来产生的现金流量的现值为 11 500 000 元。

要求：计算该生产线减值金额并进行相应会计处理。

相关链接

总部资产的减值

企业总部资产包括企业集团或其事业部的办公楼、电子数据处理设备、研发中心等资产。总部资产的显著特征是难以脱离其他资产或者资产组产生独立的现金流入,其账面价值也难以完全归属于某一资产组。因此,总部资产通常难以单独进行减值测试,需要结合其他相关资产组或者资产组组合进行。资产组组合,是指由若干个资产组组成的最小资产组组合,包括资产组或者资产组组合,以及按合理方法分摊的总部资产部分。

当有迹象表明某项总部资产可能发生减值时,企业首先应当按一定的基础将总部资产分摊到各个资产组或者资产组组合,计算确定该总部资产所属的某个资产组或者资产组组合的可收回金额,然后将其与相应的账面价值相比较,据以判断是否需要确认总部资产减值损失。

(资料来源:编者根据《企业会计准则》整理)

思维导图

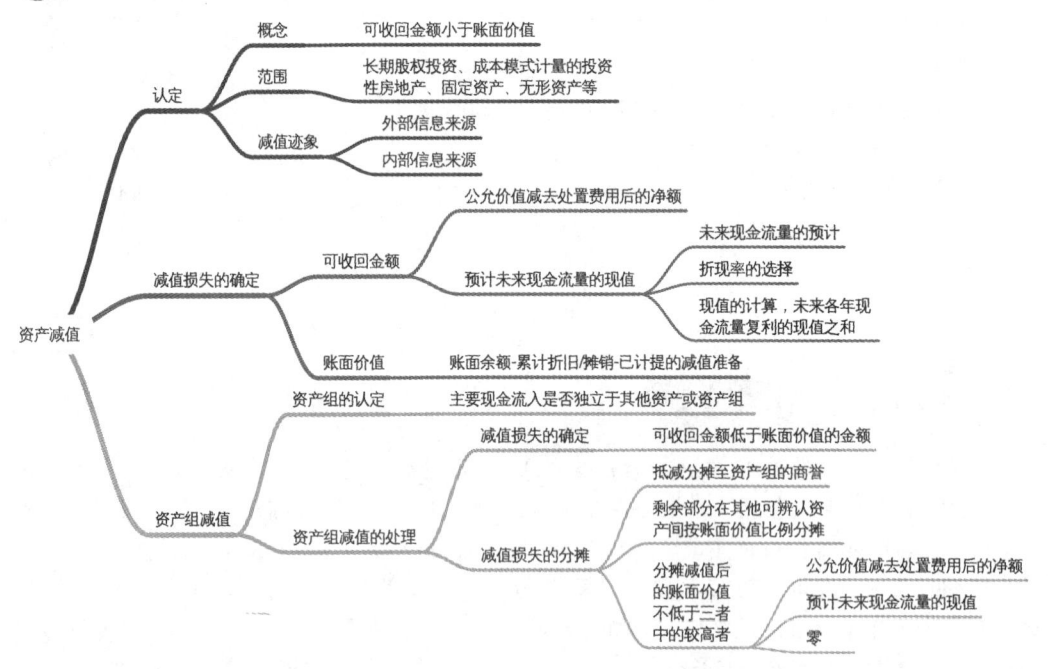

- 资产减值
  - 认定
    - 概念：可收回金额小于账面价值
    - 范围：长期股权投资、成本模式计量的投资性房地产、固定资产、无形资产等
    - 减值迹象
      - 外部信息来源
      - 内部信息来源
  - 减值损失的确定
    - 可收回金额
      - 公允价值减去处置费用后的净额
      - 预计未来现金流量的现值
        - 未来现金流量的预计
        - 折现率的选择
        - 现值的计算,未来各年现金流量复利的现值之和
    - 账面价值：账面余额-累计折旧/摊销-已计提的减值准备
  - 资产组减值
    - 资产组的认定：主要现金流入是否独立于其他资产或资产组
    - 减值损失的确定：可收回金额低于账面价值的金额
    - 资产组减值的处理
      - 减值损失的分摊
        - 抵减分摊至资产组的商誉
        - 剩余部分在其他可辨认资产间按账面价值比例分摊
      - 分摊减值后的账面价值不低于三者中的较高者
        - 公允价值减去处置费用后的净额
        - 预计未来现金流量的现值
        - 零

项目六 借款费用

学习目标

知识目标
◎ 理解借款费用的概念、种类
◎ 掌握借款费用的确认原则
◎ 掌握借款费用资本化期间的确定要求
◎ 掌握专门借款费用的计量方法
◎ 掌握一般借款费用的计量方法

能力目标
◎ 能够对专门借款利息费用进行会计核算
◎ 能够对一般借款利息费用进行会计核算
◎ 能够对借款辅助费用进行会计核算

"大东南"的盈余管理

◎ 引导案例

2007年,浙江大东南包装股份有限公司正处于首次公开发行股份申报材料的最后一年,公司盈利水平的高低直接影响到发行股票的定价,直接影响到募集资金的数量,因此公司会尽量提高当年的盈利水平。

大东南2007年完工在建工程项目中有BOPP生产线两条,占完工在建工程的比重为85%左右。该两条生产线于2007年4月12日进入调试阶段。至2007年12月31日,大东南分期向中国银行诸暨支行借款欧元1 583.58万元、人民币800万元,用于购买BOPET生产线。

那么大东南是怎样利用借款费用进行盈余管理的呢?

方案一：对于 BOPP 项目，公司调试投入产量占年产量的 2%，产品合格率为 95%，调试完成日为 2007 年 6 月 30 日，公司认为试生产结果表明资产能够正常生产出合格产品，认为该资产已经达到预定可使用状态。

方案二：公司认为，在 2007 年 6 月 30 日，项目生产情况未达到公司预期的产品合格率 98% 的标准，不能认定为试生产结果表明资产能够正常生产出合格产品。直到 2007 年 12 月 31 日，公司产品合格率达到 98%，公司认为该时点才能认定资产已经达到预定可使用状态。

分析上述两个方案，方案二可以推迟停止借款费用资本化的时点，增加借款费用资本化的数额，相应减少借款费用计入当期损益的金额，从而增加当期利润，达到提高当年盈利水平的目的。而借款费用准则未规定试生产的时间期限、产量，也未规定生产出合格产品的比例。这使得大东南存在通过借款费用准则进行盈余管理的空间。事实上，大东南的确选择了第二个方案，并借此增加了 2 750 万元的利润。

借款费用包括哪些内容？为什么推迟停止借款费用资本化的时点就可以达到提高盈利水平的目的？借款费用资本化期间的确定有什么要求？借款费用的资本化和费用化计算有哪些要求？本项目将帮助您找到答案。

（资料来源：郑晓东，新准则下对存在借款费用公司盈余管理的讨论[M]，上海交通大学，2009，有删改。）

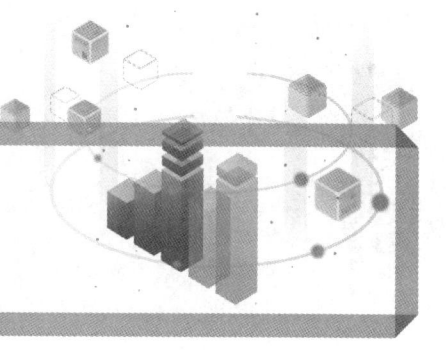

任务一
借款费用的确认

一、借款费用的概念和种类

借款费用，是指企业因借入资金所付出的代价，包括借款利息、折价或者溢价的摊销、辅助费用，以及因外币借款而发生的汇兑差额。它反映的是企业借入资金所付出的劳动和代价。

借款利息，包括企业向银行或者其他金融机构等借入资金发生的利息、发行公司债券发生的利息，以及为购建或者生产符合资本化条件的资产而发生的带息债务所承担的利息等。

折价或者溢价的摊销，是指发行公司债券等所发生的折价或者溢价在每期的摊销金额。发行债券中的折价或者溢价，其实质是对债券票面利息的调整（即将债券票面利率调整为实际利率）。折价金额在实质上是发行债券企业以后各期少付利息而预先给投资者的补偿,溢价金额在实质上是发行债券企业以后各期多付利息而事先从投资者处获取的补偿。

辅助费用,包括企业在借款过程中发生的诸如手续费、佣金、印刷费等交易费用。由于这些费用是因安排借款而发生的,也属于借入资金所付出的代价,是借款费用的构成部分。

因外币借款而发生的汇兑差额,是指由于汇率变动导致市场汇率与账面汇率出现差异,从而对外币借款本金及其利息的记账本位币金额所产生的影响金额。

> 想一想:企业发生的权益性融资费用是不是属于借款费用?为什么?

二、借款费用的确认原则

借款费用的确认,是指每期发生的借款费用是将其资本化、计入相关资产的成本,还是将借款费用费用化、计入当期损益。借款费用确认的基本原则是:企业发生的借款费用,可直接归属于符合资本化条件的资产购建或者生产的,应当予以资本化,计入相关资产成本;其他借款费用应当在发生时根据其发生额确认为费用,计入当期损益。

符合资本化条件的资产,是指需要经过相当长时间的购建或者生产活动才能达到预定可使用或者可销售状态的固定资产、投资性房地产和存货等资产。符合资本化条件的存货,主要包括房地产开发企业开发的用于对外出售的房地产开发产品、企业制造的用于对外出售的大型机器设备如船舶、飞机等。其中"相当长时间"是指资产的购建或者生产所必需的时间,通常为1年以上(含1年)。比如某企业生产两种产品,A产品的生产周期是两个月,B产品的生产周期是一年半,那么A产品就是不符合资本化条件的资产,为生产A产品而借入资金发生的借款费用就不能资本化。B产品就是符合资本化条件的资产,为生产B产品而借入资金发生的借款费用在符合条件的情况下就可以资本化。但如果由于人为或者故意等非正常因素导致资产的购建或者生产时间相当长的,该资产不属于符合资本化条件的资产。

三、借款费用应予资本化的借款范围

借款包括专门借款和一般借款。专门借款是指为购建或者生产符合资本化条件的资产而专门借入的款项。一般借款是指除专门借款之外的借款。要理解专门借款和一般借款,通常从以下方面入手:

(1)从用途看。专门借款通常应当有明确的用途,即为购建或者生产某项符合资本化条件的资产而专门借入,并通常应当具有标明该用途的借款合同。例如,某企业为了建造一条生产线向某银行专门贷款 50 000 000 元,某房地产开发企业为了开发某住宅小区向某银行专门贷款 200 000 000 元等均属于专门借款,其使用目的明确,而且其使用受到相关合同的限制。一般借款,是指除专门借款之外的借款,相对于专门借款而言,一般借款在借入时,其用途通常没有特指用于符合资本化条件的资产的购建或者生产。

(2) 从使用方式上看。专门借款只能专款专用,暂时没有用于符合资本化条件的资产的购建或生产活动中去的专门借款,是不能用于其他投资项目的。也就是说,暂时闲置的专门借款,它的用途受到严格的限制,一般来说,只能存放于银行或用于短期性投资项目。而一般借款没有这种限制,可以作为流动资金周转使用,也可以根据需要投入符合资本化条件的资产的购建或生产活动。正是因为一般借款使用上的灵活性,使一般借款不存在闲置这个概念。

(3) 从使用顺序上看。在专门借款和一般借款同时存在的情况下,符合资本化条件的资产在动用借款时,一定会先使用专门借款。在已经将专门借款用完,还需要资金投入时,才会开始占用一般借款。换句话说,在专门借款尚有余额时,是不能占用一般借款的。

从上述分析可以看出,专门借款天生就和符合资本化条件的资产有联系。而一般借款,只有在购建或者生产某项符合资本化条件的资产占用了一般借款时,这部分一般借款才与符合资本化条件的资产建立起了联系。所以区分专门借款和一般借款是借款费用确认的一个前提,它们对应的借款费用的计量要求是不同的。

四、借款费用资本化期间的确定

企业只有对发生在资本化期间内的有关借款费用才允许资本化。资本化期间的确定是借款费用确认和计量的重要前提。借款费用资本化期间,是指从借款费用开始资本化时点到停止资本化时点的期间,但不包括借款费用暂停资本化的期间。

(一)借款费用开始资本化的时点

借款费用允许开始资本化必须同时满足三个条件,即资产支出已经发生、借款费用已经发生、为使资产达到预定可使用或者可销售状态所必要的购建或者生产活动已经开始。

1. 资产支出已经发生的判断

资产支出包括以支付现金、转移非现金资产和承担带息债务形式所发生的支出。

(1) 支付现金,是指用货币资金支付符合资本化条件的资产的购建或者生产支出。

(2) 转移非现金资产,是指企业将自己的非现金资产直接用于符合资本化条件的资产的购建或者生产。例如,某企业将自己生产的产品,包括水泥、钢材等,用于符合资本化条件的资产的建造或者生产,该企业同时还用自己生产的产品换取其他企业的工程物资,用于符合资本化条件的资产的建造或者生产,这些产品的成本均属于资产支出。

(3) 承担带息债务,是指企业为了购建或者生产符合资本化条件的资产而承担的带息应付款项(如带息应付票据)。企业以赊购方式购买这些物资所产生的债务可能带息,也可能不带息。如果企业赊购这些物资承担的是不带息债务,就不应当将购买价款计入资产支出,企业只有等到实际偿付债务,发生了资源流出时,才能将其作为资产支出。如果企业赊购物资承担的是带息债务,企业要为这笔债务付出代价,支付利息,与企业向银行借入款项用以支付资产支出在性质上是一致的。

例题 6-1 甲公司因建设长期工程所需,于 20×0 年 3 月 1 日购入一批工程用物资,开出一张 10 万元的带息银行承兑汇票,期限为 6 个月,票面年利率为 6%。对于该事项,企业尽管没有为工程建设的目的直接支付现金,但承担了带息债务,所以应当将10万元的购买工程用物资款的利息作为资产支出,自3月1日开出承兑汇票开始即表明资产支出已经发生。

> 想一想:为什么说如果企业赊购物资承担的是不带息债务,就不应当将购买价款计入资产支出?

2.借款费用已经发生的判断

借款费用已经发生,是指企业已经发生了因购建或者生产符合资本化条件的资产而专门借入款项的借款费用,或者占用了一般借款的借款费用。

3.为使资产达到预定可使用或者可销售状态所必要的购建或者生产活动已经开始的判断

为使资产达到预定可使用或者可销售状态所必要的购建或者生产活动已经开始,是指符合资本化条件的资产的实体建造或者生产工作已经开始,如主体设备的安装、厂房的实际开工建造等。在这一点上,应注意实质重于形式,如果仅仅持有资产、但没有发生为改变资产形态而进行的实质上的建造或者生产活动,以及施工计划、开工典礼、奠基仪式等形式上的活动都不是开始的标志。

企业只有在上述三个条件同时满足的情况下,有关借款费用才可以开始资本化。只要其中有一个条件没有满足,借款费用就不能资本化,而应计入当期损益。

例题6-2 甲公司股东大会于20×0年1月4日做出决议,决定建造厂房,厂房的建造期预计需要一年半。为此,甲公司于3月5日向银行借款50 000 000元,年利率为6%,款项于当日划入甲公司银行存款账户,表明借款费用已经发生的条件满足了。3月10日,厂房正式动工兴建,表明为使资产达到预定可使用或者可销售状态所必要的购建或者生产活动已经开始的条件满足了。3月15日,甲公司购入建造厂房用水泥和钢材一批,价款500万元,当日用银行存款支付,表明资产支出已经发生的条件满足了。3月31日,计提当月专门借款利息。甲公司在3月份没有发生其他与厂房购建有关的支出,则甲公司专门借款利息应开始资本化的时间为3月15日。

例题6-3 上例中,假如甲公司的建造活动是使用自有资金的,其他条件都相同。由于不满足第二个条件而不能开始借款费用资本化。

上例中,假如甲公司款项已经借入,建造厂房用水泥和钢材也已经购入并支付了款项,但由于其他原因而尚未开工。由于不满足第三个条件而不能开始借款费用资本化。

上例中,假如甲公司款项已经借入,建造厂房的活动也已经开始,但建造厂房用的水泥和钢材都是赊购的,且赊购款不计利息。由于不满足第一个条件而不能开始借款费用资本化。

(二)借款费用暂停资本化的时间

符合资本化条件的资产在购建或者生产过程中发生非正常中断且中断时间连续超过3个月的,应当暂停借款费用的资本化。中断的原因必须是非正常中断,属于正常中断的,相关借款费用仍可资本化。在实务中,企业应当遵循实质重于形式等原则来判断借款费用暂停资本化的时间,如果相关资产购建或者生产的中断时间较长而且满足其他规定条件的,相关借款费用应当暂停资本化。

非正常中断通常是企业管理决策上的原因或者其他不可预见的原因等所导致的中断。例如,企业因与施工方发生了质量纠纷,或者工程、生产用料没有及时供应,或者资金周转发生了困难,或者施工、生产发生了安全事故,或者发生了与资产购建、生产有关的劳动纠纷等原因,导致资产购建或者生产活动发生中断,均属于非正常中断。洪水、地震、泥石流、火灾、台风等自然原因导致的中断,也属于非正常中断。值得注意的是,并不是所有的自然原因都属于此类,如果自然因素是可预见的,也应该认为是正常中断。例如,经常发生台风的地区,夏秋季节常见的台风就是可预见的;长江中下游地区初夏时的梅雨天就是可预见的;东北地区冬季发生的严寒就是可预见的。上述原因引起的中断就属于正常中断。

正常中断通常仅限于购建或者生产符合资本化条件的资产达到预定可使用或者可销售状态所必要的程序,或者事先可预见的不可抗力因素导致的中断。例如,某些工程建造到一定阶段必须暂停下来进行质量或者安全检查,检查通过后才可继续下一阶段的建造工作,这类中断是在施工前可以预见的,而且是工程建造必须经过的程序,属于正常中断。还有前述可预见的自然原因也属此类。

(三)借款费用停止资本化的时点

购建或者生产符合资本化条件的资产达到预定可使用或者可销售状态时,借款费用应当停止资本化。资产达到预定可使用或者可销售状态,是指所购建或者生产的符合资本化条件的资产已经达到建造方、购买方或者企业自身等预先设计、计划或者合同约定的可以使用或者可以销售的状态。企业在确定借款费用停止资本化的时点需要运用职业判断,应当遵循实质重于形式原则,针对具体情况,依据经济实质判断所购建或者生产的符合资本化条件的资产达到预定可使用或者可销售状态的时点。具体可从以下几个方面进行判断:

(1)符合资本化条件的资产的实体建造(包括安装)或者生产活动已经全部完成或者实质上已经完成。

(2)所购建或者生产的符合资本化条件的资产与设计要求、合同规定或者生产要求相符或者基本相符,即使有极个别与设计、合同或者生产要求不相符的地方,也不影响其正常使用或者销售。

(3)继续发生在所购建或生产的符合资本化条件的资产上的支出金额很少或者几乎不再发生。

购建或者生产符合资本化条件的资产需要试生产或者试运行的,在试生产结果表明资产能够正常生产出合格产品,或者试运行结果表明资产能够正常运转或者营业时,应当认为该资产已经达到预定可使用或者可销售状态。

例题6-4 甲公司从银行专门借入一笔款项,于20×0年2月1日采用出包方式开工兴建一幢办公楼,20×1年10月1日工程按照合同要求全部完工,10月31日工程验收合格,11月10日办理工程竣工结算,11月15日完成全部资产移交手续,12月1日办公楼正式投入使用。甲公司专门借款利息停止资本化的时点应当为20×1年10月1日,因为20×1年10月1日工程本身已经达到合同要求。

如果所购建或者生产的符合资本化条件的资产分别建造、分别完工,企业也应当遵循实质重于形式原则,区别下列情况,界定借款费用停止资本化的时点:

(1)如果所购建或者生产的符合资本化条件的资产的各部分分别完工,且每部分在其他部分继续建造或者生产过程中可供使用或者可对外销售,且为使该部分资产达到预定可使用或可销售状态所必要的购建或者生产活动实质上已经完成的,应当停止与该部分资产相关的借款费用的资本化,因为该部分资产已经达到了预定可使用或者可销售状态。

(2)如果企业购建或者生产的资产的各部分分别完工,但必须等到整体完工后才可使用或者对外销售的,应当在该资产整体完工时停止借款费用的资本化。在这种情况下,即使各部分资产已经完工,也不能够认为该部分资产已经达到预定可使用或者可销售状态,企业只能在所购建资产整体完工时,才能认为资产已经达到了预定可使用或者可销售状态,借款费用方可停止资本化。

借款费用资本化期间的确认如图6-1所示。在借款费用计算期内,除去资本化期间,其余就属于费用化期间。

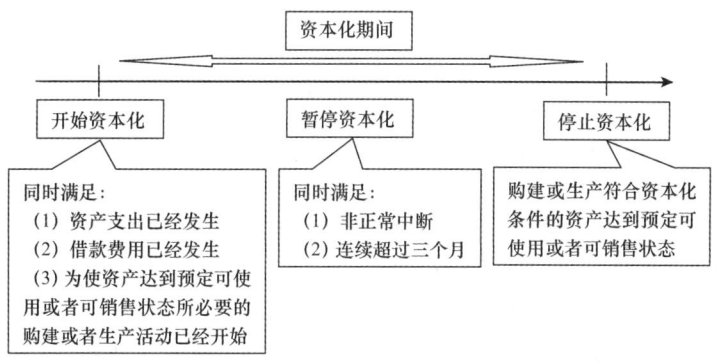

图6-1 借款费用资本化期间示意图

课堂能力训练

甲公司为建造厂房于20×0年4月1日从银行借入40 000 000元专门借款,借款期限为3年,年利率为6%,不考虑借款手续费。20×0年7月1日,甲公司采取出包方式委托乙公司为其建造该厂房,并预付了10 000 000元工程款,厂房实体建造工作于当日开始。该工程因发生施工安全事故,在20×0年8月1日至11月30日中断施工,12月1日恢复正常施工,至20×1年12月31日工程完工。

要求:确定甲公司该项目的借款费用资本化期间。

任务二 借款费用的计量

一、借款利息的计量

利息是最重要的借款费用,借款利息的计量是借款费用计量的核心内容。要对借款利息进行正确计量,区分资本化和费用化金额,首先要对借款费用资本化期间进行明确判断。

在借款费用资本化期间内,每一会计期间的利息(包括折价或溢价的摊销)资本化金额,区别专门借款和一般借款,有不同的计量要求。

(一)专门借款利息的计量

因为专门借款是专为符合资本化条件的资产而借入的,所以专门借款的利息只要满足在资本化期间内这个时间要求,就理应计入符合资本化条件的资产的成本。但是,因为专门借款不可能一次性用尽,暂时没有动用的专门借款,是可以存放于银行或者用于暂时性投资的,这些闲置专门借款产生的收益可以抵减掉一部分利息费用,使企业承担的借款费用得以扣减。所以,专门借款利息资本化金额应该是在借款费用资本化期间内该笔专门借款产生的利息总额减去将尚未动用的专门借款资金存入银行取得的利息收入或进行暂时性投资取得的投资收益后的金额。

在借款费用费用化期间内,专门借款产生的利息是不能资本化的,也就是说应该费用化,计入当期财务费用。但是暂时闲置的专门借款同样可以由于存入银行或暂时性投资而产生利息收入,一样能够抵减一部分利息费用。所以专门借款利息费用化金额也应该是在借款费用费用化期间内该笔专门借款产生的利息总额减去将尚未动用的专门借款资金存入银行取得的利息收入或进行暂时性投资取得的投资收益后的金额。

$$\text{专门借款利息资本化金额} = \text{资本化期间内的总利息} - \text{资本化期间内闲置专门借款的收益}$$

$$\text{专门借款利息费用化金额} = \text{费用化期间内的总利息} - \text{费用化期间内闲置专门借款的收益}$$

例题 6-5 甲公司为建造一条生产线于 20×1 年 1 月 1 日借入一笔长期借款,本金为 30 000 000 元,年利率为 8%,期限为 5 年,每年年末支付利息,到期还本。工程采用出包方式,于 20×1 年 1 月 1 日开工,工程期为 2 年,20×1 年相关资产支出如下:1 月

1日支付工程预付款14 000 000元;7月1日支付工程进度款3 000 000元;8月1日因工程事故一直停工至12月1日,12月1日支付了工程进度款1 000 000元。闲置资金因购买国债可取得0.3%的月收益率。甲公司对20×1年借款费用资本化期间的分析如图6-2所示:

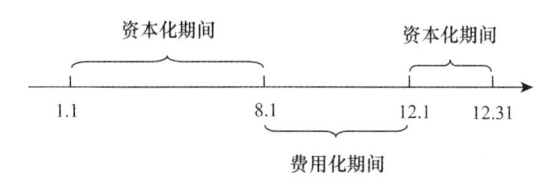

图6-2 借款费用资本化期间分析图

该工程的工期为2年,属于符合资本化条件的资产。20×1年1月1日是借款费用开始资本化的时点。因为借款于当日借入,工程于当日开工,第一笔工程款于当日支付,已经同时满足了借款费用开始资本化的三个条件。建造工程于年末尚未完工,但因为会计分期的要求,要人为产生一个时间节点。在本年期间,因非正常原因——工程事故使施工中断持续了四个月,满足暂停资本化的要求。因此,20×1年1月1日至8月1日和12月1日至12月31日是借款费用资本化期间,8月1日至12月1日是借款费用费用化期间。甲公司的计算过程如下:

(1)资本化期间20×1年1月1日至8月1日和12月1日至12月31日:

20×1年资本化期间内专门借款的总利息=30 000 000×8%×8/12=1 600 000(元)

20×1年资本化期间内闲置专门借款因投资国债而产生的收益

=16 000 000×0.3%×6+13 000 000×0.3%×1+12 000 000×0.3%×1

=363 000(元)

20×1年专门借款利息资本化金额=1 600 000−363 000=1 237 000(元)

(2)费用化期间内20×1年8月1日至12月1日:

20×1年费用化期间内专门借款的总利息=30 000 000×8%×4/12=800 000(元);

20×1年费用化期间内闲置专门借款因投资国债而产生的收益

=13 000 000×0.3%×4

=156 000(元)

20×1年专门借款利息费用化金额=800 000−156 000=644 000(元)

(3)20×1年12月31日,计提专门借款利息费用:

20×1年专门借款利息资本化金额=1 237 000(元)

20×1年专门借款利息费用化金额=644 000(元)

20×1年闲置专门借款产生的收益总额=363 000+156 000=519 000(元)

20×1年专门借款利息总额=1 600 000+800 000=2 400 000(元)

借:在建工程　　　　　　　　　　　　　　　　　　　1 237 000
　　财务费用　　　　　　　　　　　　　　　　　　　　644 000
　　应收利息　　　　　　　　　　　　　　　　　　　　519 000
　贷:应付利息　　　　　　　　　　　　　　　　　　　　　　　2 400 000

课堂能力训练

甲公司为筹建一厂房于20×0年1月1日借入专门借款10 000 000元,年利率为9‰,期限为3年,每年年末付息,到期还本。工程于20×0年4月1日开工,8月1日因洪灾停工,直至12月1日才重新开工。当年工程支出状况为:4月1日支出3 000 000元;6月1日支出2 000 000元;7月1日支出500 000元;12月1日支出1 000 000元。甲公司将闲置资金用于基金投资,月收益率为8‰。

要求:计算20×0年度甲公司专门借款利息资本化和费用化金额并进行相应会计处理。

(二)一般借款利息的计量

根据一般借款的使用规则,只有为购建或者生产符合资本化条件的资产而占用了一般借款的,所占用部分在资本化期间内对应的借款利息才能资本化。其余没有占用部分的一般借款即使在资本化期间内,其利息也是不能资本化的。

1. 一般借款资本化率的计算

企业的一般借款如果只有一笔,那么这笔一般借款在资本化期间内的加权平均占用额对应的利息就是应资本化的金额。但是假如企业的一般借款有多笔,那么在占用一般借款时就无法区分是占用的哪一笔,其利息也就无法使用其中任何一笔一般借款的利率来计算,而是应该使用这些一般借款的加权平均利率来计算。加权平均利率也叫一般借款的资本化率。

$$\text{所占用一般借款的资本化率} = \text{所占用一般借款加权平均利率} = \frac{\text{所占用一般借款当期实际发生的利息之和}}{\text{所占用一般借款本金加权平均数}}$$

例题 6-6 甲企业于20×0年1月1日用专门借款开工建造一项固定资产,20×1年12月31日该固定资产全部完工并投入使用。甲企业为建造该固定资产于20×0年1月1日专门借入一笔款项,本金为10 000 000元,年利率为9‰,两年期。甲企业另借入两笔一般借款:第一笔为20×0年1月1日借入的8 000 000元,借款年利率为8‰,期限为2年;第二笔为20×0年7月1日借入的5 000 000元,借款年利率为6‰,期限为3年。甲企业20×0年为购建固定资产而占用了一般借款所使用的资本化率计算如下:

所占用一般借款资本化率=(8 000 000×8‰+5 000 000×6‰×6/12)÷(8 000 000+5 000 000×6/12)×100%=7.52‰

想一想:所占用一般借款本金加权平均数是怎样计算的?加权平均是怎样体现出来的?

2. 一般借款利息资本化金额的计算

企业应当根据在资本化期间内累计资产支出超过专门借款部分的资产支出加权平均

数乘以所占用一般借款的资本化率,计算确定一般借款应予资本化的利息金额。累计资产支出超过专门借款部分的资产支出加权平均数也就是所占用的一般借款的加权平均数。

一般借款利息资本化金额＝资本化期间内累计资产支出超过专门借款部分的资产支出加权平均数×所占用一般借款的资本化率＝资本化期间内所占用的一般借款的加权平均数×所占用一般借款的加权平均利率

3.一般借款利息费用化金额的计算

一般借款在费用化期间内的全部利息都应该费用化,在资本化期间内没有被符合资本化条件的资产的购建或生产活动而占用的那一部分对应的利息也应当费用化,这样直接计算起来就比较麻烦。因此一般借款利息费用化金额的计算可以采用倒减的方式,用一般借款在本会计期间内的全部利息,扣除应予资本化的部分,剩下的就是应予费用化的部分。

一般借款利息费用化金额＝一般借款全部利息－一般借款利息资本化金额

例题 6-7 沿用例题 6-5,其他条件完全相同,假定该笔 30 000 000 元的借款不是专门借款而是两笔一般借款,具体为:从 A 银行长期借款 12 000 000 元,期限为 20×0 年 12 月 1 日至 20×3 年 12 月 1 日,年利率为 6%,按年支付利息;从 B 银行长期借款 18 000 000 元,期限为 20×1 年 1 月 1 日至 20×3 年 1 月 1 日,年利率为 8%,按年支付利息。假定全年按 360 天计算。则甲公司对 20×1 年一般借款利息的处理如下:

(1)所占用一般借款资本化率＝(12 000 000×6%＋18 000 000×8%)÷(12 000 000＋18 000 000)×100%＝7.2%

(2)资本化期间 20×1 年 1 月 1 日至 8 月 1 日和 12 月 1 日至 12 月 31 日:

资本化期间内累计资产支出超过专门借款部分的资产支出加权平均数

＝14 000 000×180/360＋17 000 000×30/360＋18 000 000×30/360

或 ＝14 000 000×240/360＋3 000 000×60/360＋1 000 000×30/360＝9 916 666.67(元)

(3)20×1 年一般借款利息资本化金额＝9 916 666.67×7.2%＝714 000(元)

(4)20×1 年一般借款利息费用化金额＝12 000 000×6%＋18 000 000×8%－714 000＝1 446 000(元)

(5)20×1 年 12 月 31 日,计提专门借款利息费用:

借:在建工程　　　　　　　　　　　　　　　　　714 000
　　财务费用　　　　　　　　　　　　　　　　　1 446 000
　　贷:应付利息　　　　　　　　　　　　　　　　　　2 160 000

> 想一想:例题 6-7 中,资本化期间内累计资产支出超过专门借款部分的资产支出加权平均数有两种计算方法,你是怎么理解的?

课堂能力训练

20×0年7月1日,甲公司取得专门借款30 000 000元直接用于当日开工建造的厂房,20×0年累计发生建造支出28 000 000元。20×0年12月1日,该公司又取得一般借款600万元,年利率为6%。20×1年1月1日发生建造支出3 000 000元,以借入款项支付(甲公司无其他一般借款)。不考虑其他因素,甲公司按季计算利息费用资本化金额。

要求:计算20×1年第一季度甲公司一般借款利息资本化和费用化金额并进行相应会计处理。

(三)借款利息资本化金额的限制

借款存在折价或者溢价的,应当按照实际利率法确定每一会计期间应摊销的折价或者溢价金额,调整每期利息金额。在资本化期间,每一会计期间的利息资本化金额,不应当超过当期相关借款实际发生的利息金额。

◎ 典型案例

情景与背景: 甲公司拟建造一座大型生产车间,预计工程期为1年4个月,有关资料如下:

(1)甲公司于20×1年1月1日为该项工程专门借款50 000 000元,借款期限为3年,年利率为6%,利息按年支付;闲置专门借款资金均存入银行,假定月利率为0.5%,利息按年于每年年初收取。

(2)生产车间工程建设期间占用了两笔一般借款,具体如下:

①20×0年12月1日向某银行借入长期借款45 000 000元,期限为3年,年利率为6%,按年计提利息,每年年初支付。

②20×1年1月1日按面值发行5年期公司债券10 000 000元,票面年利率和实际利率均为5%,利息按年于每年年初支付,款项已全部收存银行。

(3)工程采用出包方式,于20×1年1月1日动工兴建,20×1年2月1日,该项工程因发生重大安全事故而中断施工,直至20×1年6月1日该项工程才恢复施工。

(4)工程有关支出如下:

①20×1年1月1日支付工程进度款20 000 000元。

②20×1年7月1日支付工程进度款35 000 000元。

③20×1年10月1日支付工程进度款30 000 000元。

④20×2年2月1日支付工程进度款18 000 000元。

(5)20×2年4月30日工程完工。为简化计算,假定全年按360天计算,每月按照30天计算。

要求:计算20×1年和20×2年借款利息资本化和费用化金额并进行相应会计处理。

案例分析: 20×1年12月31日,甲公司与借款费用有关的业务处理如下:

(1)20×1年借款费用资本化期间分析如图6-3所示:

```
            资本化期间              资本化期间
         ┌──┴──┐          ┌──────┴──────┐
    ─────┼─────┼──────────┼─────────────┼─────▶
        1.1   2.1        6.1          12.31
              └─────┬─────┘
                费用化期间
```

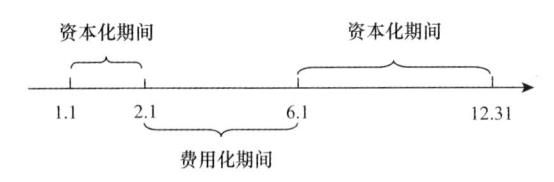

图 6-3 20×1 年借款费用资本化期间分析图

(2)计算 20×1 年专门借款利息资本化金额和费用化金额：

专门借款利息资本化金额＝50 000 000×6％×240/360－30 000 000×0.5％×2

＝2 000 000－300 000＝1 700 000(元)

专门借款利息费用化金额＝50 000 000×6％×120/360－30 000 000×0.5％×4

＝1 000 000－600 000＝400 000(元)

(3)计算 20×1 年一般借款利息资本化金额和费用化金额：

一般借款的加权平均资本化率

＝(45 000 000×6％＋10 000 000×5％)÷(45 000 000＋10 000 000)×100％＝5.82％

资本化期间内占用的一般借款资金的资产支出加权平均数

＝5 000 000×90/360＋35 000 000×90/360

或＝5 000 000×180/360＋30 000 000×90/360＝10 000 000(元)

一般借款利息资本化金额＝10 000 000×5.82％＝582 000(元)

一般借款利息费用化金额＝(45 000 000×6％＋10 000 000×5％)－582 000

＝3 200 000－582 000＝2 618 000(元)

(4)20×1 年 12 月 31 日,计提借款利息费用：

借:在建工程   2 282 000
    财务费用   3 018 000
    应收利息   900 000
  贷:应付利息   6 200 000

20×2 年 4 月 30 日,甲公司与借款费用有关的业务处理如下：

(1)20×2 年 1 月 1 日至 4 月 30 日都是借款费用资本化期间

(2)计算 20×2 年 1 月 1 日至 4 月 30 日专门借款利息资本化金额：

专门借款利息资本化金额＝50 000 000×6％×120/360－0＝1 000 000(元)

(3)计算 20×2 年 1 月 1 日至 4 月 30 日一般借款利息资本化金额和费用化金额：

一般借款利息资本化金额

＝(35 000 000×30/360＋53 000 000×90/360)×5.82％

或＝(35 000 000×120/360＋18 000 000×90/360)×5.82％

＝16 166 666.67×5.82％＝940 900(元)

一般借款利息费用化金额＝(45 000 000×6％＋10 000 000×5％)×120/360－940 900

＝125 766.67(元)

(4)20×2 年 4 月 30 日,计提借款利息费用：

借:在建工程   1 940 900.00
    财务费用   125 766.67
  贷:应付利息   2 066 666.67

20×2年12月31日,甲公司与借款费用有关的业务处理如下:

(1)20×2年5月1日至12月31日都是借款费用资本化期间

(2)计算20×2年5月1日至12月31日专门借款利息费用化金额:

专门借款利息费用化金额=50 000 000×6％×240/360－0＝2 000 000(元)

(3)计算20×2年5月1日至12月31日一般借款利息费用化金额:

一般借款利息费用化金额＝(45 000 000×6％＋10 000 000×5％)×240/360－0
　　　　　　　　　　　＝2 133 333.33(元)

(4)20×2年12月31日,计提借款利息费用:

借:财务费用　　　　　　　　　　　　　　　　　　　4 133 333.33
　　贷:应付利息　　　　　　　　　　　　　　　　　　　4 133 333.33

课堂能力训练

甲公司准备在厂区内建造一栋新的厂房,有关资料如下:

1.20×1年1月1日,向银行专门借款50 000 000元,期限为3年,年利率为12％,每年1月1日付息。

2.除专门借款外,公司另有两笔其他借款:一笔是20×0年12月1日借入的长期借款40 000 000元,期限为五年,年利率为10％,每年12月1日付息;第二笔是20×1年1月1日借入的长期借款60 000 000元,期限为五年,年利率为5％,每年12月31日付息。

3.由于审批、办手续等原因,厂房于20×1年4月1日开始动工兴建,工程建设期间支出的具体情况见表6-1:

表6-1　　　　　　　工程建设期间支出情况

日期	每期资产支出金额(元)
20×1年4月1日	20 000 000
20×1年6月1日	10 000 000
20×1年7月1日	32 000 000
20×2年1月1日	24 000 000
20×2年4月1日	12 000 000
20×2年7月1日	36 000 000

工程于20×2年9月30日完工,达到预定可使用状态,其中,由于施工质量问题,工程于20×1年9月1日到12月31日停工4个月。

4.专门借款中未支出的部分全部存入银行,月利率为0.5％。假定全年按照360天计算,每月按照30天计算。

要求:计算20×1年、20×2年甲公司借款利息资本化和费用化金额并进行相应会计处理。

二、借款辅助费用资本化金额的确定

专门借款发生的辅助费用,在所购建或者生产的符合资本化条件的资产达到预定可使用或者可销售状态之前发生的,应当在发生时根据其发生额予以资本化,计入符合资本化条件的资产的成本;在所购建或者生产的符合资本化条件的资产达到预定可使用或者可销售状态之后发生的,应当在发生时根据其发生额确认为费用,计入当期损益。

一般借款发生的辅助费用,也应当按照上述原则确定其发生额并进行处理。

例题 6-8 甲公司为建造厂房于 20×0 年 1 月 1 日按面值发行 200 000 000 元的 5 年期债券,其票面年利率为 8%,按债券面值的 2% 支付中介机构手续费 4 000 000 元,已用银行存款支付完毕。厂房建造工作从 20×0 年 1 月 1 日开始,建造期为 3 年。对中介机构手续费,甲公司编制会计分录如下:

借:在建工程　　　　　　　　　　　　　　　　　　　　　　4 000 000
　　贷:银行存款　　　　　　　　　　　　　　　　　　　　　　　4 000 000

三、外币专门借款汇兑差额资本化金额的确定

在资本化期间内,外币专门借款本金及利息的汇兑差额应当予以资本化,计入符合资本化条件的资产的成本。除外币专门借款之外的其他外币借款及其利息产生的汇兑差额应当作为财务费用,计入当期损益。

思维导图

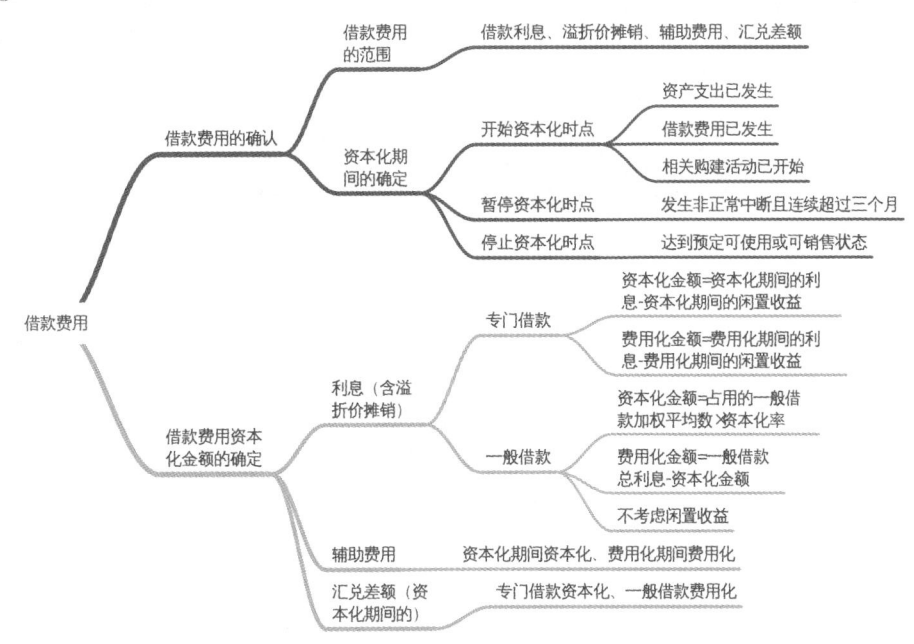

- 借款费用
  - 借款费用的确认
    - 借款费用的范围：借款利息、溢折价摊销、辅助费用、汇兑差额
    - 资本化期间的确定
      - 开始资本化时点
        - 资产支出已发生
        - 借款费用已发生
        - 相关购建活动已开始
      - 暂停资本化时点：发生非正常中断且连续超过三个月
      - 停止资本化时点：达到预定可使用或可销售状态
  - 借款费用资本化金额的确定
    - 利息（含溢折价摊销）
      - 专门借款
        - 资本化金额=资本化期间的利息-资本化期间的闲置收益
        - 费用化金额=费用化期间的利息-费用化期间的闲置收益
      - 一般借款
        - 资本化金额=占用的一般借款加权平均数×资本化率
        - 费用化金额=一般借款总利息-资本化金额
        - 不考虑闲置收益
    - 辅助费用：资本化期间资本化、费用化期间费用化
    - 汇兑差额（资本化期间的）：专门借款资本化、一般借款费用化

项目七 债务重组

学习目标

知识目标
◎ 理解债务重组的概念
◎ 掌握债务重组的方式
◎ 掌握债务重组债权人的会计核算要求
◎ 掌握债务重组债务人的会计核算要求

能力目标
◎ 能够判断债务重组
◎ 能够区分具体的债务重组方式
◎ 能够正确进行债务重组业务债权人的会计核算
◎ 能够正确进行债务重组业务债务人的会计核算

温州立人集团 22 亿债务重组案

◎ 引导案例

温州立人集团是一个经营范围涵盖教育类投资与建设、房地产开发、矿业投资的综合性产业集团,旗下拥有学校、公司等企业共计 36 家,项目遍布浙江等 10 多个省市和地区。从大环境看,国家的货币政策由松到紧的节奏太快。从小环境看,由于"限购"政策的出台,集团的房地产项目出现了卖不动的情况;受"节能减排"政策的影响,在鄂尔多斯等地投资的煤矿未能达到预期的回报,出现偿付危机。2011 年 10 月 31 日下午,立人集团召开董事会,宣布进行资产重组,将原向社会筹集的约 20 亿资金转为集团股份,并于 11 月 1 日起停止支付所融资金和利息。经集团自查,向社会融资金额约为 22 亿元,牵涉千人左右。

2011年11月5日，立人集团出台新方案，发布公告，称"温州立人教育集团资金运转困难，现结合集团当前产业发展及资产情况"，向债权人推出了3种解决方案。

方案一是"债转股"，即债权人可将自己的债权转成"上海意邦置业有限公司"20%的股份或"内蒙古鄂尔多斯诚意煤矿"的股份。

方案二为"债务分期偿还"，资金来源为"未列入股权转让的其他项目"。

记者在位于泰顺县洋心街的育才董事会办公室拿到的"分期还款协议书"中看到，"现由于借款方暂时无力偿还借款"，分五年偿还，自签订之日起每满周年偿还本金的20%，最后一年归还剩余本金并结息，利率按中国人民银行公布的商业银行贷款同期基准利率执行（结息方式按每年欠款本金余额计算）。

方案三为"房产（待建房）认购"，楼盘名称为江苏盱眙佰泰"小太湖·国际新城"，地址是江苏省淮安市盱眙县山水大道8号，建筑样式包括排屋、别墅、高层住宅、小高层住宅、多层住宅等，总建筑面积为71万平方米，定于2014年7月开发完毕，合计可销售金额约为23亿元。

随着市场经济的日益繁荣和资本市场的快速发展，债务重组业务在企业之间的发生越来越频繁，重组方式也日益复杂多样。那么什么是债务重组？债务重组有哪些方式？怎样对债务重组进行会计核算？本项目将帮助您找到答案。

（资料来源：温州立人集团出台债务重组方案 债主观望情绪浓厚，新浪财经，2011.11.8，有删改。）

任务一 认识债务重组

一、债务重组的概念

在市场经济竞争激烈的情况下，一些企业可能因经营管理不善，或受外部各种因素的不利影响，致使营利能力下降或经营发生亏损，资金周转不快，出现暂时资金紧缺，难以按期偿还债务。在此情况下，虽然按我国法律规定，债权人有权在债务人不能偿还到期债务时向法院申请债务人破产，但在债务人主管部门申请整顿且经债务人与债权人会议达成了和解协议时，破产程序应予中止。此外，即使债务人进入破产程序，也可能因为相关的流程持续时间很长，费时费力，结果还可能难以保证债权人的债权如数收回。于是，就有了另外一种解决债务纠纷的方法，即债务重组。

债务重组，是指在不改变交易对手方的情况下，经债权人和债务人协定或法院裁定，

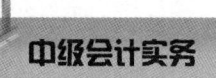

就清偿债务的时间、金额或方式等重新达成协议的交易。

这里的债权和债务我们可以狭义地理解为应收账款和应付账款。

二、债务重组的方式

债务重组的方式主要有以下几种：

(一)债务人以资产清偿债务

债务人以资产清偿债务,是指债务人转让其资产给债权人以清偿债务的债务重组方式。债务人用于清偿债务的资产可以是金融资产,如交易性金融资产、债权投资、其他债权投资、其他权益工具投资;也可以是非金融资产,如存货、长期股权投资、投资性房地产、固定资产、无形资产等。值得注意的是,用金融资产清偿债务的债务重组方式由金融资产相关准则规范其会计核算行为,本项目不再重复。

(二)债务人将债务转为权益工具

债务人将债务转为权益工具,是指债务人将负债转为资本,同时债权人将债权转为权益性投资的债务重组方式。其结果是,债务人因此而增加股本(或实收资本)和资本公积,债权人增加长期股权投资或金融资产。

值得注意的是,根据转换为权益性投资之后持股比例的不同,债权人将债权有可能转换为对子公司的长期股权投资,即实现合并;也有可能转换为具有共同控制或重大影响的长期股权投资,即对联营企业或合营企业的权益性投资;也有可能转换为不具有控制、共同控制、重大影响关系的投资,即金融资产。形成企业合并或金融资产的,分别由企业合并和金融资产相关的准则规范其会计核算行为,本项目只针对形成对联营企业或合营企业的长期股权投资的债务重组方式进行学习。

(三)其他债务重组方式

其他债务重组方式,是指除上述两种债务重组方式之外,以调整债务本金、改变债务利息、变更还款期限等方式修改债权和债务的其他条款,形成重组债权和重组债务。这种债务重组方式也适用金融资产相关准则。

企业可以用多项资产清偿债务,也可以组合上述三种方式进行债务重组。例如,以转让资产清偿某项债务的一部分,另一部分债务通过调整债务本金、改变还款期限等方式进行债务重组。

相关链接

《企业会计准则第12号——债务重组》准则变更介绍

2017年,财政部发布修订后的《企业会计准则第14号——收入》《企业会计准则第22号——金融工具确认和计量》《企业会计准则第23号——金融资产转移》《企业会计准则第37号——金融工具列报》等准则,对相关业务做出新的规范要求。为保持准则间的协调,对债务重组准则进行修订势在必行。

2019年5月16日,财政部发布了《关于印发修订〈企业会计准则第12号——债务重组〉的通知》(财会〔2019〕9号),对《企业会计准则第12号——债务重组》进行了修订。新的债务重组准则对债务重组的定义、债务重组范围、债权人的会计处理、债务人的会计处理都进行了广泛的修订。这次修订,使会计准则体系保持了内在协调,解决了目前比较突出的与债务重组相关的会计实务问题,提高了会计信息质量,同时达到了与国际财务报告准则持续趋同的目的。

修订后的新债务重组准则自2019年6月17日开始生效,企业应对2019年1月1日至生效日之间发生的债务重组交易,按照新债务重组准则规定进行调整;2019年1月1日之前发生的债务重组交易不需追溯调整。

(资料来源:债务重组准则的主要变化及执行中需要关注的问题,税屋网,2019.6.18,有删改)

任务二 债务重组的会计核算

一、债务人以资产清偿债务的会计核算

(一)债务人的会计核算

以非金融资产清偿债务的,债务人应当在偿债资产和所清偿债务符合终止确认条件时予以终止确认。并将所清偿债务的账面价值与转让的资产的账面价值之间的差额确认为当期损益。资产的账面价值,一般为资产的账面原价扣除累计折旧或累计摊销,以及资产减值准备后的金额。债务人在转让非现金资产过程中发生的一些税费,如资产评估费、运杂费等,直接计入债务重组收益。债务人的会计处理如图7-1所示。

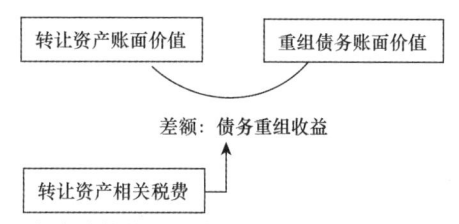

图7-1 以资产清偿债务的债务重组业务中债务人的会计处理

(二)债权人的会计核算

债务人以非金融资产清偿债务,债权人应当在受让资产符合资产定义和确认条件时予以确认。债权人通过债务重组取得一项资产和通过其他方式取得一项资产的初始计量原则一致,都应该由为了取得这项资产达到预定可使用或者可销售状态前所发生的各种相关和必要的支出构成。这项取得资产的活动和一般的购买活动的区别在于,它并未主要以支付资产来实现,而是主要以放弃债权来实现。所以,受让资产的入账价值应该由放弃债权的公允价值和使该资产达到预定可使用或者可销售状态之前所发生的可直接归属于该资产的税金及其他成本构成。放弃债权的公允价值与账面价值之间的差额,是这项债权的处置损益,按照金融资产处置的核算要求,应计入投资收益。债权人的会计处理如图7-2所示:

图7-2 以资产清偿债务的债务重组业务中债权人的会计处理

债务人以对联营企业或合营企业的长期股权投资清偿债务,债务人应该按账面价值结转长期股权投资,同时按账面价值结转重组债务,将长期股权投资和重组债务账面价值之间的差额作为出售长期股权投资的损益,计入投资收益。债权人收到长期股权投资,以放弃债权的公允价值加上取得该长期股权投资直接相关的费用、税金及其他必要支出入账。放弃债权的公允价值与账面价值之间的差额,应计入债权处置的损益,即投资收益。

例题 7-1 乙公司于20×0年7月1日销售给甲公司一批产品,价款为4 600 000元,按购销合同约定,甲公司应于20×0年10月1日前支付价款。至20×0年10月20日,甲公司尚未支付。经过协商,乙公司同意甲公司以其所持有采用权益法核算的长期股权投资抵偿债务。该股票账面价值为4 000 000元,其中成本为3 800 000元,损益调整为200 000元。乙公司为该项应收账款提取了坏账准备250 000元。经过评估,该项应收账款的公允价值为4 630 000元。用于抵债的股票已于20×0年10月25日办理了相关转让手续;乙公司将取得的股票作为长期股权投资核算。假定不考虑相关税费和其他因素。

债务人甲公司的会计处理:

借:应付账款——乙公司	4 600 000
贷:长期股权投资——成本	3 800 000
——损益调整	200 000
其他收益——债务重组收益	600 000

债权人乙公司的会计处理:

长期股权投资入账价值=4 630 000(元)

借:长期股权投资——成本	4 630 000
坏账准备	250 000
贷:应收账款——甲公司	4 600 000
投资收益	280 000

项目七 债务重组

想一想：例题7-1中债权人和债务人的损益分别是怎样确定的？

课堂能力训练

20×0年5月，乙公司原持有甲公司应收账款账面价值为5 000 000元。其中，原值为6 000 000元，已计提坏账准备1 000 000元。经评估，该应收账款当月公允价值为5 500 000元。乙公司与甲公司当月达成协议，甲公司以其持有的一项长期股权投资抵偿对乙公司的债务。甲公司该长期股权投资当月账面价值为3 500 000元。其中，成本为3 000 000元，损益调整为300 000元，其他综合收益为200 000元。双方于当月完成股权转移手续。假定不考虑相关税费。

要求：分别编制甲公司和乙公司债务重组的会计分录。

债务人以固定资产清偿债务，应按固定资产的清理流程进行会计处理。首先将固定资产账面价值转入清理，其次确认清理过程中发生的费用，再次确认清理过程中发生的收入，最后结转清理净损益至资产处置损益。债权人收到固定资产，以放弃债权的公允价值加上使该固定资产达到预定可使用状态之前所发生的相关税费入账。放弃债权的公允价值与账面价值之间的差额，应计入债权处置的损益，即投资收益。

例题 7-2

20×0年4月5日，乙公司销售一批材料给甲公司，价款为200 000元（包括应收取的增值税税额），按购销合同约定，甲公司应于20×0年7月5日前支付价款，但至20×0年9月30日甲公司尚未支付。经过协商，乙公司同意甲公司用其一台生产设备抵偿债务。该项设备的账面原价为250 000元，累计折旧为100 000元，计税价格为160 000元（假如增值税进项税额于取得时正常抵扣），甲公司在清理固定资产过程中发生清理费8 000元。乙公司对该项应收账款已提取坏账准备10 000元。经过评估，该项应收账款的公允价值为180 000元。生产设备已于20×1年1月20日运抵乙公司，乙公司发生运输费用2 000元，乙公司将其用于本企业产品的生产。

债务人甲公司的会计处理如下：

(1) 将固定资产净值转入固定资产清理：

借：固定资产清理——生产设备	150 000
累计折旧	100 000
贷：固定资产——生产设备	250 000

(2) 发生清理费用：

借：固定资产清理——生产设备	8 000
贷：银行存款	8 000

(3) 发生清理收入（债务重组）：

借：应付账款——乙公司	200 000
贷：固定资产清理——生产设备	158 000
应交税费——应交增值税（销项税额）	20 800
其他收益——债务重组收益	21 200

本例中,甲公司经过债务重组,放弃了账面价值为 150 000 元的固定资产,产生了 20 800 元的增值税销项税额,支付了 8 000 元的清理费,共付出 178 800(150 000＋20 800＋8 000)元的代价,抵偿掉了 200 000 元的债务,产生的损益是 21 200(200 000－178 800)元。

债权人乙公司的会计处理如下:
固定资产入账价值＝180 000＋2 000－20 800＝161 200(元)

借:固定资产——生产设备　　　　　　　　　　　　　　　161 200
　　应交税费——应交增值税(进项税额)　　　　　　　　　 20 800
　　坏账准备　　　　　　　　　　　　　　　　　　　　　　10 000
　　投资收益　　　　　　　　　　　　　　　　　　　　　　10 000
　　贷:应收账款——甲公司　　　　　　　　　　　　　　　200 000
　　　　银行存款　　　　　　　　　　　　　　　　　　　　 2 000

本例中,乙公司应收账款账面价值为 190 000 元,公允价值为 180 000 元,所以应确认投资损失 10 000 元。固定资产以公允价值为 180 000 元的债权和 2 000 元的相关税费为代价换取,这 182 000 元相当于固定资产的含税价格,扣除增值税进项税额 20 800 元,差额 161 200 元就是固定资产的入账价值。

想一想:在考虑增值税的情况下,债务重组业务在会计核算上有什么应该注意的地方?

课堂能力训练

20×0 年 5 月,乙公司原持有甲公司应收账款账面价值 5 000 000 元。其中,原值为 6 000 000 元,已计提坏账准备 1 000 000 元。经评估,该应收账款当月公允价值为 5 500 000 元。乙公司与甲公司当月达成协议,甲公司以其持有的一套房产抵偿对乙公司的债务。甲公司原将该房产作为固定资产核算,当月账面价值为 3 500 000 元。其中,原值为 5 000 000 元,已计提累计折旧 1 500 000 元。经评估,该房产当月公允价值为 5 000 000 元。双方于当月完成该房产产权转移手续。乙公司发生转入房产相关税费 100 000 元,甲公司发生转出房产相关税费 150 000 元。假定不考虑增值税。

要求:分别编制甲公司和乙公司债务重组的会计分录。

二、债务人将债务转为权益工具的会计核算

(一)债务人的会计核算

将债务转为权益工具的,债务人应当在满足金融负债终止确认条件时,终止确认重组债务,并将债权人放弃债权而享有股份的面值总额(或股权份额)确认为股本(或实收资本);股份(或股权)的公允价值总额与股本(或实收资本)之间的差额确认为股本溢价(或资本溢价),计入资本公积。重组债务账面价值与股份(或股权)的公允价值总额的差额,

计入当期损益。债务人的会计处理如图 7-3 所示。

图 7-3 将债务转为权益工具的债务重组业务中债务人的会计处理

(二) 债权人的会计核算

债权人取得权益工具,鉴于债务重组准则限定,形成企业合并或金融资产的,分别由企业合并和金融资产相关的准则规范其会计核算行为,因此我们只分析其取得具有共同控制或重大影响的长期股权投资。也就是说,将债务转为权益工具后,原债务人(转换后的被投资方)成为原债权人(转换后的投资方)的合营企业或联营企业,原债权人(转换后的投资方)按照持股比例以及与债务人(转换后的被投资方)之间的关系,将这项投资定义为具有共同控制或重大影响的长期股权投资。

债权人应该在受偿长期股权投资符合资产定义和确认条件时予以确认。长期股权投资的入账价值应该由放弃债权的公允价值和取得该长期股权投资直接相关的费用、税金及其他必要支出构成。放弃债权的公允价值与账面价值之间的差额,是这项债权的处置损益,按照金融资产处置的核算要求,应计入投资收益。债权人的会计处理如图 7-4 所示。

图 7-4 将债务转为权益工具的债务重组业务中债权人的会计处理

例题 7-3 20×0 年 2 月 10 日,乙公司销售一批材料给甲公司,价款为 7 000 000 元(包括应收取的增值税税额),合同约定 6 个月后结清款项。6 个月后,甲公司与乙公司协商进行债务重组。经双方协商,乙公司同意甲公司将该债务转为甲公司的股份。转股后甲公司注册资本为 20 000 000 元,抵债股权占甲公司注册资本的 20%,乙公司能够对甲公司施加重大影响。乙公司对该项应收账款已计提了坏账准备 400 000 元。经评估,债务重组日这项应收账款的公允价值为 6 800 000 元,抵债股权的公允价值为 6 400 000 元。20×0 年 11 月 1 日,相关手续办理完毕,假定不考虑其他相关的税费。

债务人甲公司的会计处理如下:

借:应付账款——乙公司	7 000 000
贷:实收资本——乙公司	4 000 000
资本公积——资本溢价	2 400 000
其他收益——债务重组收益	600 000

债权人乙公司的会计处理如下:

长期股权投资入账价值=6 800 000(元)

```
借:长期股权投资——甲公司        6 800 000
    坏账准备                        400 000
  贷:应收账款——甲公司                        7 000 000
     投资收益                                    200 000
```

> **想一想**:比较债务人以资产清偿债务和债务人将债务转为权益工具两种债务重组方式下,债务人的会计处理理念有什么不同?

课堂能力训练

20×0年1月26日,乙公司应收甲公司货款6 000 000元到期。20×0年2月1日,双方协商进行债务重组,甲公司以其发行的普通股抵偿债务,用于抵债的普通股为2 000 000股,股票市价为每股3.2元,股票面值为1元。转股后,乙公司持有甲公司股份比例达到甲公司发行在外股份总数的20%,对甲公司能够实施重大影响。乙公司该应收债权已计提坏账准备500 000元,经评估,该应收债权公允价值为6 100 000元。

要求:分别编制甲公司和乙公司债务重组的会计分录。

三、多种方式组合债务重组的会计核算

(一)债务人的会计核算

以多项资产清偿债务或者组合方式进行债务重组的,债务人应分别按照上述单一方式进行债务重组的思路进行思考。会计核算时,直接结转重组债务的账面价值,直接结转各项抵债资产的账面价值,同时按抵债权益工具的公允价值分别确认股本(或实收资本)和资本公积,差额计入当期损益。债务人的会计处理如图7-5所示。

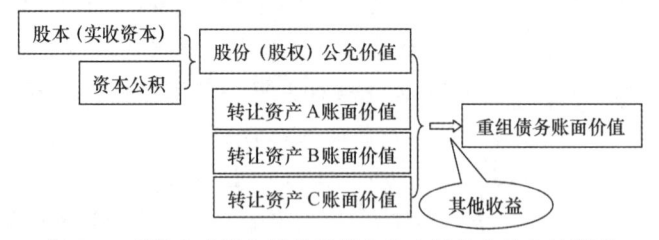

```
股本(实收资本)
资本公积         股份(股权)公允价值
                转让资产A账面价值  ⟶  重组债务账面价值
                转让资产B账面价值
                转让资产C账面价值      其他收益
```

图7-5 多种方式组合债务重组业务中债务人的会计处理

(二)债权人的会计核算

以多项资产清偿债务或者组合方式进行债务重组的,债权人应该在受让资产符合资产定义和确认条件时予以确认。受让资产总入账价值按放弃债权的公允价值和取得受让资产直接相关的费用、税金及其他必要支出构成。然后按照受让资产公允价值比例进行分摊,分别确认各项受让资产的入账价值。放弃债权的公允价值与账面价值之间的差额,是这项债权的处置损益,按照金融资产处置的核算要求,应计入投资收益。债权人的会计

处理如图 7-6 所示：

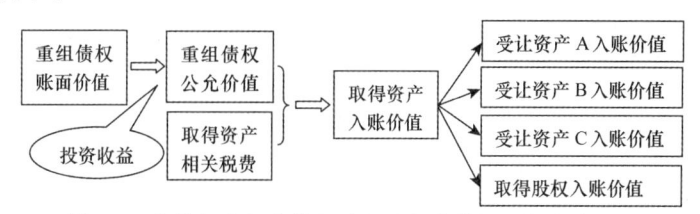

图 7-6 多种方式组合债务重组业务中债权人的会计处理

例题 7-4 20×0 年 11 月乙公司销售一批货物给甲公司，价税合计 5 000 000 元。至 20×0 年 5 月甲公司尚未偿还。20×0 年 6 月 1 日经双方商定进行债务重组，乙公司同意甲公司以一项公允价值为 3 000 000 元的固定资产及公允价值为 1 000 000 元的无形资产偿还全部债务。至债务重组日乙公司已对该项债权计提了 650 000 元的坏账准备。经评估，该项债权公允价值为 4 500 000 元。甲公司换出固定资产的账面余额为 3 500 000 元，累计折旧为 800 000 元；无形资产账面余额为 1 000 000 元，累计摊销为 200 000 元。乙公司取得的固定资产作为管理用固定资产核算，取得的无形资产作为无形资产核算。假定不考虑增值税等相关税费。

债务人甲公司的会计处理如下：

(1) 将固定资产净值转入固定资产清理：

借：固定资产清理	2 700 000
累计折旧	800 000
贷：固定资产	3 500 000

(2) 发生清理收入（债务重组）：

借：应付账款——乙公司	5 000 000
累计摊销	200 000
贷：固定资产清理	2 700 000
无形资产	1 000 000
其他收益——债务重组收益	1 500 000

债权人乙公司的会计处理如下：

受让资产入账价值总额＝4 500 000(元)

受让固定资产入账价值＝4 500 000×3 000 000/(3 000 000＋1 000 000)＝3 375 000(元)

受让无形资产入账价值＝4 500 000×1 000 000/(3 000 000＋1 000 000)＝1 125 000(元)

借：固定资产	3 375 000
无形资产	1 125 000
坏账准备	650 000
贷：应收账款——甲公司	5 000 000
投资收益	150 000

课堂能力训练

20×0年1月1日,乙公司销售给甲公司产品一批,价税合计为5 000万元。双方约定3个月付款。至20×0年12月31日,乙公司仍未收到款项,乙公司对该应收账款计提坏账准备800万元。经评估,该应收账款当日公允价值为4 900万元。20×0年12月31日,甲公司与乙公司协商,达成债务重组协议如下:(1)甲公司以固定资产抵偿部分债务,设备账面原价为1 050万元,已计提折旧300万元,计提的减值准备为30万元,公允价值为840万元,该固定资产已于20×0年12月31日运抵乙公司。(2)将上述债务中的部分债务转为甲公司2 000万股普通股,每股市价为2.1元,面值为1元。取得甲公司股权后,乙公司持有甲公司股权比例20%,能对甲公司施加重大影响。甲公司已于20×0年12月31日办妥相关股权转让手续。

要求:分别编制甲公司和乙公司债务重组的会计分录。

思维导图

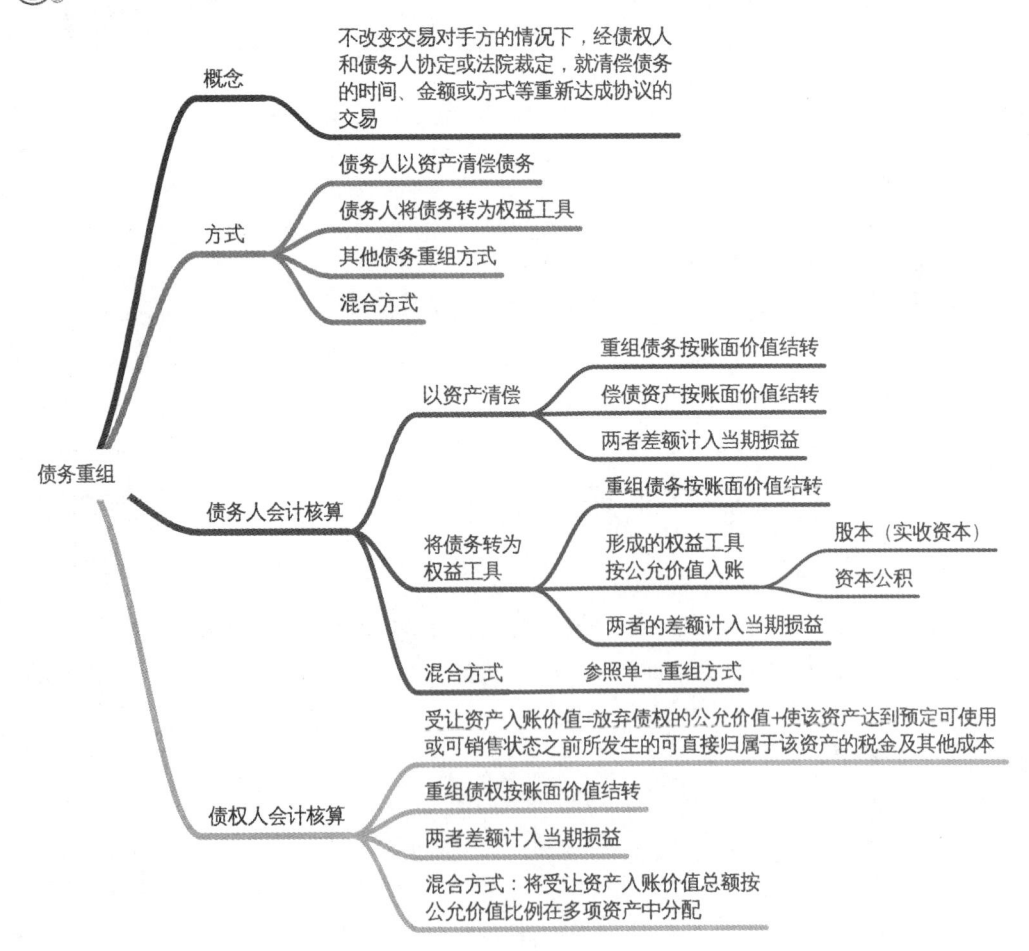

- **债务重组**
  - **概念**:不改变交易对手方的情况下,经债权人和债务人协定或法院裁定,就清偿债务的时间、金额或方式等重新达成协议的交易
  - **方式**
    - 债务人以资产清偿债务
    - 债务人将债务转为权益工具
    - 其他债务重组方式
    - 混合方式
  - **债务人会计核算**
    - 以资产清偿
      - 重组债务按账面价值结转
      - 偿债资产按账面价值结转
      - 两者差额计入当期损益
    - 将债务转为权益工具
      - 重组债务按账面价值结转
      - 形成的权益工具按公允价值入账
        - 股本(实收资本)
        - 资本公积
      - 两者的差额计入当期损益
    - 混合方式 参照单一重组方式
  - **债权人会计核算**
    - 受让资产入账价值=放弃债权的公允价值+使该资产达到预定可使用或可销售状态之前所发生的可直接归属于该资产的税金及其他成本
    - 重组债权按账面价值结转
    - 两者差额计入当期损益
    - 混合方式:将受让资产入账价值总额按公允价值比例在多项资产中分配

项目八 或有事项

学习目标

知识目标
◎ 理解或有事项的概念和特征
◎ 理解或有负债和或有资产及其转化
◎ 理解预计负债的概念和确认原则
◎ 掌握预计负债的确认、计量和披露的要求

能力目标
◎ 能够正确进行或有事项的分析判断
◎ 能够正确进行预计负债的会计核算

飞科电器未决诉讼案

◎ 引导案例

2014年7月,上海飞科电器股份有限公司(以下简称"飞科电器")进行了预披露,拟在上交所上市,发行不超过5 100万股,发行后总股本不超过4.08亿股,保荐机构为中信证券。在飞科电器积极筹措上市的同时,其与菲利浦的诉讼官司仍然悬而未决。

飞科电器在招股说明书中介绍,2012年8月,皇家菲利浦向深圳市中级人民法院递交民事诉讼状,起诉子公司飞科有限、子公司浙江飞科及公司经销商深圳市新发利电子贸易有限公司侵犯原告95190642.9号发明专利。

皇家菲利浦的诉讼请求主要有四项:一、判令浙江飞科和飞科有限立即停止侵犯原告95190642.9号发明专利,包括但不限于停止制造、销售(包括出口)、许诺销售侵犯原告专

利的剃须产品,并销毁专门用于生产侵权产品的设备和模具,以及销毁所有库存侵权产品;二、判令浙江飞科、飞科有限就其侵权行为,共同连带向原告支付侵权赔偿金,以及原告为制止侵权行为所支付的合理费用支出,共计入民币100万元;三、判令深圳市新发利电子贸易有限公司立即停止销售侵犯原告95190642.9号发明专利的剃须产品;四、判令浙江飞科、飞科有限、深圳市新发利电子贸易有限公司承担案件全部诉讼费用。

招股说明书中称,截至2014年3月31日,案件正在审理之中。飞科电器表示,一旦公司在本案中败诉,皇家菲利浦的上述诉讼请求可能会被法院支持,公司将因此承担赔偿责任。

国家知识产权局资料显示,涉诉专利为皇家菲利浦1999年12月22日获得正式授权的"剃须器"发明专利,保护期至2015年7月12日。

在证监会发布的《首次公开发行股票并上市管理办法》中明确规定,发行人不得有一系列影响持续营利能力的情形,其中就包括"发行人在用的商标、专利、专有技术以及特许经营权等重要资产或技术的取得或者使用存在重大不利变化的风险"。

飞科电器目前的情况与上述规定中的条款完全符合,在这种情况下,其上市之路恐遭延缓。这样的事情已有先例,北玻股份(002613.SZ)第一次申请IPO时,即因专利纠纷而被迫推迟上市,当时北玻股份的国外竞争对手Tamglass公司分别在英国和加拿大对其进行专利诉讼。

(资料来源:飞科电器:专利诉讼未决难上市,证券网,2014.7.11.有删改)

本案例中的未决诉讼就是一种或有事项,那么或有事项还有哪些常见的类型?为什么或有事项对企业会有这样重大的影响?应该怎样对或有事项进行会计处理?本项目将帮助您找到答案。

任务一 认识或有事项

一、或有事项的概念和特征

(一)或有事项的概念

或有事项,是指过去的交易或者事项形成的,其结果须由某些未来事项的发生或不发生才能决定的不确定事项。常见的或有事项包括:未决诉讼或未决仲裁、债务担保、产品质量保证(含产品安全保证)、亏损合同、重组义务、环境污染治理等。需要说明的是,只有在一个时间节点上才有过去和未来的概念区分,判断或有事项的时间节点就是资产负债表日。

比如企业作为原告或被告正在参与的诉讼案件,如果败诉将承担一定的赔偿支出。至于赔偿是否发生以及发生的金额是多少,取决于未来法院的裁决。按照权责发生制的要求,企业不能等法院裁决败诉时才确认相应的赔偿费用,而应当在资产负债表日对这一不确定事项做出判断,以决定是否在当期确认可能承担的赔偿义务。

又如企业对商品提供产品质量保证,承诺在商品发生质量问题时由企业无偿提供修理服务,从而会发生一些费用。至于这笔费用是否发生以及发生金额是多少,取决于未来是否发生修理请求以及修理工作量的多少等。按照权责发生制的要求,企业不能等到客户提出修理请求时,才确认因提供产品质量保证而发生的义务,而应当在资产负债表日对这一不确定事项做出判断,以决定是否在当期确认可能承担的修理义务。

(二)或有事项的特征

1. 或有事项是由过去的交易或者事项形成的

或有事项作为一种不确定事项,是由企业过去的交易或者事项形成的。由过去的交易或者事项形成,是指或有事项的现存状况是过去交易或者事项引起的客观存在。例如,产品质量保证是企业对已售商品或已提供劳务的质量提供的保证,不是为尚未出售商品或尚未提供劳务的质量提供的保证。基于这一特征,未来可能发生的自然灾害、交通事故、经营亏损等事项,都不属于或有事项。

2. 或有事项的结果具有不确定性

或有事项的结果具有不确定性,包含以下两种含义:

首先,或有事项的结果是否发生具有不确定性。例如,债务的担保方在债务到期时是否承担和履行连带责任,需要根据被担保方能否按时还款决定,其结果在担保协议达成时具有不确定性。

其次,或有事项的结果预计将会发生,但发生的具体时间或金额具有不确定性。例如,某企业因生产过程中排污治理不力并对周围环境造成污染而被起诉,如无特殊情况,该企业很可能败诉。但是,在诉讼成立时,该企业因败诉将支出多少金额,或者何时将发生些支出,这些是难以确定的。

3. 或有事项的结果须由未来事项决定

由未来事项决定,是指或有事项的结果只能由未来不确定事项的发生或不发生来决定。或有事项发生时,会对企业产生有利影响还是不利影响,或虽已知是有利影响或不利影响,但影响有多大,在或有事项发生时是难以确定的。这种不确定性的消失,只能由未来不确定事项的发生或不发生来证实。例如,未决诉讼只能等到人民法院判决才能决定其结果。

虽然或有事项与不确定性事项有关系,但会计处理过程中存在不确定性的事项并不都是或有事项,企业应当按照或有事项的定义和特征进行判断。例如,对固定资产计提折旧,虽然也涉及对固定资产预计净残值和使用寿命进行分析和判断,带有一定的不确定性,但是,固定资产折旧是已经发生的损耗,固定资产的原值是确定的,其价值最终会转移到成本或费用中,这也是确定的,即该事项的结果是确定的,因此,对固定资产计提折旧不属于或有事项。

> 想一想：会计处理中还有哪些属于不确定性的事项但不属于或有事项的？

二、或有负债和或有资产

或有事项的结果可能会产生负债（含预计负债）、资产、或有负债或者或有资产。其中，预计负债属于负债的范畴，符合负债的条件，应予以确认。随着某些未来事项的发生或者不发生，或有负债可能转化为企业的负债（含预计负债）或者消失；或有资产也有可能形成企业的资产或者消失。

（一）或有负债

1. 或有负债的概念

或有负债，是指过去的交易或事项形成的潜在义务，其存在须通过未来不确定事项的发生或不发生予以证实；或过去的交易或事项形成的现时义务，履行该义务不是很可能导致经济利益流出企业或该义务的金额不能可靠计量。

或有负债涉及两类义务：一类是潜在义务，另一类是现时义务。

(1) 潜在义务，是指结果取决于不确定未来事项的可能义务。也就是说，潜在义务最终是否转变为现时义务，由某些未来不确定事项的发生或不发生来决定。

(2) 现时义务，是指企业在现行条件下已承担的义务，该现时义务的履行不是很可能导致经济利益流出企业，或者该现时义务的金额不能可靠地计量。其中："不是很可能导致经济利益流出企业"，是指现时义务导致经济利益流出企业的可能性不超过50%（含50%）。"金额不能可靠地计量"，是指该现时义务导致经济利益流出企业的"金额"难以合理预计，现时义务履行的结果具有较大的不确定性。

2. 或有负债的披露

或有负债无论是潜在义务还是现实义务，均不符合负债的确认条件，因而不能在报表中予以确认，但应按相关规定在财务报表附注中披露。或有负债在会计报表附注中披露的信息，一般包括以下内容：

(1) 或有负债的种类及其形成原因。
(2) 经济利益流出不确定性的说明。
(3) 或有负债预计产生的财务影响，以及获得补偿的可能性；无法预计的，应当说明原因。

在涉及未决诉讼、未决仲裁的情况下，如果披露全部或部分信息预期对企业会造成重大不利影响，企业无须披露这些信息，但应当披露该未决诉讼、未决仲裁的性质，以及没有披露这些信息的事实和原因。

例题 8-1 20×0年5月10日，甲公司的子公司A公司从银行取得借款80 000 000元人民币，期限2年，由甲公司全额担保；20×1年6月1日，B公司从银行取得借款50 000 000元人民币，期限为3年，由甲公司全额担保；20×2年7月1日，C公司从银行取得借款20 000 000美元，期限5年，由甲公司担保60%。

截至20×2年12月31日的情况如下：A公司的银行借款逾期未还，银行已起诉甲公司和A公司，A公司很可能履行连带责任，造成损失，但目前还难以预计损失金额；B公司经营状况良好，不存在还款困难，要求甲公司履行连带责任的可能性极小；C公司受政策不利影响，可能不能偿还到期美元债务，甲公司可能履行连带责任。

本例中，由于担保合同的签订，甲公司承担了现实义务，但对A公司的担保事项承担义务的金额不能可靠计量，对B公司和C公司担保事项不是很可能导致经济利益流出企业。因此，这三个债务担保事项都是或有事项，产生或有负债，不能在财务报表中确认，甲公司应在20×2年12月31日的财务报表附注中做如下披露，见表8-1。

表 8-1　　　　　　　　　　　　　甲公司担保情况表

被担保单位	担保金额	财务影响
A公司	担保金额80 000 000元人民币，2015年5月10日到期	A公司的银行借款已逾期。贷款银行已起诉A公司和本公司，由于对A公司该笔借款提供全额担保，预期诉讼结果将给本公司的财务造成重大不利影响，损失金额目前难以估计
B公司	担保金额50 000 000元人民币，2017年6月1日到期	B公司目前经营良好，预期不存在还款困难，因此对B公司的担保极小可能会给本公司造成不利影响，损失金额目前难以估计
C公司	担保金额20 000 000美元，2019年6月30日到期	C公司受政策影响，本年度效益不如以往，可能不能偿还到期美元贷款，本公司可能因此承担相应的连带责任，进而发生损失，损失金额目前难以估计

3.或有负债的转化

随着时间的推移和事态的进展，或有负债对应的潜在义务可能转化为现实义务，原来不是很可能导致经济利益流出的现实义务也可能被证实将很可能导致企业流出经济利益，并且现实义务的金额也能够可靠计量。企业应当对或有负债相关义务进行评估、分析判断其是否符合预计负债确认条件。如符合预计负债确认条件，应将其确认为负债。当然，随着时间的推移和事态的进展，或有负债所对应的义务也可能消失。

（二）或有资产

1.或有资产的概念

或有资产，是指过去的交易或者事项形成的潜在资产，其存在须通过未来不确定事项的发生或不发生予以证实。

2.或有资产的披露

正如或有负债不符合负债确认条件一样，或有资产也不符合资产确认条件，因而也不能在报表中确认。企业通常不应当披露或有资产，只有在或有资产很可能给企业带来经济利益时，才应当在财务报表附注中披露其形成的原因、预计产生的财务影响等。

> 想一想：为什么只要判断为或有负债，无论发生的可能性有多大，都要在财务报表附注中披露，而或有资产只有在很可能给企业带来经济利益时才披露？

3.或有资产的转化

或有资产作为一种潜在资产,其结果具有较大的不确定性,只有随着经济情况的变化,通过某些未来不确定事项的发生或不发生才能证实其是否会形成企业真正的资产。如基本确定可以收到,应将其予以确认。例如,甲企业状告乙企业侵犯其自行开发研制的知识产权,并将乙企业告上法庭,截至资产负债表日法院尚未对其公开审理,甲企业是否胜诉尚难判断。对甲企业而言,将来可能胜诉而获得赔偿属于一项或有资产,但这项或有资产是否转化为真正的资产,要由法院的判决结果决定。如果终审判决甲企业胜诉,这项或有资产就转化为甲企业的一项资产。如果终审判决甲企业败诉,这项或有资产就消失了。

课堂能力训练

下列各项中,正确的有(　　)。
A.或有负债只能是潜在义务
B.或有事项必然形成或有负债
C.或有事项的结果可能会产生预计负债、或有负债或者或有资产
D.或有资产是指过去的交易或者事项形成的潜在资产,不能确认资产

任务二
或有事项的确认和计量

或有事项的确认和计量通常是指预计负债的确认和计量。或有事项符合确认资产条件时,也应对其确认和计量。

一、预计负债的确认

与或有事项有关的义务应当在同时符合以下三个条件时,作为预计负债进行确认和计量:(1)该义务是企业承担的现时义务;(2)履行该义务很可能导致经济利益流出企业;(3)该义务的金额能够可靠地计量。

(一)该义务是企业承担的现实义务

该义务是企业承担的现时义务,是指与或有事项相关的义务是在企业当前条件下已承担的义务,企业没有其他现实的选择,只能履行该现时义务。这里所指的义务包括法定义务和推定义务。

法定义务,是指因合同、法规或其他司法解释等产生的义务,通常即企业在经济管理和经济协调中,依照经济法律、法规的规定必须履行的责任。比如,企业与其他企业签订购货合同产生的义务就属于法定义务。

推定义务,是指因企业的特定行为而产生的义务。企业的"特定行为",泛指企业以往的习惯做法、已公开的承诺或已公开宣布的经营政策。并且,由于以往的习惯做法,或通过这些承诺或公开的声明,企业向外界表明了它将承担特定的责任,从而使受影响的各方形成了其将履行那些责任的合理预期。例如,甲公司是一家化工企业,因扩大经营规模,到 A 国创办了一家分公司。假定 A 国尚未针对甲公司这类企业的生产经营可能产生的环境污染制定相关法律,因而甲公司的分公司对在 A 国生产经营可能产生的环境污染不承担法定义务。但是,甲公司为在 A 国树立良好的形象,自行向社会公告,宣称将对生产经营可能产生的环境污染进行治理,甲公司的分公司为此承担的义务就属于推定义务。

(二)履行该义务很可能导致经济利益流出企业

履行该义务很可能导致经济利益流出企业,是指履行与或有事项相关的现时义务时,导致经济利益流出企业的可能性超过50%,但尚未达到基本确定的程度。企业通常可以结合下列情况判断经济利益流出的可能性,见表 8-2。

表 8-2　　　　　　　　经济利益流出企业可能性的判断标准

结果的可能性	对应的概率区间
基本确定	大于95%但小于100%
很可能	大于50%但小于或等于95%
可能	大于5%但小于或等于50%
极小可能	大于0但小于或等于5%

企业因或有事项承担了现时义务,并不说明该现时义务很可能导致经济利益流出企业。例如,2014 年 5 月 1 日,甲企业与乙企业签订协议,承诺为乙企业的 2 年期银行借款提供全额担保。对于甲企业而言,由于该担保事项而承担了一项现时义务,但这项义务的履行是否很可能导致经济利益流出企业,需依据乙企业的经营情况和财务状况等因素加以确定。假定 2014 年年末,乙企业的财务状况恶化,且没有迹象表明可能发生好转。此种情况出现,表明乙企业很可能违约,从而甲企业履行承担的现时义务将很可能导致经济利益流出企业。反之,如果乙企业财务状况良好,一般可以认定乙企业不会违约,从而甲企业履行承担的现时义务不是很可能导致经济利益流出。

(三)该义务的金额能够可靠地计量

该义务的金额能够可靠地计量,是指该义务的金额能够可靠地计量,即或有事项相关的现时义务的金额能够合理地估计。

由于或有事项具有不确定性,因或有事项产生的现时义务的金额也具有不确定性,需要估计。要对或有事项确认一项预计负债,相关现时义务的金额应当能够可靠估计。只有在其金额能够可靠地估计,并同时满足其他两个条件时,企业才能加以确认。

或有事项在资产负债表日各种可能判断的结果及会计确认规则如图 8-1 所示。

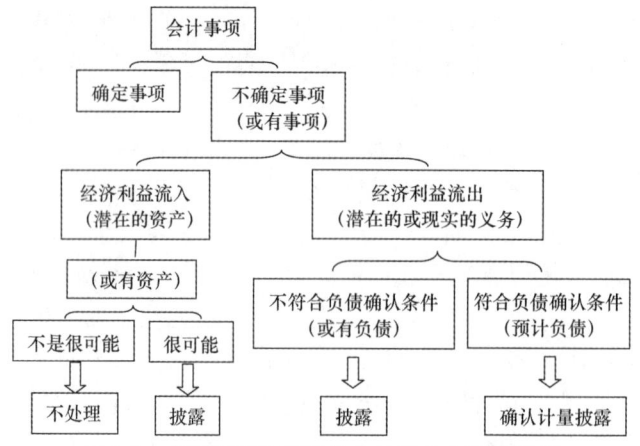

图 8-1 或有事项的结果及会计确认规则示意图

二、预计负债的计量

预计负债的计量主要涉及两个方面：一是最佳估计数的确定；二是预期可获得补偿的处理。

(一)最佳估计数的确定

预计负债应当按照履行相关现时义务所需支出的最佳估计数进行初始计量。最佳估计数的确定应当分别两种情况处理：

(1)所需支出存在一个连续范围，且该范围内各种结果发生的可能性相同，则最佳估计数应当按照该范围内的中间值，即上下限金额的平均数确定。

例题 8-2 20×0 年 12 月 1 日，甲公司因合同违约而被乙公司起诉。20×0 年 12 月 31 日，甲公司尚未接到人民法院的判决。甲公司预计，最终的法律判决很可能对公司不利。假定预计将要支付的赔偿金额为 600 000～800 000 元，而且这个区间内每个金额的可能性都大致相同。

在这种情况下，甲公司应在 20×0 年 12 月 31 日的资产负债表中确认一项预计负债，金额为(600 000＋800 000)÷2 ＝ 700 000(元)。

甲公司编制会计分录如下：

借：营业外支出——赔偿支出　　　　　　　　　　　　700 000
　　贷：预计负债——未决诉讼　　　　　　　　　　　　　　700 000

(2)所需支出不存在一个连续范围，或者虽然存在一个连续范围，但该范围内各种结果发生的可能性不相同。在这种情况下，最佳估计数按照如下方法确定：

①如果或有事项涉及单个项目，最佳估计数按照最可能发生金额确定。"涉及单个项目"指或有事项涉及的项目只有一个，如一项未决诉讼、一项未决仲裁或一项债务担保等。

例题 8-3　20×0 年 10 月 2 日,甲公司涉及一起诉讼案。20×0 年 12 月 31 日,甲公司尚未接到人民法院的判决。在咨询了公司的法律顾问后甲公司认为:胜诉的可能性为 40%,败诉的可能性为 60%;如果败诉,有 70% 的可能性需要赔偿 100 000 元,有 30% 的可能性需要赔偿 150 000 元。

在这种情况下,甲公司应在 20×0 年 12 月 31 日资产负债表中确认预计负债,确认的金额应为最可能发生的金额,即发生可能性有 70% 的 100 000 元。

甲公司编制会计分录如下:

借:营业外支出——赔偿支出　　　　　　　　　　　　　　　　　　　100 000
　　贷:预计负债——未决诉讼　　　　　　　　　　　　　　　　　　　　100 000

②如果或有事项涉及多个项目,最佳估计数按照各种可能结果及相关概率加权计算确定。"涉及多个项目"指或有事项涉及的项目不止一个,如产品质量保证。在产品质量保证中,提出产品保修要求的可能有许多客户,相应地,企业对这些客户负有保修义务。

例题 8-4　甲公司是生产并销售 A 产品的企业,20×0 年第一季度共销售 A 产品 30 000 件,销售收入为 180 000 000 元。根据公司的产品质量保证条款,该产品售出后一年内,如发生正常质量问题,公司将负责免费维修。根据以前年度的维修记录,如果发生较小的质量问题,发生的维修费用为销售收入的 1‰;如果发生较大的质量问题,发生的维修费用为销售收入的 2‰。根据公司质量部门的预测,本季度销售的产品中,80% 不会发生质量问题;15% 可能发生较小质量问题;5% 可能发生较大质量问题。

根据上述资料,20×0 年第一季度末甲公司应确认的预计负债金额为:
180 000 000×(0×80%+1‰×15%+2‰×5%) = 450 000(元)

甲公司编制会计分录如下:

借:销售费用——产品质量保证　　　　　　　　　　　　　　　　　　450 000
　　贷:预计负债——产品质量保证　　　　　　　　　　　　　　　　　　450 000

(二)预期可获得补偿的处理

如果企业清偿因或有事项而确认的负债所需支出预期全部或部分由第三方或其他方补偿,则此补偿金额只有在基本确定能收到时,才能作为资产单独确认,确认的补偿金额不能超过所确认负债的账面价值。根据资产和负债不能随意抵销的原则,预期可获得的补偿在基本确定能够收到时应当确认为一项资产,而不能作为预计负债金额的抵减。

预期可能获得补偿的情况通常有:发生交通事故等情况时,企业通常可从保险公司获得合理的赔偿;在某些索赔诉讼中,企业可对索赔人或第三方另行提出赔偿要求;在债务担保业务中,企业在履行担保义务的同时,通常可向被担保企业提出追偿要求。

补偿金额的确认涉及两个方面问题:一是确认时间,补偿只有在"基本确定"能够收到时才予以确认;二是确认金额,确认的金额是基本确定能够收到的金额,而且不能超过相关预计负债的金额。

例题 8-5 20×0年12月31日,甲公司因一项因产品质量而导致的人身伤害索赔诉讼案件而确认了一笔金额为500 000元的预计负债;同时,甲公司因该或有事项基本确定可从乙保险公司获得200 000元的赔偿。

本例中,甲公司应分别确认一项金额为500 000元的预计负债和一项金额为200 000元的资产,而不能确认一项金额为300 000(500 000－200 000)元的预计负债。同时,甲公司所确认的补偿金额200 000元不能超过所确认的负债的账面价值500 000元。

甲公司编制会计分录如下:

借:营业外支出　　　　　　　　　　　　　　　　　　　　300 000
　　其他应收款——乙保险公司　　　　　　　　　　　　　200 000
　贷:预计负债　　　　　　　　　　　　　　　　　　　　　500 000

例题 8-6 沿用例题8-5,假如甲公司因该或有事项基本确定可从乙保险公司获得600 000元的赔偿。因为甲公司确认的补偿金额不能超过所确认的负债的账面价值500 000元,所以甲公司只能确认其他应收款500 000元。

甲公司编制会计分录如下:

借:其他应收款——乙保险公司　　　　　　　　　　　　　500 000
　贷:预计负债　　　　　　　　　　　　　　　　　　　　　500 000

例题 8-7 沿用例题8-5,假如甲公司因该或有事项很可能从乙保险公司获得200 000元的赔偿。由于甲公司得到补偿的可能性并没有"基本确定",而只是"很可能",所以这笔补偿金额是不能确认的。

甲公司编制会计分录如下:

借:营业外支出　　　　　　　　　　　　　　　　　　　　500 000
　贷:预计负债　　　　　　　　　　　　　　　　　　　　　500 000

课堂能力训练

甲公司于20×0年10月被乙公司起诉,称甲公司侵犯了乙公司的软件版权,要求甲公司予以赔偿,赔偿金额为8 000 000元。在应诉过程中,甲公司发现诉讼所涉及的软件主体部分是有偿委托丙公司开发的。如果这套软件确有侵权问题,丙公司应当承担连带责任,对甲公司予以赔偿。甲公司在年末编制会计报表时,根据法律诉讼的进展情况以及律师的意见,认为对乙公司予以赔偿的可能性为70%,发生的赔偿金额为4 000 000元至6 000 000元之间的某一金额,而且这个区间内每个金额的可能性都大致相同;从丙公司获得的补偿基本可以确定,最有可能获得的赔偿金额为5 500 000元。

要求:帮助甲公司进行相关会计处理。

(三)预计负债的计量需要考虑的其他因素

1.风险和不确定性

企业在确定最佳估计数时应当综合考虑与或有事项有关的风险、不确定性、货币时间价值和未来事项等因素。风险是对交易或者事项结果的变化可能性的一种描述。风险的变动可能增加负债计量的金额。企业在不确定的情况下进行判断时需要谨慎，使得收入或资产不会被高估，费用或负债不会被低估。但是，不确定性并不说明应当确认过多的预计负债和故意夸大支出或费用。

2.货币时间价值

预计负债的金额通常应当等于未来应支付的金额。但是，如果预计负债的确认时点距离实际清偿有较长的时间跨度，货币时间价值的影响重大，那么在确定预计负债的确认金额时，应考虑采用现值计量，即通过对相关未来现金流出进行折现后确认最佳估计数。例如，油气井或核电站的弃置费用等，应按照未来应支付金额的现值确定。确定预计负债的金额不应考虑预期处置相关资产形成的利得。

3.未来事项

企业应当考虑可能影响履行现时义务所需金额的相关未来事项。也就是说，对于这些未来事项，如果有足够的客观证据表明它们将发生，如未来技术进步、相关法规出台等，则应当在预计负债计量中予以考虑。

预期的未来事项可能对预计负债的计量较为重要。例如，某核电企业预计在生产结束时处理核废料的费用将因未来技术的变化而显著降低，那么，该企业因此确认的预计负债金额应当反映有关专家对技术发展以及处理费用减少做出的合理预测。但是，这种预计需要取得确凿的证据予以支持。

4.资产负债表日对预计负债账面价值的复核

企业应当在资产负债表日对预计负债的账面价值进行复核。有确凿证据表明该账面价值不能真实反映当前最佳估计数的，应当按照当前最佳估计数对该账面价值进行调整。例如，某化工企业对环境造成了污染，按照当时的法律规定，只需要对污染进行清理。随着国家对环境保护越来越重视，按照现在的法律规定，该企业不但需要对污染进行清理，还很可能要对居民进行赔偿。这种法律要求的变化，会对企业预计负债的计量产生影响。企业应当在资产负债表日对为此确认的预计负债金额进行复核，相关因素发生变化表明预计负债金额不再能反映真实情况时，需要按照当前情况下企业清理和赔偿支出的最佳估计数对预计负债的账面价值进行相应的调整。

三、预计负债的披露

预计负债应在资产负债表中与其他负债项目区别开来，单独反映。在会计报表附注中应披露以下内容：

(1)预计负债的种类、形成原因以及经济利益流出不确定性的说明。

(2)各类预计负债的期初、期末余额和本期变动情况。

(3)与预计负债有关的预期补偿金额和本期已确认的预期补偿金额。

四、预计负债的会计处理

当企业发生预计负债时,需要设置"预计负债"账户进行核算。"预计负债"账户核算企业确认的未决诉讼或未决仲裁、债务担保、产品质量保证、亏损合同、重组义务等预计负债。预计负债按照形成预计负债的交易或事项进行明细核算。

企业对外提供担保、未决诉讼、重组义务产生的预计负债,应按确定的金额,借记"营业外支出"科目,贷记"预计负债"科目;由产品质量保证产生的预计负债,应按确定的金额,借记"销售费用"科目,贷记"预计负债"科目;由资产弃置义务产生的预计负债,应按确定的金额,借记"固定资产"或"油气资产"等科目,贷记"预计负债"科目,在固定资产或油气资产的使用寿命内,按计算确定各期应负担的利息费用,借记"财务费用"科目,贷记"预计负债"科目。

当企业实际清偿或冲减预计负债时,应借记"预计负债"科目,贷记"银行存款"等科目。"预计负债"科目期末贷方余额反映企业已确认但尚未支付的预计负债。

任务三 或有事项会计处理原则的应用

一、未决诉讼或未决仲裁

诉讼,是指当事人不能通过协商解决争议,因而在人民法院起诉、应诉,请求人民法院通过审判程序解决纠纷的活动。诉讼尚未裁决之前,对被告者来说,可能形成一项或有负债或者预计负债;对原告来说,则可能形成一项或有资产。

仲裁,是指经济法的各方当事人依照事先约定或事后达成的书面仲裁协议,共同选定仲裁机构并由其对争议依法做出具有约束力裁决的一种活动。作为当事人一方,仲裁的结果在仲裁决定公布以前是不确定的,会形成一项潜在义务或现时义务,或者潜在资产。

◎ **典型案例**

情景与背景:甲公司20×2年度发生的有关交易或事项如下:

(1)20×2年10月1日有一笔已到期的银行贷款本金8 000 000元,利息1 000 000元,甲公司具有还款能力,但因与乙银行存在其他经济纠纷而未按时归还乙银行的贷款,20×2年12月1日,乙银行向人民法院提起诉讼。截至20×2年12月31日,人民法院尚未对案件进行审理。甲公司法律顾问认为败诉的可能性为60%，预计将要支付的罚息、诉讼费用为800 000~1 000 000元，其中诉讼费为50 000元。

（2）20×0年10月6日，甲公司委托银行向丙公司贷款60 000 000元，由于经营困难，20×2年10月6日贷款到期时丙公司无力偿还贷款，甲公司依法起诉丙公司，20×2年12月6日，人民法院一审判决甲公司胜诉，责成丙公司向甲公司偿付贷款本息70 000 000元，并支付罚息及其他费用6 000 000元，两项合计76 000 000元，但由于种种原因，丙公司未履行判决，直到20×2年12月31日，甲公司尚未采取进一步的行动。

要求： 对甲公司对上述事项进行会计处理，并在财务报表附注中披露。

案例分析：

甲公司的会计处理如下：

（1）甲公司败诉的可能性为60%，即很可能败诉，则甲公司应在20×2年12月31日确认预计负债金额为(800 000+1 000 000)÷2=900 000(元)。

借：管理费用——诉讼费　　　　　　　　　　　　　　50 000
　　营业外支出——罚息支出　　　　　　　　　　　　850 000
　　贷：预计负债——未决诉讼　　　　　　　　　　　　　　900 000

甲公司应在20×2年12月31日的财务报表附注中做如下披露：

本公司欠乙银行贷款于20×2年10月1日到期，到期本金和利息合计11 500 000元，由于与乙银行存在其他经济纠纷，故本公司尚未偿还上述借款本金和利息，为此，乙银行起诉本公司，除要求本公司偿还本金和利息外，还要求支付罚息等费用。由于以上情况，本公司在20×2年12月31日确认了一项预计负债900 000元。目前，此案正在审理中。

（2）虽然一审判决甲公司胜诉，将很可能从丙公司收回委托贷款本金、利息及罚息，但是由于丙公司本身经营困难，该款项是否能全额收回存在较大的不确定性，因此甲公司20×2年12月31日不应确认资产，但应考虑该项委托贷款的减值问题。

A公司应在20×2年12月31日的财务报表附注中做如下披露：

本公司于20×0年10月6日委托银行向丙公司贷款60 000 000元，丙公司逾期未还，为此本公司依法向人民法院起诉丙公司。20×2年12月6日，一审判决本公司胜诉，并可从丙公司索偿款项76 000 000元，其中贷款本金60 000 000元、利息10 000 000元以及罚息等其他费用6 000 000元。截至20×2年12月31日，丙公司未履行判决，本公司也未采取进一步的措施。

二、债务担保

债务担保在企业中是较为普遍的现象。作为提供担保的一方，在被担保方无法履行合同的情况下，常常承担连带责任。从保护投资者、债权人的利益出发，客观、充分地反映企业因担保义务而承担的潜在风险是十分必要的。

企业对外提供债务担保常常会涉及未决诉讼，这时可以分别以下情况进行处理：

（1）企业已被判决败诉，则应当按照人民法院判决的应承担的损失金额，确认为负债，并计入当期营业外支出。

（2）已判决败诉，但企业正在上诉，或者经上一级人民法院裁定暂缓执行，或者由上一级人民法院发回重审等，企业应当在资产负债表日，根据已有判决结果合理估计可能产生的损失金额，确认为预计负债，并计入当期营业外支出。

（3）人民法院尚未判决的，企业应向其律师或法律顾问等咨询，估计败诉的可能性，以及败诉后可能发生的损失金额，并取得有关书面意见。如果败诉的可能性大于胜诉的可能性，并且损失金额能够合理估计的，应当在资产负债表日将预计担保损失金额确认为预计负债，并计入当期营业外支出。

◎ 典型案例

情景与背景： 20×0年10月，乙公司从银行取得借款20 000 000元，期限2年，年利率7.2%，由甲公司全额担保。截至20×2年12月31日，乙公司取得的银行借款逾期未还，银行已起诉乙公司和甲公司。甲公司很可能须履行连带责任，甲公司不仅须替乙公司偿还借款本金和利息共计22 880 000元，还要支付罚息等费用，罚息估计为400 000~480 000元。

要求： 对甲公司对上述事项进行会计处理，并在财务报表附注中披露。

案例分析：

甲公司的会计处理如下：

甲公司应确认预计负债22 880 000＋(400 000＋480 000)÷2＝23 320 000(元)

借：营业外支出——担保赔偿损失　　　　　　22 880 000
　　　　　　　　——罚息支出　　　　　　　　　440 000
　　贷：预计负债——债务担保　　　　　　　　　23 320 000

甲公司应在20×2年12月31日的财务报表附注中做如下披露：

20×0年10月，乙公司从银行取得借款20 000 000元，期限2年，本公司为其提供全额担保。该笔借款于20×2年10月到期，乙公司逾期不能偿还借款本息。出借银行已起诉乙公司和本公司。由于对乙公司债务进行全额担保，本公司除要偿还本金和利息外，还要支付罚息等费用。因此，本公司在20×2年12月31日确认一项负债23 320 000元。目前，此案正在审理中。

课堂能力训练

甲公司为乙公司提供担保的某项银行借款于20×2年10月到期。该借款系由乙公司于20×0年10月从银行借入，甲公司为乙公司此项借款本息提供了60%的担保。乙公司借入的款项至到期日应偿付本息为11 500 000元。由于乙公司出现经营困难而无力偿还到期债务，债权银行向法院提起诉讼，要求乙公司及为其提供担保的甲公司偿还借款本息并承担相关的诉讼费用100 000元。至20×2年12月31日，法院尚未做出判决，甲公司预计很可能承担此项债务。20×3年3月5日，法院做出一审判决，甲公司须为乙公司偿还借款本息的60%并承担相关的诉讼费用，甲公司不再上诉并支付相关担保款。

要求： 帮助甲公司进行相关会计处理。

三、产品质量保证

产品质量保证,通常指销售商或制造商在销售产品或提供劳务后,对客户提供服务的一种承诺。在约定期内(或终身保修),若产品或劳务在正常使用过程中出现质量或与之相关的其他属于正常范围的问题,企业负有更换产品、免费或只收成本价进行修理等责任。按照权责发生制的要求,上述相关支出符合确认条件就应在收入实现时确认相关预计负债。

◎ 典型案例

情景与背景:甲公司为某大型设备生产和销售企业。甲公司对购买其设备的消费者做出承诺:设备售出后3年内如出现非意外事件造成的故障和质量问题,甲公司免费负责保修(含零配件更换)。甲公司20×1年第1季度、第2季度、第3季度、第4季度分别销售设备400台、600台、800台和700台,每台售价为50 000元。根据以往的经验,设备发生的保修费一般为销售额的1%~1.5%。甲公司20×1年四个季度实际发生的维修费用分别为40 000元、400 000元、360 000元和700 000元(假定用银行存款支付50%,另外50%为耗用的原材料)。假定20×0年12月31日,"预计负债——产品质量保证"科目年末余额为240 000元。

要求:对甲公司上述事项进行会计处理,并在财务报表附注中披露。

案例分析:

甲公司的会计处理如下:

(1)第1季度:发生产品质量保证费用(维修费)

借:预计负债——产品质量保证　　　　　　　　　　　　　　　　　　　40 000
　　贷:银行存款　　　　　　　　　　　　　　　　　　　　　　　　　　20 000
　　　　原材料　　　　　　　　　　　　　　　　　　　　　　　　　　　20 000

应确认的产品质量保证负债金额=400×50 000×(1%+1.5%)÷2=250 000(元)

借:销售费用——产品质量保证　　　　　　　　　　　　　　　　　　　250 000
　　贷:预计负债——产品质量保证　　　　　　　　　　　　　　　　　　250 000

第1季度末,"预计负债——产品质量保证"科目余额=240 000-40 000+250 000=450 000(元)

(2)第2季度:发生产品质量保证费用(维修费)

借:预计负债——产品质量保证　　　　　　　　　　　　　　　　　　　400 000
　　贷:银行存款　　　　　　　　　　　　　　　　　　　　　　　　　　200 000
　　　　原材料　　　　　　　　　　　　　　　　　　　　　　　　　　　200 000

应确认的产品质量保证负债金额=600×50 000×(1%+1.5%)÷2=375 000(元)

借:销售费用——产品质量保证　　　　　　　　　　　　　　　　　　　375 000
　　贷:预计负债——产品质量保证　　　　　　　　　　　　　　　　　　375 000

第2季度末,"预计负债——产品质量保证"科目余额=450 000-400 000+375 000=425 000(元)

(3) 第3季度:发生产品质量保证费用(维修费)

借:预计负债——产品质量保证　　　　　　　　　　　　　360 000
　　贷:银行存款　　　　　　　　　　　　　　　　　　　180 000
　　　　原材料　　　　　　　　　　　　　　　　　　　　180 000

应确认的产品质量保证负债金额＝800×50 000×(1％＋1.5％)÷2＝500 000(元)

借:销售费用——产品质量保证　　　　　　　　　　　　　500 000
　　贷:预计负债——产品质量保证　　　　　　　　　　　500 000

第3季度末,"预计负债——产品质量保证"科目余额＝425 000－360 000＋500 000＝565 000(元)。

(4) 第4季度:发生产品质量保证费用(维修费)

借:预计负债——产品质量保证　　　　　　　　　　　　　700 000
　　贷:银行存款　　　　　　　　　　　　　　　　　　　350 000
　　　　原材料　　　　　　　　　　　　　　　　　　　　350 000

应确认的产品质量保证负债金额＝700×50 000×(1％＋1.5％)÷2＝437 500(元)

借:销售费用——产品质量保证　　　　　　　　　　　　　437 500
　　贷:预计负债——产品质量保证　　　　　　　　　　　437 500

第4季度末,"预计负债——产品质量保证"科目余额＝565 000－700 000＋437 500＝302 500(元)。

甲公司应在20×1年12月31日的财务报表附注中做如下披露:

本公司是生产销售大型设备的制造企业,本公司对所销售的设备做了如下承诺:设备售出后3年内如出现非意外事件造成的故障和质量问题,甲公司免费负责保修(含零配件更换)。根据以往的经验,设备发生的保修费一般为销售额的1％～1.5％。本企业提取产品质量保证的金额,记入"销售费用——产品质量保证"科目中。本年度实际发生的维修费和企业提取的预计负债的费用,已与企业发生的其他"销售费用"金额合并反映。本年度末,"预计负债"科目余额为302 500元。

在对产品质量保证确认预计负债时,需要注意的是:

第一,如果发现保证费用的实际发生额与预计数相差较大,应及时对预计比例进行调整。

第二,如果企业针对特定批次产品确认预计负债,则在保修期结束时,应将对应的"预计负债——产品质量保证"余额冲销,同时冲销销售费用。

课堂能力训练

甲公司对销售产品承担售后保修,20×0年年初,"预计负债——产品质量保证"科目的余额是100 000元,包含计提的C产品保修费用40 000元。20×0年度使用保修费用70 000元,其中有C产品保修费用30 000元。当年销售A产品1 000 000元,保修费预计为销售额的1.5％,销售B产品800 000元,保修费预计为销售额的2.5％,C产品已不再销售且已售C产品保修期已过。

要求:帮助甲公司进行相关会计处理。

四、亏损合同

亏损合同,是指履行合同义务不可避免会发生的成本超过预期经济利益的合同。企业与其他企业签订的商品销售合同、劳务合同、租赁合同等,均可能变为亏损合同。

企业对亏损合同进行会计处理,需遵循以下原则:

(1)如果与亏损合同相关的义务不需支付任何补偿即可撤销,企业通常就不存在现时义务,不应确认预计负债。

(2)如果与亏损合同相关的义务不可撤销,企业就存在现时义务。在这个前提下,假如资产负债表日尚未存在标的资产,企业就会直接在履行该合同的损失和不履行该合同而需支付的补偿或处罚金中做出有利于企业的选择,也就是选择两者之中较低者作为预计负债的金额。

(3)如果与亏损合同相关的义务不可撤销,企业就存在现时义务。在这个前提下,假如资产负债表日已经存在标的资产,企业依然需要按照前述原则,在损失最小的前提下选择履行合同还是不履行合同。假如选择履行合同,就说明在资产负债表日,企业拥有的存货按合同价计算的可变现净值低于成本,这部分就是存货减值的金额,这时是不需要计提预计负债的;假如选择不履行合同,企业在资产负债表日拥有的存货就需要按照市场价计算可变现净值,再来判断存货是否发生减值,此时需要将因不履行合同而承担的补偿或处罚金确认为预计负债。

对亏损合同的会计处理判断流程如图 8-2 所示:

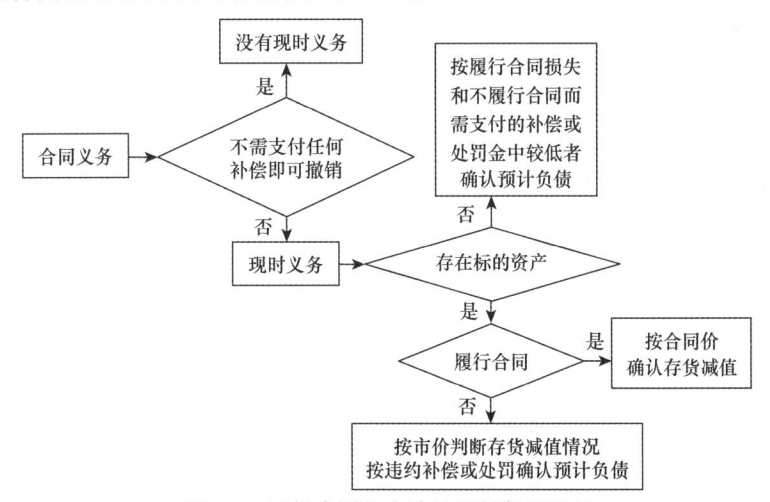

图 8-2 亏损合同的会计处理判断流程图

◎ 典型案例

情景与背景: 甲公司 20×2 年 12 月 10 日与乙公司签订不可撤销合同,约定在 20×3 年 3 月 1 日以每件 200 元的价格向乙公司提供 A 产品 1 000 件,若不能按期交货,将对甲公司处以总价款 20% 的违约金。

(1)假定签订合同时A产品尚未开始生产,甲公司准备生产A产品时,原材料价格突然上涨,预计生产A产品的单位成本将达到210元/件。

(2)假定签订合同时A产品尚未开始生产,甲公司准备生产A产品时,原材料价格突然上涨,预计生产A产品的单位成本将达到270元/件。

(3)假定20×2年12月31日,甲公司已生产出A产品,单位成本为210元/件,A产品的市场价为230元/件。

(4)假定20×2年12月31日,甲公司已生产出A产品,单位成本为270元/件,A产品的市场价为280元/件。

要求:不考虑相关税费,甲公司对上述事项进行会计处理,并在财务报表附注中披露。

案例分析:

甲公司的会计处理如下:

(1)若生产A产品的单位成本为210元/件

履行合同发生的损失=1 000×(210-200)=10 000(元)

不履行合同支付的违约金=1 000×200×20%=40 000(元)

甲公司会选择履行合同,即应确认预计负债10 000元:

借:营业外支出——亏损合同损失	10 000
贷:预计负债——亏损合同损失	10 000

待产品完工后,将已确认的预计负债冲减产品成本:

借:预计负债——亏损合同损失	10 000
贷:库存商品——A产品	10 000

(2)若生产A产品的单位成本为270元/件

履行合同发生的损失=1 000×(270-200)=70 000(元)

不履行合同支付的违约金=1 000×200×20%=40 000(元)

甲公司会选择不履行合同,即应确认预计负债40 000元:

借:营业外支出——亏损合同损失	40 000
贷:预计负债——亏损合同损失	40 000

支付违约金时:

借:预计负债——亏损合同损失	40 000
贷:银行存款	40 000

甲公司应在20×2年12月31日的财务报表附注中做如下披露:

本公司于本年度12月10日与乙公司签订不可撤销合同,合同规定:对本公司不能按期交货的A产品,将对本公司处以总价款20%的违约金。截至本年度末,由于原材料价格突然上涨,预计生产A产品的单位成本将超过合同单价,从而使本公司该项合同转为亏损合同,同时形成一笔预计负债。因此,本公司本年度末已确认"营业外支出"10 000元(40 000元),与"预计负债"科目的金额相等,该项金额已与本公司发生的其他"营业外支出"金额合并反映。

(3)若生产A产品的单位成本为210元/件,参照(1)甲公司会选择履行合同。

A产品可变现净值=1 000×200=200 000(元)

A产品成本＝1 000×210＝210 000（元）

A产品的可变现净值低于成本10 000元，如果之前没有对A产品计提过存货跌价准备，则需要计提10 000元存货跌价准备：

借：资产减值损失　　　　　　　　　　　　　　　　　　　　　　　　10 000
　　贷：存货跌价准备　　　　　　　　　　　　　　　　　　　　　　　　10 000

甲公司应在20×2年12月31日的财务报表附注中做如下披露：

本公司于本年度12月10日与乙公司签订不可撤销合同，合同规定：对于本公司不能按期交货的A产品，将对本公司处以总价款20%的违约金。截至本年度末，由于原材料价格突然上涨，生产A产品的单位成本已超过合同单价，从而使本公司该项合同转为亏损合同。公司因此而对A产品计提了存货跌价准备，确认"资产减值损失"10 000元，该项金额已与本公司发生的其他"资产减值损失"金额合并反映。

（4）若生产A产品的单位成本为270元/件，参照（2）甲公司会选择不履行合同。这时A产品的市场价格是280元/件。

A产品可变现净值＝1 000×280＝280 000（元）

A产品成本＝1 000×270＝270 000（元）

A产品的可变现净值高于成本，如果之前没有对A产品计提过存货跌价准备，则无须调整"存货跌价准备"科目。

同时，因为选择不履行合同，还需要承担违约金，确认预计负债40 000元：

借：营业外支出——亏损合同损失　　　　　　　　　　　　　　　　　40 000
　　贷：预计负债——亏损合同损失　　　　　　　　　　　　　　　　　40 000

甲公司应在20×2年12月31日的财务报表附注中做如下披露：

本公司于本年度12月10日与乙公司签订不可撤销合同，合同规定：对于本公司不能按期交货的A产品，将对本公司处以总价款20%的违约金。截至本年度末，由于原材料价格突然上涨，生产A产品的单位成本已超过合同单价，从而使本公司该项合同转为亏损合同。公司因此确认"营业外支出"40 000元，与"预计负债"科目的金额相等，该项金额已与本公司发生的其他"营业外支出"金额合并反映。

课堂能力训练

20×0年12月1日，甲公司与乙公司签订了一项不可撤销销售合同，约定于20×1年4月1日以5 000 000元的价格向乙公司销售大型机床一台。若不能按期交货，甲公司需按照总价款的10%支付违约金。至20×0年12月31日，甲公司尚未开始生产该机床；由于原料上涨等因素，甲公司预计生产该机床的成本不可避免地升至5 400 000万元。

要求：帮助甲公司进行相关会计处理。

五、重组义务

重组,是指企业制定和控制的,将显著改变企业组织形式、经营范围或经营方式的计划实施行为。属于重组的事项主要包括:(1)出售或终止企业的部分业务;(2)对企业的组织机构进行较大调整;(3)关闭企业的部分营业场所,或将营业活动由一个国家或地区迁移到其他国家或地区。

(一)重组义务的确认

企业因重组而承担了重组义务,并且同时满足预计负债确认条件时,才能确认预计负债。

首先,同时存在下列情况的,表明企业承担了重组义务:(1)有详细、正式的重组计划,包括重组涉及的业务、主要地点、需要补偿的职工人数、预计重组支出、计划实施时间等;(2)该重组计划已对外公告。比如某上市公司董事会决定关闭一个事业部,但董事会尚未将有关决定传达到会受影响的各方,也未采取任何措施实施该项决定,那么该公司就尚未承担重组义务。

其次,需要判断重组义务是否同时满足预计负债的三个确认条件,即判断其承担的重组义务是否是现时义务、履行重组义务是否很可能导致经济利益流出企业、重组义务的金额是否能够可靠计量。只有同时满足这三个确认条件,才能将重组义务确认为预计负债。

(二)重组义务的计量

企业应当按照与重组有关的直接支出确认预计负债金额。其中,直接支出是企业重组必须承担的直接支出。比如因进行重组活动而自愿或强制遣散员工的遣散费、不再使用的厂房的租赁撤销费等。与主体重组之后继续进行的活动有关的支出是不能包含在内的,比如留用职工岗前培训、市场推广、新系统和营销网络投入等支出。因为这些支出与未来经营活动有关,在资产负债表日不是重组义务。

由于企业在计量预计负债时不应当考虑预期处置相关资产的利得,在计量与重组义务相关的预计负债时,也不考虑处置相关资产(如厂房、店面,有时是一个事业部整体)可能形成的利得或损失,即使资产的出售构成重组的一部分也是如此。

课堂能力训练

20×0年11月,甲公司制订了一项业务重组计划,该业务重组计划的主要内容如下:从20×1年1月1日起关闭C生产线,从事C产品生产的员工共60人,除了技术骨干20人留用转入其他部门,其他全部辞退。甲公司将根据被辞退人员的不同情况进行补偿,补偿支出共计2 000 000元。C产品关闭日,因为撤销厂房租赁合同支付违约金200 000元。对剩余20名员工进行再培训共发生支出400 000元。该重组计划已于20×0年12月20日对外公布,截至12月31日尚未实施。

要求:确定甲公司该项重组活动的重组义务金额。

思维导图

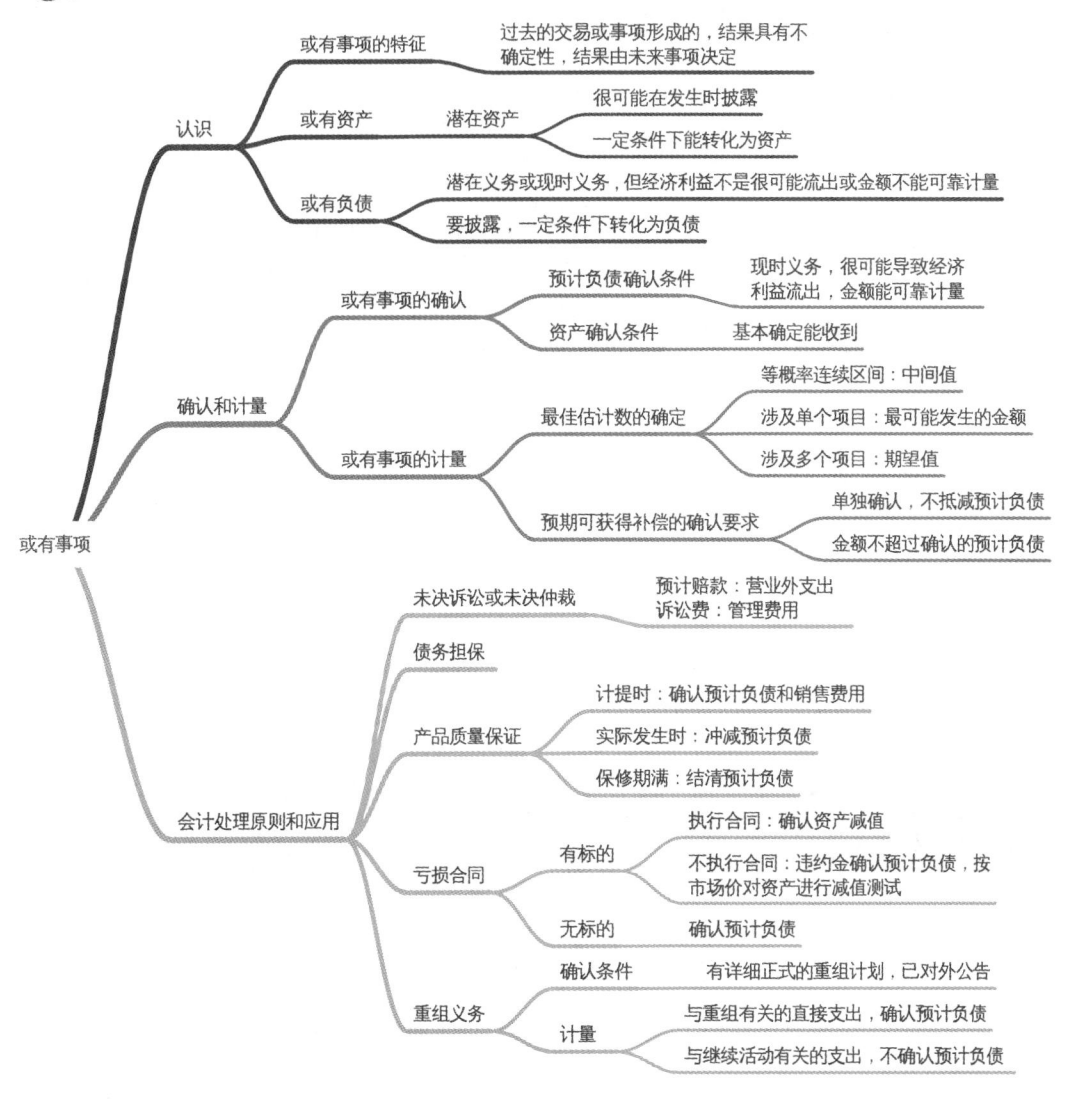

- **或有事项**
  - **认识**
    - 或有事项的特征 — 过去的交易或事项形成的，结果具有不确定性，结果由未来事项决定
    - 或有资产
      - 潜在资产
        - 很可能在发生时披露
        - 一定条件下能转化为资产
    - 或有负债
      - 潜在义务或现时义务，但经济利益不是很可能流出或金额不能可靠计量
      - 要披露，一定条件下转化为负债
  - **确认和计量**
    - 或有事项的确认
      - 预计负债确认条件 — 现时义务，很可能导致经济利益流出，金额能可靠计量
      - 资产确认条件 — 基本确定能收到
    - 或有事项的计量
      - 最佳估计数的确定
        - 等概率连续区间：中间值
        - 涉及单个项目：最可能发生的金额
        - 涉及多个项目：期望值
      - 预期可获得补偿的确认要求
        - 单独确认，不抵减预计负债
        - 金额不超过确认的预计负债
  - **会计处理原则和应用**
    - 未决诉讼或未决仲裁
      - 预计赔款：营业外支出
      - 诉讼费：管理费用
    - 债务担保
    - 产品质量保证
      - 计提时：确认预计负债和销售费用
      - 实际发生时：冲减预计负债
      - 保修期满：结清预计负债
    - 亏损合同
      - 有标的
        - 执行合同：确认资产减值
        - 不执行合同：违约金确认预计负债，按市场价对资产进行减值测试
      - 无标的 — 确认预计负债
    - 重组义务
      - 确认条件 — 有详细正式的重组计划，已对外公告
      - 计量
        - 与重组有关的直接支出，确认预计负债
        - 与继续活动有关的支出，不确认预计负债

项目九 所得税

学习目标

知识目标
◎ 了解会计准则和税法体系的差异及产生的根源
◎ 理解资产负债表债务法的核心要求
◎ 掌握所得税会计处理的程序
◎ 理解资产与负债的计税基础的概念
◎ 理解暂时性差异的四种分类及对企业所得税的影响
◎ 掌握所得税的会计处理方法

能力目标
◎ 能够正确确定资产的计税基础
◎ 能够正确确定负债的计税基础
◎ 能够正确判断资产计税基础与账面价值产生的差异及对所得税的影响
◎ 能够正确判断负债计税基础与账面价值产生的差异及对所得税的影响
◎ 能够正确计算应交所得税
◎ 能够正确计算递延所得税费用(或收益)
◎ 能够正确计算所得税费用
◎ 能够正确进行所得税的会计核算

递延所得税的"魔法"

◎ 引导案例

四川水井坊股份有限公司(以下简称"水井坊")成立于1993年12月,并于1996年12月6日在上海证券交易所挂牌上市,股票代码600779。公司的主要业务为生产和销售酒类产品,致力于将水井坊打造成国内知名度最高、最受信赖的高端白酒品牌。

水井坊的递延所得税资产在总资产中的占比一直较高,2012年年末,其递延所得税资产金额达到了1.32亿元,2012~2018年间递延所得税资产占总资产比重均高于3.5%(除2014年减计了大量递延所得税资产外),2013年年末更是达到了6.49%的高比重。如此高占比的递延所得税资产,其确认和计量应值得关注。

递延所得税资产或负债还会影响企业财务指标的计算。以2015年为例,根据水井坊2015年年报,5.13亿元的负债除以17.95亿元的年末总资产,由此计算出资产负债率为28.6%。而如果在总资产中减去递延所得税资产、负债之后重新计算,得出的数值为29.7%,比原资产负债率高出了1.1个百分点。企业的资产负债率越低,就说明其具备越好的偿债能力,虽然不高于30%的资产负债率相比起来并不算高,但是无法否认的是,递延所得税的确对资产负债率产生了一定影响。

从每股净资产的角度来看,每股净资产越高代表企业盈利水平越强,水井坊2015年年末的股东权益为12.81亿元,总股本为4.89亿股,二者相除得出每股净资产2.62元,剔除递延所得税净额0.66亿元后计算得到的每股净资产只有2.49元,比原数值低了0.13元。在分析2012~2016年的数据后,发现扣除了递延所得税后的每股净资产都低于未扣除前的数。

水井坊2014年亏损4亿元,其所得税费用高达1亿元,而2015年盈利时,其所得税费用反而只有0.18亿元。并且,水井坊2012~2016年期间的当期所得税费用均为正数,说明从税法的角度来看,其每年都是盈利的,因此所得税费用应大于零。但是由于所得税费用是由当期所得税和递延所得税共同构成的,加上递延所得税的影响后,所得税费用就变得扑朔迷离,如水井坊在2013年确认了大量的递延所得税资产,使得递延所得税费用为−0.5亿元,与0.43亿元的当期所得税相加后,当年的所得税费用就变为了负值。

另外,水井坊因在2013年和2014年都发生了亏损而被ST,特别是2014年产生了4亿元的巨额亏损。而根据2014年水井坊前三季度的公告,当时的亏损还仅为1.4亿元,但最终年报中的亏损却高达4亿元,这其中很大一部分原因就是递延所得税资产的减计。2013年水井坊的递延所得税费用还为负值,然而第二年2014年却确认了0.85亿元的递延所得税资产,加上当期所得税后,最终得出了1亿元的巨额所得税费用,直接让2014年的亏损达到了4亿元。连续亏损两年后,在2015年的关键时期,水井坊的递延所得税又变为负值,最终只确认了0.18亿元的所得税费用,从而实现盈利,成功摘帽。

(资料来源:企业递延所得税会计信息质量研究——基于水井坊的案例分析[J].刘诗琴、唐妤.中国注册会计师.2019(08),有删改)

根据2007年企业会计准则,上市公司在所得税的会计处理上必须使用资产负债表债务法。资产负债表债务法的优势在于,能够体现递延所得税会计信息的决策相关性,为报表使用者提供更全面有用的信息。那么递延所得税是什么?它反映了什么信息?它是怎样产生的?资产负债表债务法又是怎样计算所得税的?本项目将帮助您找到答案。

任务一
计税基础与暂时性差异

一、所得税会计概述

所得税会计，是针对会计与税收规定之间的差异在所得税会计核算中的具体体现。对所得税进行会计核算采用资产负债表债务法。

资产负债表债务法是从资产负债表出发，通过比较资产负债表上列示的资产、负债按照会计准则规定确定的账面价值与按照税法规定确定的计税基础，对于两者之间的差异，分别应纳税暂时性差异与可抵扣暂时性差异，确认相关的递延所得税负债与递延所得税资产。从本质上来看，该方法涉及两张资产负债表：一个是按照会计准则规定编制的资产负债表，有关资产、负债在该表上以其账面价值体现；另外一个是假定按照税法规定进行核算编制的资产负债表，其中资产、负债列示的价值为其计税基础，即从税法的角度来看，企业持有的有关资产、负债的金额。

在采用资产负债表债务法核算所得税的情况下，企业一般应于每一资产负债表日进行所得税核算。企业进行所得税核算时一般应遵循以下程序：

（1）按照适用的税法规定计算确定当期应纳税所得额，将应纳税所得额与适用的所得税税率计算的结果确认为当期应交所得税，作为利润表中应予确认的所得税费用中的当期所得税部分。

（2）按照会计准则规定确定资产负债表中除递延所得税资产和递延所得税负债以外的其他资产和负债项目的账面价值。

（3）按照会计准则中对于资产和负债计税基础的确定方法，以适用的税收法规为基础，确定资产负债表中有关资产、负债项目的计税基础。

（4）比较资产、负债的账面价值与计税基础，对于两者之间存在差异的，分析其性质，除会计准则中规定的特殊情况外，分别应纳税暂时性差异与可抵扣暂时性差异，确定该资产负债表日递延所得税负债和递延所得税资产的金额，并与期初递延所得税资产和递延所得税负债的余额相比，确定当期应予进一步确认的递延所得税资产和递延所得税负债金额或应予转销的金额，其构成利润表中所得税费用的递延所得税费用（或收益）。

（5）确定利润表中的所得税费用。利润表中的所得税费用包括当期所得税和递延所得税两个组成部分。企业在计算确定当期所得税和递延所得税后，两者之和（或之差）即为利润表中的所得税费用。

企业进行所得税核算的一般计算流程如图 9-1 所示：

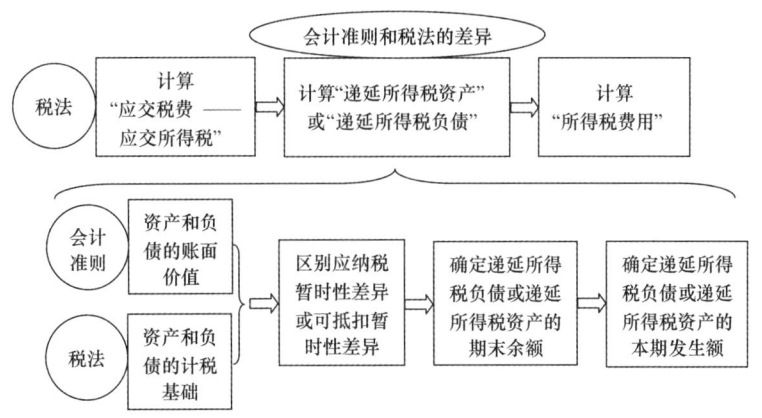

图 9-1 所得税核算的一般计算流程图

所得税会计的关键在于确定资产、负债的计税基础。资产、负债的计税基础，虽然是会计准则中的概念，但实质上与税法法规的规定密切关联。企业应当严格遵循税收法规中对于资产的税务处理及可税前扣除的费用等规定来确定有关资产、负债的计税基础。

相关链接

我国会计制度与税法的关系

1. 从目的上看。我国的税法和会计制度都是由国家机关制定的。但两者的出发点和目的不同。税法是为了保证国家强制、无偿、固定地取得财政收入，依据公平税负、方便征管的要求，对会计制度的规定有所约束和控制。而会计制度是为了反映企业的财务状况、经营成果和现金流量，以满足会计信息使用者的需要。

2. 从规范内容上看。税法与财务会计是经济领域中两个不同的分支，分别遵循不同的规则，规范不同的对象。税法规范了国家税务机关征税行为和纳税人的纳税行为，解决的是财富如何在国家与纳税人之间的分配问题，具有强制性和无偿性。而会计制度的目的在于规范企业的会计核算，真实、完整地提供会计信息，以满足有关各方面了解企业财务状况和经营成果的需要，所以，相关与可靠是会计制度规范的目标。因此，税法与会计制度不可能完全相同，必然存在差异。

3. 从制定机构上看。虽然会计制度和税法都主要由财政部门来负责制定，但我们知道在社会主义市场经济条件下，会计制度和税法受目标的影响，在建立市场经济秩序方面起着不同的作用，指导思想也有所不同。由于资本市场快速发展，会计制度的建设进展迅速，而税收法规的制定更多是从国家宏观经济发展需要出发，在保证国家经济发展目标实现的前提下进行的，因此会计制度与税法的制定机构之间缺乏必要的沟通和协调。

（资料来源：会计制度与税法的关系是什么，华律网）

二、资产的计税基础

资产的计税基础,是指企业收回资产账面价值过程中,计算应纳税所得额时按照税法规定可以自应税经济利益中抵扣的金额,即某一项资产在未来期间计税时可以税前扣除的金额。从税收的角度考虑,资产的计税基础是假定企业按照税法规定进行核算所提供的资产负债表中资产的应有金额。

资产在初始确认时,其计税基础一般为取得成本。从所得税角度考虑,某一单项资产产生的所得,是指该项资产产生的未来经济利益流入扣除其取得成本之后的金额。一般情况下,税法认定的资产取得成本为购入时实际支付的金额。在资产持续持有的过程中,可在未来期间税前扣除的金额,是指资产的取得成本减去以前期间按照税法规定已经税前扣除的金额后的余额。如固定资产、无形资产等长期资产,在某一资产负债表日的计税基础,是指其成本扣除按照税法规定已在以前期间税前扣除的累计折旧额或累计摊销额后的金额。

企业应当按照适用的税收法规规定计算确定资产的计税基础。如固定资产、无形资产等的计税基础可确定如下:

(一)固定资产

以各种方式取得的固定资产,初始确认时入账价值基本上是被税法认可的,即取得时其账面价值一般等于计税基础。

固定资产在持有期间进行后续计量时,会计上的基本计量模式是"成本-累计折旧-固定资产减值准备",税收上的基本计量模式是"成本-按照税法规定计算确定的累计折旧"。会计与税收处理的差异主要来自折旧方法、折旧年限的不同以及固定资产减值准备的计提。

1. 因折旧方法、折旧年限产生的差异

会计准则规定,企业可以根据固定资产经济利益的预期实现方式合理选择折旧方法,如可以按直线法计提折旧,也可以按双倍余额递减法、年数总和法等计提折旧,前提是有关的方法能够反映固定资产为企业带来经济利益的实现情况。税法一般会规定固定资产的折旧方法,除某些按照规定可以加速折旧的情况外,基本上可以税前扣除的是按照直线法计提的折旧。

另外,税法一般规定每一类固定资产的折旧年限,而会计准则规定企业可按照固定资产能够为企业带来经济利益的期限估计确定。折旧年限的不同,也会产生固定资产账面价值与计税基础之间的差异。

例题 9-1 甲公司于 20×0 年 1 月 1 日开始计提折旧的某项固定资产,原价为 3 000 000 元,使用年限为 10 年,采用直线法计提折旧,预计净残值为 0。税法规定类似固定资产采用加速折旧法计提的折旧可予税前扣除,该企业在计税时采用双倍余额递减法计提折旧,预计净残值为 0。假设固定资产不存在减值迹象。

20×1 年 12 月 31 日,甲公司对该项固定资产的会计处理如下:

账面价值＝3 000 000－3 000 000/10×2＝2 400 000(元)
计税基础＝3 000 000－3 000 000×2/10－(3 000 000－3 000 000×2/10)×2/10
　　　　＝1 920 000(元)

该项固定资产账面价值2 400 000元，计税基础1 920 000元，计税基础低于账面价值480 000元。由于资产的计税基础代表着将来可以自应税经济利益中抵扣的金额，那么计税基础较低，就意味着将来可以自应税经济利益中抵扣的金额较少，导致未来期间应交所得税增加。

2.因计提固定资产减值准备产生的差异

持有固定资产的期间内，在对固定资产计提了减值准备以后，因所计提的减值准备在计提当期不允许税前扣除，也会造成固定资产的账面价值与计税基础的差异。

例题 9-2　甲公司于20×0年12月20日取得某设备，成本为16 000 000元，预计使用10年，预计净残值为0，采用年限平均法计提折旧。20×3年12月31日，根据该设备生产产品的市场占有情况，甲公司估计其可收回金额为9 200 000元。假定税法规定的折旧方法、折旧年限与会计准则相同，企业的资产在发生实质性损失时可予税前扣除。

20×3年12月31日，甲公司对该项固定资产的会计处理如下：

计提减值准备之前的账面价值＝16 000 000－16 000 000/10×3＝11 200 000(元)

可收回金额＝9 200 000(元)

应当计提2 000 000元固定资产减值准备，计提该减值准备后，固定资产的账面价值为9 200 000元。

该设备的计税基础＝16 000 000－16 000 000/10×3＝11 200 000(元)

该项固定资产账面价值9 200 000元，计税基础11 200 000元，计税基础高于账面价值2 000 000元。由于资产的计税基础代表着将来可以自应税经济利益中抵扣的金额，那么计税基础较高，就意味着将来可以自应税经济利益中抵扣的金额较多，导致未来期间应交所得税减少。

课堂能力训练

甲公司于20×0年1月1日开始计提折旧的某项固定资产，原价为3 000 000元，使用年限为10年，采用年限平均法计提折旧，预计净残值为0。税法规定类似固定资产采用加速折旧法计提的折旧可予税前扣除，该企业在计税时采用双倍余额递减法计提折旧，预计净残值为0。20×1年12月31日，该项固定资产的可收回金额为2 200 000元。

要求：计算20×1年12月31日该固定资产账面价值和计税基础的差异。

(二)无形资产

除内部研究开发形成的无形资产外，以其他方式取得的无形资产，初始确认时其入账价值与税法规定的成本之间一般不存在差异。

(1)对于内部研究开发形成的无形资产，会计准则规定有关研究开发支出区分两个阶段,研究阶段的支出应当费用化,计入当期损益,而开发阶段符合资本化条件的支出应当计入所形成无形资产的成本;税法规定,自行开发的无形资产,以开发过程中该资产符合资本化条件后至达到预定用途前发生的支出为计税基础。所以,对于内部研发的无形资产,一般情况下初始确认时按照会计准则规定确定的成本与其计税基础应当是相同的。

税法中为了鼓励企业自主研发,对企业为开发新技术、新产品、新工艺发生的研究开发费用在计算所得税时有一定的税收优惠政策。即未形成无形资产计入当期损益的,在按照规定据实扣除的基础上,按照研究开发费用的50%加计扣除;形成无形资产的,按照无形资产成本的150%摊销。在这种情况下,按照会计准则规定确定的成本依然是研究开发过程中符合资本化条件后至达到预定用途前发生的支出,而其计税基础应在会计上入账价值的基础上加计50%,因而产生了账面价值与计税基础在初始确认时的差异。值得注意的是,按照所得税会计准则的规定,这种差异是不确认相应的递延所得税影响的。

> **想一想**:为什么自行研发的无形资产初始确认时,计税基础与账面价值之间的差异不确认相应的递延税的影响?

例题9-3 甲公司20×1年度研发符合税收优惠政策的无形资产,发生的研究开发支出共计10 000 000元,其中研究阶段支出2 000 000元,开发阶段符合资本化条件前发生的支出为2 000 000元,符合资本化条件后发生的支出为6 000 000元。假定该无形资产在20×1年12月31日已达到预定用途,但尚未进行摊销。

20×1年12月31日,甲公司对该项无形资产的判断过程如下:

账面价值=符合资本化条件后发生的支出=6 000 000(元)

计税基础=6 000 000×150%=9 000 000(元)

该项无形资产账面价值6 000 000元,计税基础9 000 000元,计税基础高于账面价值3 000 000元。根据所得税会计准则的规定,这项差异不确认递延所得税。

(2)无形资产在后续计量时,会计与税收的差异主要产生于对无形资产是否需要摊销及无形资产减值准备的计提。

会计准则规定应根据无形资产使用寿命情况,区分为使用寿命有限的无形资产和使用寿命不确定的无形资产。对于使用寿命不确定的无形资产,不要求摊销,在会计期末应进行减值测试。税法规定,企业取得无形资产的成本,应在一定期限内摊销,有关摊销额允许税前扣除。

在对无形资产计提减值准备的情况下,因所计提的减值准备不允许税前扣除,也会造成其账面价值与计税基础的差异。

例题9-4 甲公司于20×0年1月1日取得某项无形资产,成本为6 000 000元。企业根据各方面情况判断,无法合理预计其带来经济利益的期限,作为使用寿命不确定的无形资产。20×0年12月31日,对该项无形资产进行减值测试表明未发生减值。企业在计税时,对该项无形资产按照10年的期间摊销,有关摊销额允许税前扣除。

20×0年12月31日,甲公司对该项无形资产会计处理如下:

账面价值=6 000 000(元)

计税基础＝6 000 000－6 000 000/10＝5 400 000(元)

该项无形资产账面价值6 000 000元,计税基础5 400 000元,计税基础低于账面价值600 000元。由于资产的计税基础代表着将来可以自应税经济利益中抵扣的金额,那么计税基础较低,就意味着将来可以自应税经济利益中抵扣的金额较少,导致未来期间应交所得税增加。

课堂能力训练

甲公司于20×0年7月1日购入一项专利技术,该专利权专门用于生产X产品。入账价值为6 000 000元,预计使用年限为5年,采用直线法摊销。由于市场上出现了更先进的生产X产品的专利技术,20×0年年末,甲公司为该专利技术进行减值测试。估计该专利技术的公允价值减去处置费用后的净额为4 200 000元,预计未来现金流量现值为4 000 000元。甲公司对该项专利权采用的摊销方法、预计使用年限均与税法规定一致。

要求:计算20×0年12月31日该专利技术账面价值和计税基础的差异。

(三)以公允价值计量且其变动计入当期损益的金融资产

以公允价值计量且其变动计入当期损益的金融资产,其在某一会计期末的账面价值为公允价值,如果税法规定按照会计准则确认的公允价值变动损益在计税时不予考虑,即有关金融资产在某一会计期末的计税基础为其取得成本,会造成该类金融资产账面价值与计税基础之间的差异。

例题9-5 甲公司20×0年7月以520 000元取得乙公司股票50 000股,甲公司将其作为交易性金融资产核算,20×0年12月31日,甲公司尚未出售所持有乙公司股票,乙公司股票公允价值为每股12.4元。税法规定,资产在持有期间公允价值的变动不计入当期应纳税所得额,待处置时一并计算应计入应纳税所得额的金额。

20×0年12月31日,甲公司对该项交易性金融资产的会计处理如下:

账面价值＝50 000×12.4＝620 000(元)

计税基础＝历史成本＝520 000(元)

该项交易性金融资产账面价值620 000元,计税基础520 000元,计税基础低于账面价值100 000元。由于资产的计税基础代表着将来可以自应税经济利益中抵扣的金额,那么计税基础较低,就意味着将来可以自应税经济利益中抵扣的金额较少,导致未来期间应交所得税增加。

(四)投资性房地产

对于采用成本模式进行后续计量的投资性房地产,其账面价值与计税基础的确定与固定资产、无形资产相同;对于采用公允价值模式进行后续计量的投资性房地产,其账面价值是公允价值,而计税基础的确定依然与固定资产或无形资产计税基础的确定相同。

例题9-6 甲公司的C建筑物于20×0年12月31日投入使用并直接出租,成本为 6 800 000 元。甲公司对该投资性房地产采用公允价值模式进行后续计量。20×2 年 12 月 31 日，已出租 C 建筑物累计公允价值变动收益为 1 200 000 元。根据税法规定，已出租 C 建筑物以历史成本扣除按税法规定计提折旧后作为其计税基础。税法规定的折旧年限为 20 年，净残值为 0，自投入使用的次月起采用年限平均法计提折旧。

20×2 年 12 月 31 日，甲公司对该项投资性房地产的判断过程如下：

账面价值＝6 800 000＋1 200 000＝8 000 000（元）

计税基础＝6 800 000－6 800 000/20×2＝6 120 000（元）

该项投资性房地产账面价值 8 000 000 元，计税基础 6 120 000 元，计税基础低于账面价值 1 880 000 元。由于资产的计税基础代表着将来可以自应税经济利益中抵扣的金额，那么计税基础较低，就意味着将来可以自应税经济利益中抵扣的金额较少，导致未来期间应交所得税增加。

课堂能力训练

甲公司与乙公司签订了一项租赁协议，将其原先自用的一栋写字楼出租给乙公司使用，租赁期开始日为 20×0 年 3 月 31 日。20×0 年 3 月 31 日，该写字楼的账面余额 250 000 000 元，已累计折旧 50 000 000 元，公允价值为 230 000 000 元，甲公司对该项投资性房地产采用公允价值模式进行后续计量。假定转换前该写字楼的计税基础与账面价值相等，税法规定，该写字楼预计尚可使用年限为 10 年，无残值。20×0 年 12 月 31 日，该项写字楼的公允价值为 240 000 000 元。

要求：计算 20×0 年 12 月 31 日该投资性房地产账面价值和计税基础的差异。

> 想一想：还有哪些资产也会因为存在公允价值的变动而产生账面价值与计税基础的差异？

三、负债的计税基础

负债的计税基础，是指负债的账面价值减去未来期间计算应纳税所得额时按照税法规定可予抵扣的金额。即假定企业按照税法规定进行核算，在其按照税法规定确定的资产负债表上有关负债的应有金额。

大多数情况下，负债的确认与偿还不会影响企业未来期间的损益，也不会影响其未来期间的应纳税所得额，因此未来期间计算应纳税所得额时按照税法规定可予抵扣的金额为 0，计税基础是等于账面价值的。例如企业的短期借款、应付账款等。但是，某些情况下，负债的确认可能会影响企业的损益，进而影响不同期间的应纳税所得额，使其计税基础与账面价值之间产生差额，如按照会计规定确认的某些预计负债。

（一）预计负债

并非所有的预计负债都会产生账面价值和计税基础的差异，我们先来看由于产品质量保证产生的预计负债。会计准则规定，企业应将预计产品质量保证发生的支出在销售当期确认为费用,同时确认预计负债。如果税法规定,与销售产品相关的支出应于发生时税前扣除。因该类事项产生的预计负债在期末的计税基础为其账面价值与未来期间可税前扣除的金额之间的差额,与其有关的支出在实际发生时可全额税前扣除,其计税基础为0。

例题 9-7 甲公司20×0年因销售产品承诺提供3年的保修服务,在当年度利润表中确认了8 000 000元销售费用,同时确认为预计负债,当年度发生保修支出2 000 000元,预计负债的期末余额为6 000 000元。假定税法规定,与产品售后服务相关的费用在实际发生时税前扣除。

20×0年12月31日,甲公司对该项预计负债的会计处理如下:

账面价值＝6 000 000(元)

计税基础＝6 000 000－6 000 000＝0(元)

该项预计负债账面价值6 000 000元,计税基础为0,计税基础低于账面价值6 000 000元。由于负债的计税基础等于账面价值减去将来可以自应税经济利益中抵扣的金额,那么计税基础较低,就意味着将来可以自应税经济利益中抵扣的金额较多,导致未来期间应交所得税减少。

因其他事项确认的预计负债,如果税法规定其支出无论是否实际发生均不允许税前扣除,即未来期间按照税法规定可予抵扣的金额为0,则其账面价值就会与计税基础相同。

例题 9-8 20×0年12月31日,甲公司为乙公司银行借款提供担保期限届满,由于被担保人乙公司财务状况恶化,无法支付到期银行借款,贷款银行要求甲公司按照合同约定履行债务担保责任15 000 000元,甲公司因此事项确认了预计负债15 000 000元。税法规定,与债务担保相关的费用不允许税前扣除。

20×0年12月31日,甲公司对该项预计负债的会计处理如下:

账面价值＝15 000 000(元)

计税基础＝15 000 000－0＝15 000 000(元)

这项预计负债的账面价值和计税基础没有差异。

(二)预收账款

企业在收到客户预付的款项时,因不符合收入确认条件,会计上将其确认为负债。税法对于收入的确认原则一般与会计规定相同,即会计上未确认收入时,计税时一般亦不计入应纳税所得额,该部分经济利益在未来期间计税时可予税前扣除的金额为0,计税基础等于账面价值。

如果不符合会计准则规定的收入确认条件,但按照税法规定应计入当期应纳税所得额时,有关预收账款的计税基础为0,即因其产生时已经计入应纳税所得额,未来期间可全额税前扣除,计税基础为账面价值减去在未来期间可全额税前扣除的金额,即其计税基础为0。

想一想: 企业所得税法中规定了哪些预收款项需要在预收款时计入当期应纳税所得额?

（三）其他负债

企业的其他负债项目，如应交的罚款和滞纳金等，在尚未支付之前按照会计规定确认为费用，同时作为负债反映。税法规定，罚款和滞纳金不允许税前扣除，其计税基础为账面价值减去未来期间计税时可予税前扣除的金额0之间的差额，即计税基础等于账面价值。

例题9-9 甲公司因未按照税法规定缴纳税金，按规定在20×0年缴纳滞纳金1 000 000元，至20×0年12月31日，该款项尚未支付，形成其他应付款1 000 000元。税法规定，企业因违反国家法律、法规规定缴纳的罚款、滞纳金不允许税前扣除。

20×0年12月31日，甲公司对该项其他应付款的会计处理如下：

账面价值＝1 000 000（元）

计税基础＝1 000 000－0＝1 000 000（元）

这项预计负债的账面价值和计税基础没有差异。

课堂能力训练

20×0年甲公司将其业务宣传活动外包给其他单位，当年发生业务宣传费50 000 000元，至年末尚未支付。甲公司当年实现销售收入300 000 000元。税法规定，企业发生的业务宣传费支出，不超过当年销售收入15％的部分，准予税前扣除，超过部分，准予结转以后年度税前扣除。

要求：计算20×0年12月31日该应付账款账面价值和计税基础的差异。

四、暂时性差异

（一）基本界定

暂时性差异，是指资产、负债的账面价值与其计税基础不同产生的差额。其中账面价值，是指按照会计准则规定确定的有关资产、负债在资产负债表中应列示的金额。由于资产、负债的账面价值与其计税基础不同，产生了在未来收回资产或清偿负债的期间内，应纳税所得额增加或减少并导致未来期间应交所得税增加或减少的情况，在这些暂时性差异发生的当期，一般应当确认相应的递延所得税负债或递延所得税资产。

（二）暂时性差异的分类

1.应纳税暂时性差异

该差异在未来期间转回时，会增加转回期间的应纳税所得额，即在未来期间不考虑该事项影响的应纳税所得额的基础上，由于该暂时性差异的转回，会进一步增加转回期间的应纳税所得额和应交所得税金额。在应纳税暂时性差异产生当期，应当确认相关的递延所得税负债。

应纳税暂时性差异通常产生于以下情况：

(1)资产的账面价值大于其计税基础。一项资产的账面价值代表的是企业在持续使用或最终出售该项资产时会取得的经济利益的总额，而计税基础代表的是一项资产在未来期间可予税前扣除的总金额。资产的账面价值大于其计税基础，该项资产未来期间产生的经济利益不能全部税前抵扣，两者之间的差额需要交所得税，产生应纳税暂时性差异。

(2)负债的账面价值小于其计税基础。一项负债的账面价值为企业预计在未来期间清偿该项负债时的经济利益流出，而其计税基础代表的是账面价值在扣除税法规定未来期间允许税前扣除的金额之后的差额。因负债的账面价值与其计税基础不同产生的暂时性差异，实质上是税法规定就该项负债在未来期间可以税前扣除的金额为负数，即应在未来期间应纳税所得额的基础上调增，增加应纳税所得额和应交所得税金额，产生应纳税暂时性差异。

2.可抵扣暂时性差异

该差异在未来期间转回时会减少转回期间的应纳税所得额，减少未来期间的应交所得税。在可抵扣暂时性差异产生当期，符合确认条件的情况下，应当确认相关的递延所得税资产。

可抵扣暂时性差异一般产生于以下情况：

(1)资产的账面价值小于其计税基础。从经济含义来看，资产在未来期间产生的经济利益少，按照税法规定允许税前扣除的金额多，则企业在未来期间可以减少应纳税所得额并减少应交所得税。

(2)负债的账面价值大于其计税基础。负债产生的暂时性差异实质上是税法规定就该项负债可以在未来期间税前扣除的金额。一项负债的账面价值大于其计税基础，意味着未来期间按照税法规定构成负债的全部或部分金额可以自未来应税经济利益中扣除，减少未来期间的应纳税所得额和应交所得税。

值得注意的是，对于按照税法规定可以结转以后年度的未弥补亏损及税款抵减，虽不是因资产、负债的账面价值与计税基础不同产生的，但本质上可抵扣亏损、税款抵减与可抵扣暂时性差异具有同样的作用，均能够减少未来期间的应纳税所得额，进而减少未来期间的应交所得税，在会计处理上，视同可抵扣暂时性差异，符合条件的情况下，应确认相关的递延所得税资产。

暂时性差异的产生情况的归纳如图 9-2 所示：

资产 账面价值>计税基础
负债 账面价值<计税基础 ⟹ 应纳税暂时性差异

资产 账面价值<计税基础
负债 账面价值>计税基础 ⟹ 可抵扣暂时性差异
可以结转以后年度的未弥补亏损及税款抵减

图 9-2 暂时性差异的产生情况示意图

> **想一想**：按照暂时性差异的判断原则，请判断本项目前述例题中差异的类型。

（三）特殊项目产生的暂时性差异

某些交易或事项发生后，因为不符合资产、负债的确认条件而未体现为资产负债表中的资产或负债，但按照税法规定能够确定其计税基础的，其账面价值0与计税基础之间的差异也构成暂时性差异。如企业发生的符合条件的广告费和业务宣传费支出，除税法另有规定外，不超过当年销售收入15%的部分准予扣除；超过部分准予在以后纳税年度结转扣除。该类支出在发生时按照会计准则规定即计入当期损益，不形成资产负债表中的资产负债项目，但因按税法规定可以确定其计税基础，两者之间的差异也形成暂时性差异。

例题 9-10 甲公司20×0年发生广告费10 000 000元，至年末已全额支付给广告公司。税法规定，企业发生的广告费、业务宣传费不超过当年销售收入15%的部分允许税前扣除，超过部分允许结转以后年度税前扣除。甲公司20×0年实现销售收入60 000 000元。

(1)20×0年12月31日，由于款项已经全部支付，计入当期销售费用，所以该项目并没有形成甲公司的资产或负债。甲公司可以借用资产来进行判断，过程如下：

资产账面价值＝0(元)

计税基础＝10 000 000－60 000 000×15%＝1 000 000(元)

资产的账面价值低于计税基础，表示按照税法规定允许税前扣除的金额多，产生可抵扣暂时性差异1 000 000元。

(2)甲公司也可以借用负债来进行判断，过程如下：

负债账面价值＝0(元)

计税基础＝0－(10 000 000－60 000 000×15%)＝－1 000 000(元)

负债的账面价值高于计税基础，表示按照税法规定允许税前扣除的金额多，产生可抵扣暂时性差异1 000 000元。

课堂能力训练

甲公司在开始正常生产经营活动之前发生了5 000 000元的筹建费用，在发生时已计入当期损益。按照税法规定，企业在筹建期间发生的费用，允许在开始正常生产经营活动之后5年内分期计入应纳税所得额。假定企业在20×0年开始正常生产经营活动，当期税前扣除了1 000 000元。

要求：计算20×0年12月31日因该事项产生的差异金额并判断差异类型。

任务二
递延所得税资产和递延所得税负债的确认和计量

一、递延所得税负债的会计核算

(一)递延所得税负债的计算

应纳税暂时性差异在转回期间会增加未来期间的应纳税所得额和应交所得税,导致企业经济利益的流出,从其发生当期看,构成企业应支付税金的义务,应作为负债确认,对应的会计科目是"递延所得税负债"。

递延所得税负债应以应纳税暂时性差异转回期间适用的所得税税率计量。在我国,除享受优惠政策的情况以外,企业适用的所得税税率在不同年度之间一般不会发生变化,企业在确认递延所得税负债时,可以现行所得税税率为基础计算确定。对于享受优惠政策的企业,如国家需要重点扶持高新技术企业,享受一定时期的税率优惠,则所产生的暂时性差异应以预计其转回期间的适用所得税税率为基础计量。另外,无论应纳税暂时性差异的转回期间如何,递延所得税负债不要求折现。

在资产负债表日,递延所得税负债的账面价值应该是根据此时应纳税暂时性差异的金额与转回期间适用的所得税税率相乘得到的。

递延所得税负债＝应纳税暂时性差异×适用的所得税税率

> 想一想:上述公式计算得到的递延所得税是期末余额还是本期发生额,为什么?

(二)递延所得税负债的会计处理

(1)除会计准则中明确规定可不确认递延所得税负债的情况以外,企业对于所有的应纳税暂时性差异均应确认相关的递延所得税负债。除直接计入所有者权益的交易或事项以及企业合并外,在确认递延所得税负债的同时,相关的所得税影响应作为利润表中所得税费用的组成部分,记入"所得税费用"科目。

例题 9-11 甲公司于 20×0 年 1 月 1 日开始计提折旧的某设备,取得成本为 2 000 000 元,采用年限平均法计提折旧,使用年限为 10 年,预计净残值为 0。假定计税时允许按双倍余额递减法计提折旧,使用年限及预计净残值与会计相同。甲公司适用的所得税税率为 25%。假定不存在其他会计与税收处理的差异。

20×0 年 12 月 31 日,甲公司对因该项固定资产而产生的所得税会计处理如下:

账面价值＝2 000 000－2 000 000/10＝1 800 000(元)

计税基础＝2 000 000－2 000 000×2/10＝1 600 000(元)

资产的账面价值高于计税基础，产生应纳税暂时性差异200 000元，甲公司应确认递延所得税负债200 000×25％＝50 000(元)。由于20×0年初该项固定资产的账面价值和计税基础没有差异，企业也不存在其他会计与税收处理的差异，所以20×0年初递延所得税负债是0。甲公司本期应确认递延所得税负债50 000元。甲公司应编制会计分录如下：

借：所得税费用　　　　　　　　　　　　　　　　　　　　　　　50 000
　　贷：递延所得税负债　　　　　　　　　　　　　　　　　　　　　　50 000

例题9-12　承例题9-11，假定不存在其他会计与税收处理的差异，20×1年12月31日，甲公司对因该项固定资产而产生的所得税会计处理如下：

账面价值＝2 000 000－2 000 000×2/10＝1 600 000(元)

计税基础＝2 000 000－400 000－(2 000 000－400 000)×2/10＝1 280 000(元)

资产的账面价值高于计税基础，产生应纳税暂时性差异320 000元，甲公司应确认递延所得税负债320 000×25％＝80 000(元)。由于20×0年年末确认了递延所得税负债50 000元，所以20×1年递延所得税负债增加了80 000－50 000＝30 000(元)。甲公司应编制会计分录如下：

借：所得税费用　　　　　　　　　　　　　　　　　　　　　　　30 000
　　贷：递延所得税负债　　　　　　　　　　　　　　　　　　　　　　30 000

(2)直接计入所有者权益的交易或事项，其所得税影响也应增加或减少所有者权益，记入"其他综合收益"等科目。

例题9-13　甲公司于20×0年4月28日购入A公司股票1 000 000股，支付价款8 000 000元，根据业务模式和合同现金流特征，将其划分为非交易性权益工具投资。20×0年12月31日，该股权投资尚未出售，当日股票市价为每股8.5元。甲公司适用的所得税税率为25％。假定不存在其他会计与税收处理的差异。

20×0年12月31日，甲公司对因该项其他权益工具投资而产生的所得税会计处理如下：

账面价值＝8.5×1 000 000＝8 500 000(元)

计税基础＝8 000 000(元)

资产的账面价值高于计税基础，产生应纳税暂时性差异500 000元，甲公司应确认递延所得税负债500 000×25％＝12 500(元)。由于20×0年年初递延所得税负债是0。甲公司本期应确认递延所得税负债12 500元。

但是，由于会计核算时，这项其他权益工具投资账面价值增值的500 000元是直接计入其他综合收益的，所以对所得税的影响也应反映在其他综合收益中。甲公司应编制会计分录如下：

借：其他综合收益　　　　　　　　　　　　　　　　　　　　　　12 500
　　贷：递延所得税负债　　　　　　　　　　　　　　　　　　　　　　12 500

(三)不确认递延所得税负债的特殊情况

有些情况下,虽然资产、负债的账面价值与其计税基础不同,产生了应纳税暂时性差异,但出于各方面考虑,会计准则规定不确认相关的递延所得税负债。比如企业合并产生的商誉,在税法上是不被认可的。也就是说企业合并产生的商誉在会计上有账面价值,而计税基础是0,这样就会产生应纳税暂时性差异,但会计准则规定不确认对应的递延所得税负债。除企业合并以外的其他交易或事项中,如果该项交易或事项发生时既不影响会计利润,也不影响应纳税所得额,则所产生的资产、负债的初始确认金额与其计税基础不同,形成应纳税暂时性差异的,交易或事项发生时不确认相应的递延所得税负债。

二、递延所得税资产的会计核算

(一)递延所得税资产的计算

资产、负债的账面价值与其计税基础不同产生可抵扣暂时性差异的,在估计未来期间能够取得足够的应纳税所得额用以利用该可抵扣暂时性差异的,应当以很可能取得用来抵扣可抵扣暂时性差异的应纳税所得额为限,确认相关的资产,对应的会计科目是"递延所得税资产"。

值得注意的是,递延所得税资产的确认应以未来期间可能取得的应纳税所得额为限。在可抵扣暂时性差异转回的未来期间内,企业无法产生足够的应纳税所得额用以抵减可抵扣暂时性差异的影响,使得与递延所得税资产相关的经济利益无法实现的,该部分递延所得税资产不应确认;企业有确凿的证据表明其于可抵扣暂时性差异转回的未来期间能够产生足够的应纳税所得额,进而利用可抵扣暂时性差异的,则应以可能取得的应纳税所得额为限,确认相关的递延所得税资产。

同递延所得税负债的计量相一致,确认递延所得税资产时,应估计相关可抵扣暂时性差异的转回时间,以转回期间适用的所得税税率为基础计算确定。另外,无论相关的可抵扣暂时性差异转回期间如何,递延所得税资产均不予折现。

在资产负债表日,假定未来期间能够取得足够的应纳税所得额用以利用该可抵扣暂时性差异,那么递延所得税资产的账面价值就应该是此时可抵扣暂时性差异的金额与转回期间适用的所得税税率相乘得到的。

$$递延所得税资产 = 可抵扣暂时性差异 \times 适用的所得税税率$$

(二)递延所得税资产的会计处理

(1)同递延所得税负债的确认相同,有关交易或事项发生时,对会计利润或是应纳税所得额产生影响的,所确认的递延所得税资产应作为利润表中所得税费用的调整,计入"所得税费用"科目;有关的可抵扣暂时性差异产生于直接计入所有者权益的交易或事项,其所得税影响应增加或减少所有者权益,记入"其他综合收益"等科目。

例题9-14 甲公司于20×0年12月10日购入A股票100 000股,支付价款1 000 000元,根据业务模式和合同现金流特征,将其划分为交易性金融资产。20×0年12

月31日,该股权投资尚未出售,当日股票市价为每股9元。甲公司适用的所得税税率为25%。假定不考虑交易费用,未来期间能够取得足够的应纳税所得额,不存在其他会计与税收处理的差异。

20×0年12月31日,甲公司对因该项交易性金融资产而产生的所得税会计处理如下:

账面价值=9×100 000=900 000(元)

计税基础=1 000 000(元)

资产的账面价值低于计税基础,产生可抵扣暂时性差异100 000元,甲公司应确认递延所得税资产100 000×25%=25 000(元)。由于20×0年年初递延所得税资产是0。甲公司本期应确认递延所得税资产25 000元。甲公司应编制会计分录如下:

借:递延所得税资产　　　　　　　　　　　　　　　　25 000
　　贷:所得税费用　　　　　　　　　　　　　　　　　　25 000

例题 9-15 承例题9-14,假定仍不存在其他会计与税收处理的差异,20×1年12月31日,A股票市价为每股9.8元,则甲公司对因该项交易性金融资产而产生的所得税会计处理如下:

账面价值=9.8×100 000=980 000(元)

计税基础=1 000 000(元)

资产的账面价值低于计税基础,产生可抵扣暂时性差异20 000元,甲公司应确认递延所得税资产20 000×25%=5 000(元)。由于20×0年年末确认了递延所得税资产25 000元。甲公司本期应冲减递延所得税资产20 000元。甲公司应编制会计分录如下:

借:所得税费用　　　　　　　　　　　　　　　　　　20 000
　　贷:递延所得税资产　　　　　　　　　　　　　　　20 000

> 想一想:上例中的交易性金融资产如果分类为其他权益工具投资,会计处理会有什么变化?

(2)对于按照税法规定可以结转以后年度的未弥补亏损和税款抵减,应视同可抵扣暂时性差异处理。在预计可利用可弥补亏损或税款抵减的未来期间内能够取得足够的应纳税所得额时,应当以很可能取得的应纳税所得额为限,确认相关的递延所得税资产,同时减少确认当期的所得税费用。

(三)不确认递延所得税资产的特殊情况

某些情况下,虽然资产、负债的账面价值与其计税基础不同,产生了可抵扣暂时性差异,但出于各方面考虑,会计准则规定不确认相关的递延所得税资产。比如在无形资产的计税基础中我们讲到的,由于税法上对研究开发"三新"无形资产有50%加计扣除和按150%进行摊销的规定,导致因研发无形资产产生的资产的计税基础高于账面价值,因此而产生的可抵扣暂时性差异是不确认递延所得税资产的。

例题 9-16 甲公司20×0年发生资本化研究开发支出8 000 000元,至年末研发项目尚未完成。税法规定,按照会计准则规定资本化的开发支出按其150%作为计算摊销额的基础。

20×0年12月31日,甲公司对该项开发支出(资产负债表项目)的会计处理如下:

账面价值＝8 000 000(元)

计税基础＝8 000 000×150%＝12 000 000(元)

资产的账面价值低于计税基础,产生可抵扣暂时性差异4 000 000元,甲公司不应确认对应的递延所得税资产。

(四)递延所得税资产的减值

与其他资产相一致,资产负债表日,企业应当对递延所得税资产的账面价值进行复核。如果未来期间很可能无法取得足够的应纳税所得额用以利用递延所得税资产的利益,则应当减记递延所得税资产的账面价值。对于预期无法实现的部分,一般应确认为当期所得税费用,同时减少递延所得税资产的账面价值;对于原确认时计入所有者权益的递延所得税资产,其减记金额亦应计入所有者权益,不影响当期所得税费用。

三、适用所得税税率变化对已确认递延所得税资产和递延所得税负债的影响

递延所得税资产和递延所得税负债的金额代表的是有关可抵扣暂时性差异或应纳税暂时性差异于未来期间转回时,导致应交所得税金额的减少或增加的情况。适用所得税税率的变化必然导致应纳税暂时性差异或可抵扣暂时性差异在未来期间转回时产生增加或减少应交所得税金额的变化。因此,如果因适用税收法规的变化,导致企业在某一会计期间适用的所得税税率发生变化的,企业应按照新的所得税税率对已确认的递延所得税资产和递延所得税负债进行重新计量。

对因税率变化而产生的递延所得税调整金额,记账规则和计提相应递延所得税的记账规则一致。一般按应调整的金额借记或贷记"递延所得税资产"或"递延所得税负债"科目,贷记或借记"所得税费用"科目。直接计入所有者权益的交易或事项产生的递延所得税资产和递延所得税负债,相关的调整金额应计入所有者权益,即"其他综合收益"等科目。

课堂能力训练

20×0年年初,甲公司递延所得税负债余额为80 000元,递延所得税资产余额为40 000元。20×0年12月31日,经计算当日资产和负债的账面价值和计税基础,得到应纳税暂时性差异1 000 000元,可抵扣暂时性差异1 200 000元,其中其他债权投资形成的可抵扣暂时性差异为300 000元。甲公司适用的所得税税率为25%。假定未来期间甲公司能够取得足够的应纳税所得额。

要求:编制甲公司所得税相关会计分录。

任务三 所得税费用的确认和计量

企业核算所得税,主要是为确定当期应交所得税以及利润表中的所得税费用,从而确定各期实现的净利润。确认递延所得税资产和递延所得税负债,最终目的也是解决不同会计期间所得税费用的分配问题。在采用资产负债表债务法进行核算的情况下,利润表中的所得税费用由两个部分组成:当期所得税和递延所得税费用(或收益)。

一、当期所得税

当期所得税,是指企业按照税法规定计算确定的针对当期发生的交易和事项,应缴纳给税务机关的所得税金额,即应交所得税。当期所得税应当以适用的税收法规为基础计算确定。

企业在确定当期所得税时,对于当期发生的交易或事项,会计处理与税收处理不同的,应在会计利润的基础上,按照适用税收法规的要求进行调整(即纳税调整),计算出当期应纳税所得额,按照应纳税所得额与适用所得税税率计算确定当期应交所得税。一般情况下,应纳税所得额可在会计利润的基础上,考虑会计与税收规定之间的差异调整,最后计算得出。

应纳税所得额＝会计利润＋税法规定不允许税前扣除的费用－税法规定的不征税收入±计入利润表的费用与税法规定可税前抵扣的费用之间的差额±计入利润表的收入与税法规定应纳税收入之间的差额±其他需要调整的因素

应交所得税＝应纳税所得额×当期所得税税率

二、递延所得税费用(或收益)

递延所得税费用(或收益)是指按照会计准则规定应予确认的递延所得税资产和递延所得税负债在会计期末应有的金额相对于原已确认金额之间的差额,即递延所得税资产和递延所得税负债的当期发生额,但不包括计入所有者权益的交易或事项的所得税影响。用公式表示即为:

递延所得税费用(或收益)＝当期递延所得税负债的增加＋当期递延所得税资产的减少－当期递延所得税负债的减少－当期递延所得税资产的增加

用这个式子计算出的数值如果是正数,就表示"所得税费用"有借方发生额,就代表真正的递延所得税费用;如果是负数,就表示"所得税费用"有贷方发生额,就代表递延所得税收益。

值得注意的是,如果某项交易或事项按照会计准则规定应计入所有者权益,由该交易或事项产生的递延所得税资产或递延所得税负债及其变化亦应计入所有者权益,不构成利润表中的递延所得税费用(或收益)。

例题 9-17　20×0年12月31日,甲公司在进行所得税计算时,发现下列资产和负债项目账面价值和计税基础之间有差异。(1)20×0年1月1日开始计提折旧的一项固定资产,成本为6 000 000元,使用年限为10年,预计净残值为0,会计处理按直线法计提折旧,税收处理按双倍余额递减法计提折旧。假定税法规定的使用年限及预计净残值与会计规定相同;(2)期末对持有的存货计提了300 000元的存货跌价准备;(3)由于产品质量保证而产生的预计负债账面余额为100 000元。假设20×0年年初,甲公司递延所得税资产为130 000元,递延所得税负债为100 000元。甲公司适用的所得税税率为25%。

20×0年12月31日,甲公司对上述资产和负债的判断过程如下:

(1)固定资产:

账面价值=6 000 000−6 000 000/10=5 400 000(元)

计税基础=6 000 000−6 000 000×2/10=4 800 000(元)

资产账面价值高于计税基础产生应纳税暂时性差异600 000元。

(2)存货:

由于计提存货跌价准备而使账面价值低于计税基础,产生可抵扣暂时性差异300 000元。

(3)预计负债:

账面价值=100 000(元)

计税基础=100 000−100 000=0(元)

负债账面价值高于计税基础产生可抵扣暂时性差异100 000元。

(4)计算20×0年12月31日的递延所得税资产和递延所得税负债:

递延所得税资产=(300 000+100 000)×25%=100 000(元)

递延所得税负债=600 000×25%=150 000(元)

(5)计算递延所得税费用(或收益):

递延所得税费用=(150 000−100 000)+(130 000−100 000)=80 000(元)

(6)编制会计分录如下:

借:所得税费用　　　　　　　　　　　　　　　　　　　　80 000
　　贷:递延所得税资产　　　　　　　　　　　　　　　　　　30 000
　　　　递延所得税负债　　　　　　　　　　　　　　　　　　50 000

三、所得税费用

计算确定了当期应交所得税及递延所得税费用(或收益)以后,利润表中应予确认的

所得税费用为两者之和,即:

$$所得税费用 = 当期所得税 + 递延所得税费用(-递延所得税收益)$$

◎ 典型案例

情景与背景: 甲公司20×0年度利润表中利润总额为12 000 000元,该公司适用的所得税税率为25%。递延所得税资产及递延所得税负债不存在期初余额。

该公司20×0年发生的有关交易和事项中,会计处理与税收处理存在差别的有:

(1)期末固定资产账面余额为30 000 000元,累计折旧4 600 000元。除一项固定资产外,其余固定资产的账面价值和计税基础都相等。这项固定资产是20×0年1月1日开始计提折旧的,成本为6 000 000元,使用年限为10年,预计净残值为0,会计处理按双倍余额递减法计提折旧,税收处理按直线法计提折旧。假定税法规定的使用年限及预计净残值与会计规定相同。

(2)向关联企业捐赠现金2 000 000元。

(3)当年度发生研究开发支出5 000 000元,较上年度增长20%。其中3 000 000元予以资本化;截至20×0年12月31日,该研发资产仍在开发过程中。

(4)应付违反环保法规定罚款1 000 000元。

(5)期末存货账面余额为8 300 000元,存货跌价准备300 000元。

问题: 甲公司20×0年所得税应怎样进行会计处理。

案例分析: 20×0年12月31日,甲公司对所得税的会计处理程序如下:

1. 20×0年度当期应交所得税

应纳税所得额 = 12 000 000 + 600 000 + 2 000 000 − 1 000 000 + 1 000 000 + 300 000
           = 14 900 000(元)

应交所得税 = 14 900 000 × 25% = 3 725 000(元)

2. 20×0年度递延所得税

该公司20×0年度资产负债表相关项目金额及其计税基础见表9-1。

表9-1　　　　20×0年度资产负债表相关项目金额及其计税基础　　　　　　单位:元

项目	账面价值	计税基础	差异	
			应纳税暂时性差异	可抵扣暂时性差异
存货	8 000 000	8 300 000		300 000
固定资产:				
固定资产原价	30 000 000	30 000 000		
减:累计折旧	4 600 000	4 000 000		
固定资产账面价值	25 400 000	26 000 000		600 000
开发支出	3 000 000	4 500 000		1 500 000
其他应付款	1 000 000	1 000 000		
总计				2 400 000

递延所得税资产 = (300 000 + 600 000) × 25% = 900 000 × 25% = 225 000(元)

递延所得税收益＝225 000－0＝225 000(元)

3.利润表中应确认的所得税费用

所得税费用＝3 725 000－225 000＝3 500 000(元)

借：所得税费用　　　　　　　　　　　　　　　　　　　　3 500 000
　　递延所得税资产　　　　　　　　　　　　　　　　　　　　225 000
　　贷：应交税费——应交所得税　　　　　　　　　　　　　　　　　3 725 000

◎ 典型案例

情景与背景： 甲公司20×0年初的递延所得税资产借方余额为1 900 000元，递延所得税负债贷方余额为100 000元，具体构成项目见表9-2。

表9-2　　　　　　20×0年1月1日递延所得税构成情况表　　　　　　单位：元

项目	可抵扣暂时性差异	递延所得税资产	应纳税暂时性差异	递延所得税负债
应收账款	600 000	150 000		
交易性金融资产			400 000	100 000
其他债权投资	2 000 000	500 000		
预计负债	800 000	200 000		
可税前抵扣的经营亏损	4 200 000	1 050 000		

该公司20×0年度利润表中利润总额为16 100 000元，适用的所得税税率为25％，预计未来期间适用的所得税税率不会发生变化，未来期间能够产生足够的应纳税所得额用以抵扣可抵扣暂时性差异。

该公司20×0年发生的有关交易和事项中，会计处理和税收处理存在差别的有：

(1)年末转回应收账款坏账准备200 000元。根据税法规定，转回的坏账损失不计入应纳税所得额。

(2)年末根据交易性金融资产公允价值变动确认公允价值变动收益200 000元。根据税法规定，交易性金融资产公允价值变动收益不计入应纳税所得额。

(3)年末其他债权投资公允价值变动增加其他综合收益400 000元。根据税法规定，其他债权投资公允价值变动金额不计入应纳税所得额。

(4)当年实际支付产品保修费用500 000元，冲减前期确认的相关预计负债；当年又确认产品保修费用100 000元，增加相关预计负债。根据税法规定，实际支付的产品保修费用允许税前扣除，但预计的产品保修费用不允许税前扣除。

(5)当年发生业务宣传费8 000 000元，至年末尚未支付。该公司当年实现销售收入50 000 000元。税法规定，企业发生的业务宣传费支出，不超过当年销售收入15％的部分，准予税前扣除；超过部分，准予结转以后年度税前扣除。

问题： 甲公司20×0年所得税应怎样进行会计处理。

案例分析： 20×0年12月31日，甲公司对所得税的会计处理程序如下：

1.20×0年度当期应交所得税

应纳税所得额＝16 100 000－4 200 000－200 000－200 000－500 000＋100 000＋(8 000 000－50 000 000×15％)＝11 600 000(元)

应交所得税＝11 600 000×25％＝2 900 000(元)

2.20×0年度递延所得税

(1)应收账款的坏账准备年末转回200 000元,使应收账款账面价值上升200 000元,账面价值低于计税基础的金额减少200 000元,由此而形成的可抵扣暂时性差为600 000－200 000＝400 000(元)。

(2)交易性金融资产公允价值上升200 000元,使交易性金融资产账面价值上升200 000元,账面价值高于计税基础的金额增加200 000元,由此而形成的应纳税暂时性差异为400 000＋200 000＝600 000(元)。

(3)其他债权投资公允价值上升400 000元,使其他债权投资账面价值上升400 000元,账面价值低于计税基础的金额减少400 000元,由此而形成的可抵扣暂时性差异为2 000 000－400 000＝1 600 000(元)。

(4)实际支付产品保修费用500 000元,使预计负债账面价值减少500 000元,确认产品保修费用100 000元,又使预计负债账面价值增加100 000元,由此而形成的可抵扣暂时性差异为800 000－500 000＋100 000＝400 000(元)。

(5)业务宣传费产生的其他应付款

账面价值＝8 000 000(元)

计税基础＝8 000 000－(8 000 000－50 000 000×15％)＝7 500 000(元)

负债账面价值高于计税基础产生可抵扣暂时性差异8 000 000－7 500 000＝500 000(元)。

(6)递延所得税资产＝(400 000＋1 600 000＋400 000＋500 000)×25％＝725 000(元)

其中,(400 000＋400 000＋500 000)×25％＝325 000(元)对应"所得税费用",1 600 000×25％＝400 000(元)对应"其他综合收益"。

递延所得税负债＝600 000×25％＝150 000(元)

(7)由于期初递延所得税资产1 900 00元,其中150 000＋200 000＋1 050 000＝1 400 000(元)对应"所得税费用",500 000元对应"其他综合收益"。

计入所得税费用的递延所得税资产减少＝1 400 000－325 000＝1 075 000(元)

计入其他综合收益的递延所得税资产减少＝500 000－400 000＝100 000(元)

递延所得税负债增加＝150 000－100 000＝50 000(元)

(8)递延所得税费用＝1 075 000＋50 000＝1 125 000(元)

3.利润表中应确认的所得税费用

所得税费用＝2 900 000＋1 125 000＝4 025 000(元)

借:所得税费用	4 025 000
贷:应交税费——应交所得税	2 900 000
递延所得税资产	1 075 000
递延所得税负债	50 000
借:其他综合收益	100 000
贷:递延所得税资产	100 000

项目九 所得税

> **想一想**：应交所得税、递延所得税和所得税费用三者之间是什么关系？

课堂能力训练

甲公司20×1年1月1日递延所得税资产为1 200 000元，递延所得税负债为2 400 000元，适用的所得税税率为25%。甲公司20×1年销售收入为200 000 000元，利润总额为72 000 000元，涉及所得税会计的交易或事项如下：

(1) 20×0年12月12日，甲公司购入一项管理用设备，成本为32 000 000元。甲公司预计该设备使用年限为8年，预计净残值为零，采用年限平均法计提折旧。税法规定，该类固定资产的折旧年限为16年。假定甲公司该设备预计净残值和采用的折旧方法符合税法规定。

(2) 20×1年7月22日，甲公司因废水超标排放被环保部门处以4 500 000元罚款，罚款尚未支付。

(3) 按照销售收入0.4%预提产品售后保修费用，20×0年年末预计负债（产品保修费用）余额为零，20×1年发生保修费用500 000元。

(4) 20×1年，甲公司将业务宣传活动外包给其他单位，当年发生业务宣传费32 000 000元，至年末尚未支付。税法规定，企业发生的业务宣传费支出，不超过当年销售收入15%的部分，准予税前扣除；超过部分，准予结转以后年度税前扣除。

要求：假定甲公司预计在未来期间有足够的应纳税所得额用于抵扣可抵扣暂时性差异，进行甲公司所得税相关会计核算。

四、所得税的列报

递延所得税资产和递延所得税负债一般应当分别作为非流动资产和非流动负债在资产负债表中列报，所得税费用应当在利润表中单独列示，同时还应在附注中披露与所得税有关的信息。

相关链接

企业所得税

企业所得税是对我国内资企业和经营单位的生产经营所得和其他所得征收的一种税。企业所得税纳税人即所有实行独立经济核算的中华人民共和国境内的内资企业或其他组织，包括以下6类：(1) 国有企业；(2) 集体企业；(3) 私营企业；(4) 联营企业；(5) 股份制企业；(6) 有生产经营所得和其他所得的其他组织。企业所得税的征税对象是纳税人取得的所得。包括销售货物所得、提供劳务所得、转让财产所得、股息红利所得、利息所得、租金所得、特许权使用费所得、接受捐赠所得和其他所得。个人独资企业、合伙企业不是企业所得税的纳税人，这两类企业征收个人所得税即可，避免重复征税。

思维导图

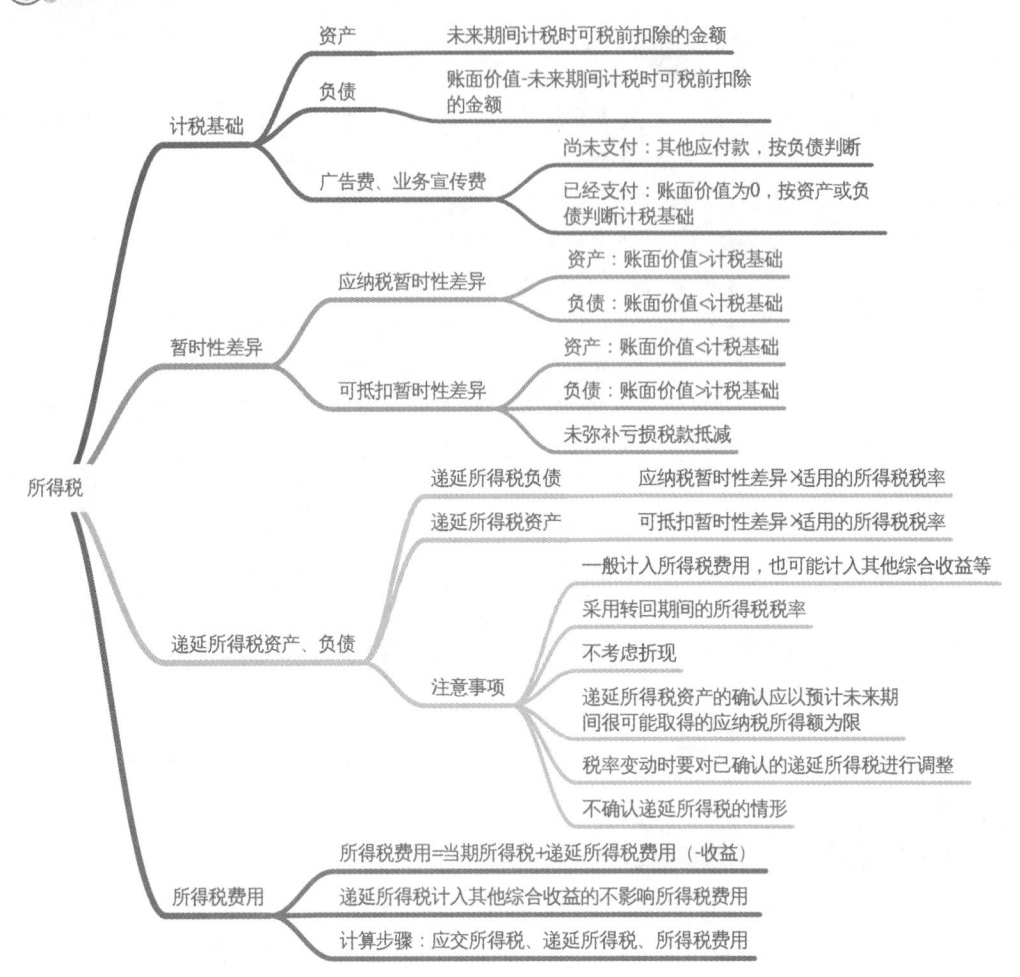

- 所得税
  - 计税基础
    - 资产：未来期间计税时可税前扣除的金额
    - 负债：账面价值-未来期间计税时可税前扣除的金额
    - 广告费、业务宣传费
      - 尚未支付：其他应付款，按负债判断
      - 已经支付：账面价值为0，按资产或负债判断计税基础
  - 暂时性差异
    - 应纳税暂时性差异
      - 资产：账面价值>计税基础
      - 负债：账面价值<计税基础
    - 可抵扣暂时性差异
      - 资产：账面价值<计税基础
      - 负债：账面价值>计税基础
      - 未弥补亏损税款抵减
  - 递延所得税资产、负债
    - 递延所得税负债：应纳税暂时性差异×适用的所得税税率
    - 递延所得税资产：可抵扣暂时性差异×适用的所得税税率
    - 注意事项
      - 一般计入所得税费用，也可能计入其他综合收益等
      - 采用转回期间的所得税税率
      - 不考虑折现
      - 递延所得税资产的确认应以预计未来期间很可能取得的应纳税所得额为限
      - 税率变动时要对已确认的递延所得税进行调整
      - 不确认递延所得税的情形
  - 所得税费用
    - 所得税费用=当期所得税+递延所得税费用（-收益）
    - 递延所得税计入其他综合收益的不影响所得税费用
    - 计算步骤：应交所得税、递延所得税、所得税费用

项目十 外币业务

学习目标

知识目标
◎ 理解记账本位币、汇率、外币交易的概念
◎ 掌握外币交易初始确认的会计核算要求
◎ 掌握外币交易资产负债表日或结算日的会计核算要求
◎ 掌握外币汇兑损益的会计处理方法
◎ 掌握外币报表折算的一般原则

能力目标
◎ 能够正确选择记账本位币
◎ 能够正确进行外币交易发生日、资产负债表日及结算日的会计核算
◎ 能够正确进行资产负债表、利润表、所有者权益变动表的外币折算

汇兑损失影响航空公司业绩

◎ 引导案例

2020年3月30日晚间,南方航空(600029)发布2019年财报。数据显示,虽然2019年南方航空营业收入同比增长7.45%,上升至1543.22亿元,但归属于上市公司股东的净利润同比下滑11.13%,至26.51亿元,扣除非经常性损益的净利润也呈下降态势。

新冠肺炎疫情暴发,航空业首当其冲,汇兑损失、旅客运输量等方面均会对航空业产生影响。南方航空表示,截至今年2月,集团累计运输总周转量较去年同期下降约37%,预计疫情将对2020年度业务运营及营业收入造成不利影响,使得经营环境存在一定的不确定性。

南方航空表示,经贸局势的复杂性、货币政策变动等因素决定了人民币币值中长期的

不确定性。2020年年初，各国为应对新冠疫情导致的经济下行压力，纷纷实行货币宽松政策。路透社调查问卷显示，多家投资银行预测，2020年人民币汇率在7.0上下波动。

南方航空的外币负债主要以美元负债为主，截至报告期末，公司的美元带息负债占公司带息债务比重37.93%，同比上涨108.63%。

2019年，南方航空的汇兑损失为14.72亿元，与2018年相比，汇兑损失已经减少，但2017年南方航空的汇兑收益为17.90亿元。

南方航空表示，美元兑人民币汇率的变动对公司财务费用的影响较大，假定除汇率以外的其他风险变量不变，于2019年12月31日人民币兑美元汇率每升值（或贬值）1%，将导致集团股东权益和净利润增加（或减少）人民币4.34亿元。

（资料来源：去年净利下滑但降幅缩减 汇兑损失仍拖累南航业绩，新浪网，2020.3.31，有删改。）

在经济全球化的背景下，越来越多的企业将面临外币业务和外币报表折算问题，随之而来的外汇风险也将成为企业风险管理中的重要组成部分。企业应当如何对外币交易进行处理？如何对境外经营机构的外币财务报表进行折算？企业该如何有效地进行外汇风险管理？本项目将帮助您找到答案。

任务一
认识外币业务

一、外币与外币交易

外币，是指企业记账本位币以外的货币。

外币交易，是指以外币计价或者结算的交易，包括买入或者卖出以外币计价的商品或者劳务、借入或者借出外币资金和其他以外币计价或者结算的交易。

二、记账本位币的确定

记账本位币，是指企业经营所处的主要经济环境中的货币。它通常是企业主要产生和支出现金的经济环境中的货币，因为使用这一货币最能反映企业主要交易业务的经济结果。

（一）企业记账本位币的确定原则

我国《会计法》中规定，业务收支以人民币以外的货币为主的企业，可以选定其中一种

货币作为记账本位币,但是编报的财务报表应当折算为人民币。企业选定记账本位币,应当考虑下列因素:

(1)该货币主要影响商品和劳务销售价格,通常以该货币进行商品和劳务的计价和折算。

(2)该货币主要影响商品和劳务所需人工、材料和其他费用,通常以该货币进行上述费用的计价和结算。

(3)融资活动获得的货币以及保存从经营活动中收取款项时所使用的货币。

企业在选定记账本位币时,上述因素应综合考虑,不能仅考虑其中一项。企业管理当局需要根据实际情况进行判断,但是,这并不能说明企业管理当局可以根据需要随意选择记账本位币,企业管理当局根据实际情况确定的记账本位币只有一种货币。企业选择的记账本位币一经确定,不得改变,除非与确定记账本位币相关的企业经营所处的主要经济环境发生重大变化。

例题 10-1 国内甲公司为外贸自营出口企业,超过70%的营业收入来自向欧盟各国的出口,其商品销售价格主要受欧元的影响,以欧元计价。那么从影响商品和劳务销售价格的角度看,甲公司应选择欧元作为记账本位币。

如果甲公司除厂房设施、30%的人工成本在国内以人民币采购或支付外,生产所需原材料、机器设备及70%以上的人工成本都用欧元从欧盟采购或支付,则可确定甲公司的记账本位币是欧元。

但是,如果甲公司95%以上的人工成本、原材料及相应的厂房设施、机器设备等在国内采购并以人民币计价,甲公司取得的欧元营业收入在汇回国内时直接兑换成了人民币存款,且甲公司对欧元汇率波动产生的外币风险进行了套期保值,降低了汇率波动对企业取得的外币销售收入的影响,甲公司可以选择人民币作为记账本位币。

(二)企业境外经营记账本位币的确定

境外经营,是指企业在境外的子公司、合营企业、联营企业、分支机构。当企业在境内的子公司、联营企业、合营企业或者分支机构,选定的记账本位币与企业的记账本位币不同的,也应当视同境外经营。确定境外经营,不是以位置是否在境外为判定标准,而是要看其选定的记账本位币是否与企业的记账本位币相同。

企业选定境外经营的记账本位币,除考虑前面所讲的因素外,还应考虑下列因素:

(1)境外经营对其所从事的活动是否拥有很强的自主性。如果境外经营所从事的活动被视同企业经营活动的延伸,该境外经营应当选择与企业记账本位币相同的货币作为记账本位币;如果境外经营所从事的活动拥有极大的自主性,境外经营不能选择与企业记账本位币相同的货币作为记账本位币。

(2)境外经营活动中与企业的交易是否在境外经营活动中占有较大比重。如果境外经营与企业的交易在境外经营活动中所占的比例较高,境外经营应当选择与企业记账本位币相同的货币作为记账本位币;反之,应选择其他货币。

(3)境外经营活动产生的现金流量是否直接影响企业的现金流量、是否可以随时汇回。如果境外经营活动产生的现金流量直接影响企业的现金流量,并可随时汇回,境外经营应当选择与企业记账本位币相同的货币作为记账本位币；反之，应选择其他货币。

(4)境外经营活动产生的现金流量是否足以偿还其现有债务和可预期的债务。如果境外经营活动产生的现金流量在企业不提供资金的情况下，难以偿还现有债务和正常情况下可预期的债务，境外经营应当选择与企业记账本位币相同的货币作为记账本位币；反之，应选择其他货币。

(三)记账本位币的变更

企业选择的记账本位币一经确定，不得随意变更。企业因经营所处的主要经济环境发生重大变化，确需变更记账本位币的，应当采用变更当日的即期汇率将所有项目折算为变更后的记账本位币，折算后的金额作为以新的记账本位币计量的历史成本，由于采用同一即期汇率进行折算，不会产生汇兑差额。

相关链接

认识汇率

1. 买入价和卖出价

买入价也叫买入汇率，是银行从客户或同业那里买入外汇时使用的汇率。卖出价也叫卖出汇率，是银行向客户或同业卖出外汇时所使用的汇率。我国目前外汇标价采用直接标价法。在直接标价法下，买入价指银行买入一定的外币而付给顾客的若干本币数。卖出价是指银行卖出一定外币而向顾客收取若干本币数。银行实行贱买贵卖的原则，买入价是较小的数，即买入外币时付给顾客较少的本币。卖出价是较大的数，即卖出一定量的外币向顾客收取较多的本币。因此，在直接标价法下，买入价在前，卖出价在后。人民币汇率表如图10-1所示：

实时人民币汇率表

汇率表更新于：2020-4-13 14:08:15

币种	现汇买入	现钞买入	现汇卖出	现钞卖出
美元	703.38	697.65	706.36	706.36
欧元	768.34	744.47	774.01	776.5
英镑	876.66	849.42	883.11	887.02
港币	90.72	90	91.08	91.08
日币	6.509	6.3067	6.5568	6.567
韩币	0.5762	0.5559	0.5808	0.6021

图10-1 人民币汇率示意图

2. 即期汇率

即期汇率，通常是指中国人民银行公布的当日人民币外汇牌价的中间价。中间价即买入价与卖出价的平均价。中间价是不对个人的，常见于报纸杂志或经济分析之中，它是衡量一国货币价值的重要指标。

即期汇率的近似汇率，是指按照系统合理的方法确定的、与交易发生日即期汇率近似的汇率，通常采用当期平均汇率或加权平均汇率等。企业通常应当采用即期汇率进行折算。汇率变动不大的，也可以采用即期汇率的近似汇率进行折算。

(资料来源：编者收集整理)

任务二 外币交易的会计处理

一、外币交易发生日的初始确认

（一）外币交易业务

外币交易应当在初始确认时，采用交易发生日的即期汇率将外币金额折算为记账本位币金额；也可以采用按照系统合理的方法确定的、与交易发生日即期汇率近似的汇率折算。

例题 10-2　甲公司属于增值税一般纳税人，记账本位币为人民币，其外币交易采用交易日即期汇率折算。20×0 年 5 月 2 日，甲公司从国外乙公司购入某原材料，货款 500 000 美元，当日的即期汇率为 1 美元＝7.03 人民币元，按照规定应缴纳的进口关税为 351 500 人民币元，支付进口增值税为 502 645 人民币元，货款尚未支付，进口关税及增值税已由银行存款支付。甲公司的会计处理如下：

借：原材料——××材料　　　　　　　　　（500 000×7.03＋351 500）3 866 500
　　应交税费——应交增值税（进项税额）　　　　　　　　　　　502 645
　贷：应付账款——乙公司（美元）　　　　　　　（500 000×7.03）3 515 000
　　　银行存款　　　　　　　　　　　　　　（351 500＋502 645）854 145

例题 10-3　甲公司的记账本位币为人民币，外币交易采用交易日即期汇率折算。20×0 年 5 月 15 日，向国外乙公司出口销售商品一批，根据销售合同，货款共计 700 000 欧元，当日的即期汇率为 1 欧元＝7.68 人民币元。假定不考虑增值税等相关税费，货款尚未收到。甲公司的会计处理如下：

借：应收账款——乙公司（欧元）　　　　　　　（700 000×7.68）5 376 000
　贷：主营业务收入——出口××商品　　　　　　　　　　　　5 376 000

例题 10-4　甲公司的记账本位币为人民币，其外币交易采用交易日即期汇率折算。20×0 年 3 月 5 日，从银行借入 200 000 英镑，期限为 6 个月，年利率为 5%（等于实际利率），到期一次还本付息。借入的英镑暂存银行。借入当日的即期汇率为 1 英镑＝8.70 人民币元。

借：银行存款——××银行（英镑）　　　　　　（200 000×8.70）1 740 000
　贷：短期借款——××银行（英镑）　　　　　　（200 000×8.70）1 740 000

（二）外币兑换业务

企业发生的外币兑换业务，兑换取得或支付的人民币按照交易实际采用的汇率（即买入价或卖出价）折算，兑换换出或换入的外币按照中间价记账，两者之间产生的差额计入财务费用。

例题 10-5 甲公司的记账本位币为人民币，其外币交易采用交易日即期汇率折算。20×0 年 7 月 10 日，将货款 2 000 000 欧元到银行兑换成人民币，银行当日的欧元买入价为 1 欧元＝7.54 人民币元，中间价为 1 欧元＝7.63 人民币元。

本例中，企业将欧元兑换成人民币，意味着银行买入欧元，兑换所用汇率为银行的买入价，而通常记账所用的汇率为中间价，由此产生的汇兑差额计入当期财务费用。甲公司应编制会计分录如下：

借：银行存款——××银行（人民币）　　　　　（2 000 000×7.54）15 080 000
　　财务费用——汇兑差额　　　　　　　　　　　　　　　　　　180 000
　贷：银行存款——××银行（欧元）　　　　　（2 000 000×7.63）15 260 000

（三）收到投资者以外币投资

企业收到投资者以外币投入的资本，应当采用交易发生日即期汇率折算，不得采用合同约定汇率或即期汇率的近似汇率折算，外币投入资本与相应的货币性项目的记账本位币金额之间不产生外币资本折算差额。

例题 10-6 甲公司的记账本位币为人民币，其外币交易采用交易日即期汇率折算。20×0 年 7 月 15 日，甲公司为增资扩股与某外商签订投资合同，当日收到外商投入资本 1 000 000 美元，当日的即期汇率为 1 美元＝6.21 人民币元，其中，6 000 000 人民币元作为注册资本的组成部分。假定投资合同约定的汇率为 1 美元＝6.25 人民币元。甲公司应编制会计分录如下：

借：银行存款——××银行（美元）　　　　　（1 000 000×6.21）6 210 000
　贷：实收资本　　　　　　　　　　　　　　　　　　　　　　6 000 000
　　　资本公积——资本溢价　　　　　　　　　　　　　　　　　210 000

课堂能力训练

甲公司以人民币为记账本位币，其外币交易采用交易日的即期汇率折算，按月计算汇兑损益。甲公司 20×0 年 9 月发生如下事项：(1) 9 月 1 日，将 1 000 000 欧元兑换为人民币，当日的即期汇率为 1 欧元＝7.55 人民币元，当日银行的买入价为 1 欧元＝7.37 人民币元，卖出价为 1 欧元＝7.63 人民币元；(2) 9 月 5 日，购入一批原材料，支付价款 4 000 000 欧元，当日的即期汇率为 1 欧元＝7.64 人民币元，进口关税 3 056 000 人民币元，增值税 4 370 080 人民币元均已由银行存款支付；(3) 9 月 15 日，出售一批商品，收到价款 600 000 欧元，当日的即期汇率为 1 欧元＝7.41 人民币元。

要求：编制甲公司外币交易业务会计分录。

二、资产负债表日及结算日的会计处理

(一)外币货币性项目

货币性项目,是指企业持有的货币资金和将以固定或可确定的金额收取的资产或者偿付的负债。例如,现金、银行存款、应收账款、其他应收款、长期应收款、短期借款、应付账款、其他应付款、长期借款、应付债券和长期应付款等。

> 想一想:在非货币性资产交换项目中我们学习过货币性资产这个概念,它和这里的货币性项目有什么共同点和区别?

企业应当采用资产负债表日即期汇率折算外币货币性项目。因资产负债表日即期汇率与初始确认时或者前一资产负债表日即期汇率不同而产生的汇兑差额,计入当期损益。

期末调整汇兑差额的计算思路:

(1)外币账户的期末外币余额=期初外币余额+本期增加的外币发生额-本期减少的外币发生额

(2)调整后记账本位币余额=期末外币余额×期末即期汇率

(3)汇兑差额=调整后记账本位币余额-调整前记账本位币余额

例题 10-7 承例题 10-2,20×0 年 5 月 31 日,甲公司尚未向乙公司支付所欠货款,当日即期汇率为 1 美元=7.21 人民币元。则该项外币货币性项目"应付账款"在资产负债表日以当日即期汇率折算为记账本位币 3 605 000(500 000×7.21)人民币元,原记账本位币 3 515 000 人民币元,应调增应付账款 90 000 人民币元,同时计入当期财务费用。甲公司应编制会计分录如下:

借:财务费用——汇兑差额　　　　　　　　　　　　　　　　90 000
　贷:应付账款——乙公司(美元)　　　　　[500 000×(7.21-7.03)]90 000

例题 10-8 承例题 10-3,20×0 年 5 月 31 日,甲公司仍未收到乙公司购货款,当日的即期汇率为 1 欧元=7.76 人民币元。则该项外币货币性项目"应收账款"在资产负债表日以当日即期汇率折算为记账本位币 5 432 000(700 000×7.76)人民币元,原记账本位币 5 376 000 人民币元,应调增应收账款 56 000 人民币元,同时冲减当期财务费用。甲公司应编制会计分录如下:

借:应收账款——乙公司(欧元)　　　　　　　　　　　　　56 000
　贷:财务费用——汇兑差额　　　　　　　　　　　　　　　56 000

例题 10-9 承例题 10-8,假定 20×0 年 6 月 22 日收到上述货款,兑换成人民币直接存入银行,当日银行的欧元买入价为 1 欧元=7.87 人民币元,中间价为 1 欧元=7.95 人民币元。甲公司应编制会计分录如下:

借:银行存款——××银行(人民币)　　　　(700 000×7.87)5 509 000
　贷:应收账款——乙公司(欧元)　　　　　　(700 000×7.76)5 432 000
　　　财务费用——汇兑差额　　　　　　　　　　　　　　　77 000

例题 10-10 承例题 10-4,假定 20×0 年 3 月 31 日即期汇率为 1 英镑＝8.42 人民币元,则对该笔交易产生的外币货币性项目"短期借款——××银行(英镑)"采用期末即期汇率进行折算,折算为记账本位币 1 684 000(200 000×8.42)人民币元,原记账本位币 1 740 000 人民币元,应调减短期借款 56 000 人民币元,同时冲减当期财务费用。甲公司应编制会计分录如下:

借:短期借款——××银行(英镑)　　　　　　　　　　56 000
　　贷:财务费用——汇兑差额　　　　　　　　　　　　　　56 000

例题 10-11 承例题 10-10,20×0 年 9 月 5 日以人民币归还所借英镑,当日银行的英镑卖出价为 1 英镑＝8.56 人民币元,假定借款利息在到期归还本金时一并支付,则当日应归还银行借款利息 5 000(200 000×5‰÷12×6)英镑,按当日英镑卖出价折算为人民币为 42 800(5 000×8.56)元。假定 20×0 年 8 月 31 日的即期汇率为 1 英镑＝8.50 人民币元,20×0 年 8 月 31 日短期借款采用即期汇率折算为记账本位币为 1 700 000(200 000×8.50)人民币元。甲公司应编制会计分录如下:

借:短期借款——××银行(英镑)　　　　　　　　　　1 700 000
　　财务费用——汇兑差额　　　　　　　　　　　　　　12 000
　　贷:银行存款——××银行(人民币)　　　(200 000×8.56)1 712 000
借:财务费用——利息费用　　　　　　　　　　　　　　42 800
　　贷:银行存款——××银行(人民币)　　　　(5 000×8.56)42 800

课堂能力训练

甲公司记账本位币为人民币,对外币业务采用交易发生日的即期汇率进行折算,按月计算汇兑损益。20×0 年 1 月 20 日出口销售价款为 500 000 美元的产品一批,货款尚未收到,不考虑增值税等相关税费,当日的即期汇率为 1 美元＝7.25 人民币元。1 月 31 日的即期汇率为 1 美元＝7.28 人民币元。货款于 2 月 15 日收回,并立刻兑换为人民币存入银行,当日银行美元买入价为 1 美元＝7.25 人民币元,卖出价为 1 美元＝7.27 人民币元,即期汇率为 1 美元＝7.26 人民币元。

要求:编制甲公司外币交易业务会计分录。

(二)外币非货币性项目

非货币性项目,是指货币性项目以外的项目。例如,存货、长期股权投资、固定资产、无形资产等。

想一想:货币性项目与非货币性项目的区别是什么?

外币非货币性项目,对因汇率变动引起的价值变动不用单独考虑,按下述原则进行处理:

(1) 以历史成本计量的外币非货币性项目,仍采用交易发生日的即期汇率折算,不改变其记账本位币金额。

(2) 对于以成本与可变现净值孰低计量的存货,如果其可变现净值以外币确定,则在确定存货的期末价值时,应先将可变现净值按资产负债表日即期汇率折算为记账本位币,再与以记账本位币反映的存货成本进行比较,从而确定该项存货的期末价值。

(3) 以公允价值计量的外币非货币性项目,如交易性金融资产(股票、基金等),采用公允价值确定日的即期汇率折算,折算后的记账本位币金额与原记账本位币金额的差额,作为公允价值变动(含汇率变动)处理,计入当期损益;如为其他债权投资或其他权益工具投资,其差额应计入其他综合收益。

例题 10-12 甲公司的记账本位币为人民币,其外币交易采用交易日即期汇率折算。20×0 年 4 月 5 日进口一台机器设备,支付价款 1 000 000 美元,已按当日即期汇率 1 美元=6.27 人民币元折算为人民币并记入"固定资产"科目。"固定资产"属于非货币性项目,因此,资产负债表日也不需要再按照当日即期汇率进行调整。

例题 10-13 甲公司记账本位币为人民币,外币交易采用交易日即期汇率折算。20×0 年 6 月 10 日,以 1 000 欧元/台的价格从国外购入某新型医疗设备 200 台(该设备在国内市场尚无供应),当日即期汇率为 1 欧元=8.10 人民币元。20×0 年 12 月 31 日,尚有 120 台设备未销售出去,国内市场仍无该设备供应,其在国际市场的价格已降至 920 欧元/台。20×0 年 12 月 31 日的即期汇率是 1 欧元=8.22 人民币元。假定不考虑增值税等相关税费。甲公司在 20×0 年 12 月 31 日的会计处理如下:

库存商品成本 = 1 000×120×8.10 = 972 000(人民币元)

库存商品可变现净值 = 920×120×8.22 = 907 488(人民币元)

应计提的存货跌价准备 = 972 000 − 907 488 = 64 512(人民币元)

借:资产减值损失——存货——××医疗设备　　　　　　64 512
　　贷:存货跌价准备——××医疗设备　　　　　　　　　　64 512

例题 10-14 甲公司的记账本位币为人民币,其外币交易采用交易日即期汇率折算。20×0 年 7 月 8 日,以每股 3 美元的价格购入乙公司 B 股 20 000 股,划分为交易性金融资产核算,当日汇率为 1 美元=6.25 人民币元,款项已支付。20×0 年 7 月 31 日,乙公司 B 股市价变为每股 3.5 美元,当日汇率为 1 美元=6.23 人民币元。20×0 年 8 月 24 日,甲公司将所购乙公司 B 股股票按当日市价每股 3.6 美元全部售出,当日汇率 1 美元=6.24 元人民币。假定不考虑相关税费的影响。甲公司的会计处理如下:

(1) 20×0 年 7 月 8 日,购入股票:

借:交易性金融资产——东方公司 B 股——成本　(3×20 000×6.25)375 000
　　贷:银行存款——××银行(美元)　　　　　　　　　　　　　　　375 000

(2) 20×0 年 7 月 31 日，公允价值变动：

公允价值＝3.5×20 000×6.23＝436 100（人民币元）

公允价值上升＝436 100－375 000＝61 100（人民币元）

借：交易性金融资产——东方公司 B 股——公允价值变动　　　61 100
　　贷：公允价值变动损益——东方公司 B 股　　　　　　　　　　61 100

(3) 20×0 年 8 月 24 日，出售所购乙公司的 B 股股票：

借：银行存款——××银行（美元）　　　（3.6×20 000×6.24）449 280
　　贷：交易性金融资产——东方公司 B 股——成本　　　　　　375 000
　　　　　　　　　　　　　　　　　　　——公允价值变动　　　 61 100
　　　　投资收益——出售东方公司 B 股　　　　　　　　　　　　13 180

> 想一想：上例中如果甲公司将 B 股股票分类为其他权益工具投资，则应该怎样进行会计核算？

◎ 典型案例

情景与背景：甲公司对外币业务采用交易发生日的即期汇率折算，按月计算汇兑损益。20×0 年 6 月 30 日即期汇率为 1 美元＝6.25 人民币元。20×0 年 6 月 30 日有关外币账户期末余额见表 10-1。

表 10-1　　　　　　　　　甲公司有关外币账户的余额表

项目	外币（美元）金额	折算汇率	折合人民币金额
银行存款	100 000	6.25	625 000
应收账款	500 000	6.25	3 125 000
应付账款	200 000	6.25	1 250 000

甲公司 20×0 年 7 月发生以下外币业务（不考虑增值税等相关税费）：

(1) 7 月 15 日收到某外商投入的外币资本 500 000 美元，当日的即期汇率为 1 美元＝6.24 人民币元，投资合同约定的汇率为 1 美元＝6.30 人民币元。款项已由银行收存。

(2) 7 月 18 日，进口一台不需要安装机器设备，设备价款 400 000 美元，尚未支付，当日的即期汇率为 1 美元＝6.23 人民币元。

(3) 7 月 20 日，对外销售产品一批，价款共计 200 000 美元，当日的即期汇率为 1 美元＝6.22 人民币元，款项尚未收到。

(4) 7 月 28 日，以外币存款偿还 6 月份发生的应付账款 200 000 美元，当日的即期汇率为 1 美元＝6.21 人民币元。

(5) 7 月 31 日，收到 6 月份发生的应收账款 300 000 美元，当日的即期汇率为 1 美元＝6.20 人民币元。

问题：对甲公司外币交易业务进行会计处理。

案例分析：甲公司相关会计处理为：

1.外币交易发生时：

(1) 借：银行存款——美元户　　　　　　　　（500 000×6.24）3 120 000
　　　贷：实收资本　　　　　　　　　　　　　　　　　　　　　 3 120 000

(2)借:固定资产　　　　　　　　　　　　　　　　　　　　　2 492 000
　　贷:应付账款——美元户　　　　　　　　　　（400 000×6.23）2 492 000
(3)借:应收账款——美元户　　　　　　　　　　（200 000×6.22）1 244 000
　　贷:主营业务收入　　　　　　　　　　　　　　　　　　　1 244 000
(4)借:应付账款——美元户　　　　　　　　　　（200 000×6.21）1 242 000
　　贷:银行存款——美元户　　　　　　　　　　　　　　　　1 242 000
(5)借:银行存款——美元户　　　　　　　　　　（300 000×6.20）1 860 000
　　贷:应收账款——美元户　　　　　　　　　　　　　　　　1 860 000

2.计算甲公司7月份发生的汇兑损益:

(1)银行存款美元户余额=625 000+3 120 000-1 242 000+1 860 000=4 363 000(美元)

按当日即期汇率折算为人民币金额=(100 000+500 000-200 000+300 000)×6.20=4 340 000(人民币元)

汇兑差额=4 340 000-4 360 000=-20 000(人民币元)(汇兑损失)

(2)应收账款美元户余额=3 125 000+1 244 000-1 860 000=2 509 000(美元)

按当日即期汇率折算为人民币金额=(500 000+200 000-300 000)×6.20=2 480 000(人民币元)

汇兑差额=2 480 000-2 509 000=-29 000(人民币元)(汇兑损失)

(3)应付账款美元户余额=1 250 000+2 492 000-1 242 000=2 500 000(美元)

按当日即期汇率折算为人民币金额=(200 000+400 000-200 000)×6.20=2 480 000(人民币元)

汇兑差额=2 480 000-2 500 000=-20 000(人民币元)(汇兑收益)

(4)应当计入当期损益的汇兑差额=-20 000-29 000+20 000=-29 000(人民币元)(汇兑损失)

3.甲公司20×0年7月31日确认汇兑损益:

借:应付账款——美元户　　　　　　　　　　　　　　　　　　20 000
　　财务费用——汇兑差额　　　　　　　　　　　　　　　　　29 000
　贷:银行存款——美元户　　　　　　　　　　　　　　　　　20 000
　　　应收账款——美元户　　　　　　　　　　　　　　　　　29 000

相关链接

人民币升值好还是贬值好?

自2005年汇率改革以来,人民币总体上出现了大幅升值趋势,并且波动幅度也在不断加大。人民币升值,就是指人民币汇率与其他国家或地区的货币兑换比率的上升。就是同样金额的人民币可以兑换到其他国家或地区更多的货币。货币现象的背后其实是经济问题,意味着可以用同样金额的人民币买到更多的其他国家的产品。

因此,对于进口来说,人民币升值,可以提升人民币的购买力。对于进口商、消费者来说,对于眼前利益来说,应该是好事。

　　但是,对于出口企业来说,人民币升值,意味着以人民币计价的产品成本或者价格提高,国际竞争力降低,对出口不利。相关模型估算,人民币汇率每升值1%,中国将相应减少10%的出口额,尤其是农产品、电子产品和家居服饰等板块。

　　人民币升值不利于出口,但是贬值同样可能给我们带来灾难性的后果。中国的财富将会源源不断地流向美国,而同等的财富却换来更少的美元,因为汇率偏低意味着我们换回等值的美元需要用更多的东西,说白了我们是在送东西给别人。

　　在市场经济的条件下,汇率常常是市场竞争、平衡和调节的结果,也是国家竞争力的体现。人民币升值、贬值都有利有弊,维持相对稳定的币值才是比较好的状态。

　　(资料来源:人民币升值好还是贬值好? 搜狐网,2020.2.21)

课堂能力训练

　　甲公司以人民币作为记账本位币,外币业务采用交易发生日的即期汇率折算,按月计算汇兑损益。

　　(1)甲公司有关外币账户在20×0年2月28日余额为:银行存款8 000 000美元,应收账款4 000 000美元,应付账款2 000 000美元。当日即期汇率为1美元=6.90人民币元。

　　(2)甲公司20×0年3月发生有关外币交易和事项如下:

　　①3月3日,将200 000美元兑换为人民币,当日即期汇率为1美元=6.88人民币元,当日银行买入价为1美元=6.85人民币元。

　　②3月10日,从国外购入一批原材料,货款总额为4 000 000美元。该原材料已验收入库,货款尚未支付。当日即期汇率为1美元=6.86人民币元。另外,以银行存款支付该原材料的进口关税5 488 000人民币元,增值税4 280 640人民币元。

　　③3月14日,出口销售一批商品,销售价款为6 000 000美元,货款尚未收到。当日即期汇率为1美元=6.85人民币元。假定不考虑相关税费。

　　④3月20日,收到应收账款3 000 000美元,当日存入银行。当日即期汇率为1美元=6.84人民币元。该应收账款系2月份出口销售发生的。

　　⑤3月25日,甲公司以银行存款购入1 000 000股乙公司普通股股票,每股面值1美元,每股公允价值为2美元。甲公司拟将其作为交易性金融资产核算,当日的即期汇率为1美元=6.70人民币元。3月31日该项交易性金融资产的公允价值为2 200 000美元。

　　⑥3月31日即期汇率为1美元=6.82人民币元。

　　要求:编制甲公司外币交易业务会计分录。

任务三 外币财务报表折算

一、外币财务报表折算的一般原则

企业的子公司、合营企业、联营企业和分支机构如果采用与企业相同的记账本位币，即便是设在境外，其财务报表也不存在折算问题。但是，如果企业境外经营的记账本位币不同于企业的记账本位币，在将企业的境外经营通过合并、权益法核算等纳入企业的财务报表中时，需要将企业境外经营的财务报表折算为以企业记账本位币反映的财务报表。

在对企业境外经营财务报表进行折算前，应当调整境外经营的会计期间和会计政策，使之与企业会计期间和会计政策相一致，根据调整后会计政策及会计期间编制相应货币（记账本位币以外的货币）的财务报表，再按照以下方法对境外经营财务报表进行折算：

（1）资产负债表中的资产和负债项目，采用资产负债表日的即期汇率折算，所有者权益项目除"未分配利润"项目外，其他项目采用发生时的即期汇率折算。"未分配利润"项目根据所有者权益变动表计算得到。

（2）利润表中的收入和费用项目，采用交易发生日的即期汇率或即期汇率的近似汇率折算。

（3）按照上述规定折算产生的外币财务报表折算差额，在资产负债表中所有者权益项目下单独列示。

比较财务报表的折算比照上述规定处理。

> 想一想：外币财务报表折算和外币交易折算都是要按照一定的汇率进行折算的会计核算工作，两者的区别是什么？各自适用于什么情况？

◎ 典型案例

情景与背景：甲公司的记账本位币为人民币，该公司在英国有一个子公司A公司，A公司确定的记账本位币为英镑。甲公司拥有A公司70%的股权，并能够对A公司的财务和经营政策实施控制。甲公司采用当期平均汇率折算A公司利润表项目。A公司有关资料如下：

20×1年12月31日汇率为1英镑＝10.05人民币元，20×1年的平均汇率为1英镑＝10.87人民币元，实收资本、资本公积发生日的即期汇率为1英镑＝12.27人民币元。20×0年12月31日股本为6 000 000英镑，折算为人民币73 620 000元；盈余公积为

600 000 英镑,折算为人民币 7 800 000 元;未分配利润为 1 400 000 英镑,折算为人民币 18 200 000 元。两公司均在年末提取盈余公积,A 公司 20×1 年提取的盈余公积为 700 000 英镑。

要求:对 A 公司财务报表进行折算。

案例分析:甲公司进行财务报表折算要按照下列流程进行:

(1)按照 20×1 年的平均汇率 1 英镑=10.87 人民币元折算利润表。"其他综合收益的税后净额"和"综合收益总额"两个项目现在是无法填写的,需要等资产负债表相关数据完善之后才能继续填写。

表 10-2　　　　　　　　　　　利润表(简表)

编制单位:甲公司　　　　　　　20×1 年度　　　　　　　　　　　　单位:万元

项目	本年金额(英镑)	折算汇率	折算为人民币金额
一、营业收入	2 400	10.87	26 088
减:营业成本	1 800	10.87	19 566
税金及附加	50	10.87	543.50
管理费用	12	10.87	130.44
财务费用	10	10.87	108.70
加:投资收益	30	10.87	326.10
二、营业利润	558	—	6 065.46
加:营业外收入	50	10.87	543.50
减:营业外支出	20	10.87	217.40
三、利润总额	588	—	6 391.56
减:所得税费用	130	10.87	1 413.10
四、净利润	458	—	4 978.46
五、其他综合收益的税后净额			−3 382.96
六、综合收益总额	—	—	1 595.50
七、每股收益			

注:为便于排版,在报表中统一以"万元"为单位。在实务中,财务报表应当以"元"为单位列报。

(2)所有者权益变动表"本年年初余额"按照 20×0 年期末余额填列,"净利润"按照利润表中净利润金额填列,"提取盈余公积"按照实际计提金额和当年平均汇率 1 英镑=10.87 人民币元折算。据此计算实收资本、资本公积、盈余公积和未分配利润项目的"本年年末余额"。值得注意的是,表 10-3 中圈出的数据现在是无法填写的,需要等资产负债表相关数据完善之后才能继续填写。

表 10-3　　　　　　　　所有者权益变动表(简表)
编制单位:甲公司　　　　　　　　20×1 年度　　　　　　　　　　　单位:万元

项目	实收资本			其他综合收益	盈余公积			未分配利润		所有者权益合计
	英镑	折算汇率	人民币		英镑	折算汇率	人民币	英镑	人民币	人民币
一、本年年初余额	600	12.27	7 362		60		780	140	1 820	9 962
二、本年增减变动金额										
(一)综合收益总额										1 595.50
净利润								458	4 978.46	4 978.46
其他综合收益的税后净额				-3 382.96						-3 382.96
其中:外币报表折算差额				-3 382.96						-3 382.96
(二)利润分配										
提取盈余公积					70	10.87	760.9	-70	-760.90	0
三、本年年末余额	600	12.27	7 362	-3 382.96	130		1 540.9	528	6 037.56	11 557.50

(3)按照 20×1 年 12 月 31 日的即期汇率 1 英镑=10.05 人民币元折算资产负债表的资产和负债项目,按照所有者权益变动表中"本年年末余额"填写所有者权益项目中的实收资本、资本公积、盈余公积和未分配利润项目。此时资产合计与负债和所有者权益合计之间的差额就是由于汇率不一致而带来的报表折算差额。将差额计入所有者权益中"其他综合收益"项目:

表 10-4　　　　　　　　　　资产负债表(简表)
编制单位:甲公司　　　　　　　20×1 年 12 月 31 日　　　　　　　单位:万元

资产	期末数(英镑)	折算汇率	折算为人民币金额	负债和所有者权益	期末数(英镑)	折算汇率	折算为人民币金额
流动资产:				流动负债:			
货币资金	230	10.05	2 311.5	短期借款	50	10.05	502.5
应收账款	230	10.05	2 311.5	应付账款	340	10.05	3 417
存货	280	10.05	2 814	其他流动负债	130	10.05	1 306.5
其他流动资产	240	10.05	2 412	流动负债合计	520	—	5 226
流动资产合计	980	—	9 849	非流动负债:			
非流动资产:				长期借款	170	10.05	1 708.5
长期应收款	140	10.05	1 407	应付债券	100	10.05	1 005

（续表）

资产	期末数（英镑）	折算汇率	折算为人民币金额	负债和所有者权益	期末数（英镑）	折算汇率	折算为人民币金额
固定资产	660	10.05	6 633	其他非流动负债	90	10.05	904.5
在建工程	90	10.05	904.5	非流动负债合计	360	—	3 618
无形资产	120	10.05	1 206	负债合计	880		8 844
其他非流动资产	40	10.05	402	所有者权益：			
非流动资产合计	1 050	—	10 552.5	实收资本	600	12.27	7 362
				其他综合收益			−3 382.96
				盈余公积	130		1 540.9
				未分配利润	528		6 037.56
				所有者权益合计	1 150		11 557.5
资产合计	2 030		20 401.5	负债和所有者权益合计	2 030		20 401.5

（4）根据资产负债表"其他综合收益"项目填写所有者权益变动表和利润表中相关项目并完善其他数据。

三、境外经营的处置

企业在处置境外经营时,应当将资产负债表中所有者权益项目下列示的、与该境外经营相关的外币财务报表折算差额,自所有者权益项目转入处置当期损益;部分处置境外经营的,应当按处置的比例计算处置部分的外币财务报表折算差额,转入处置当期损益。

思维导图

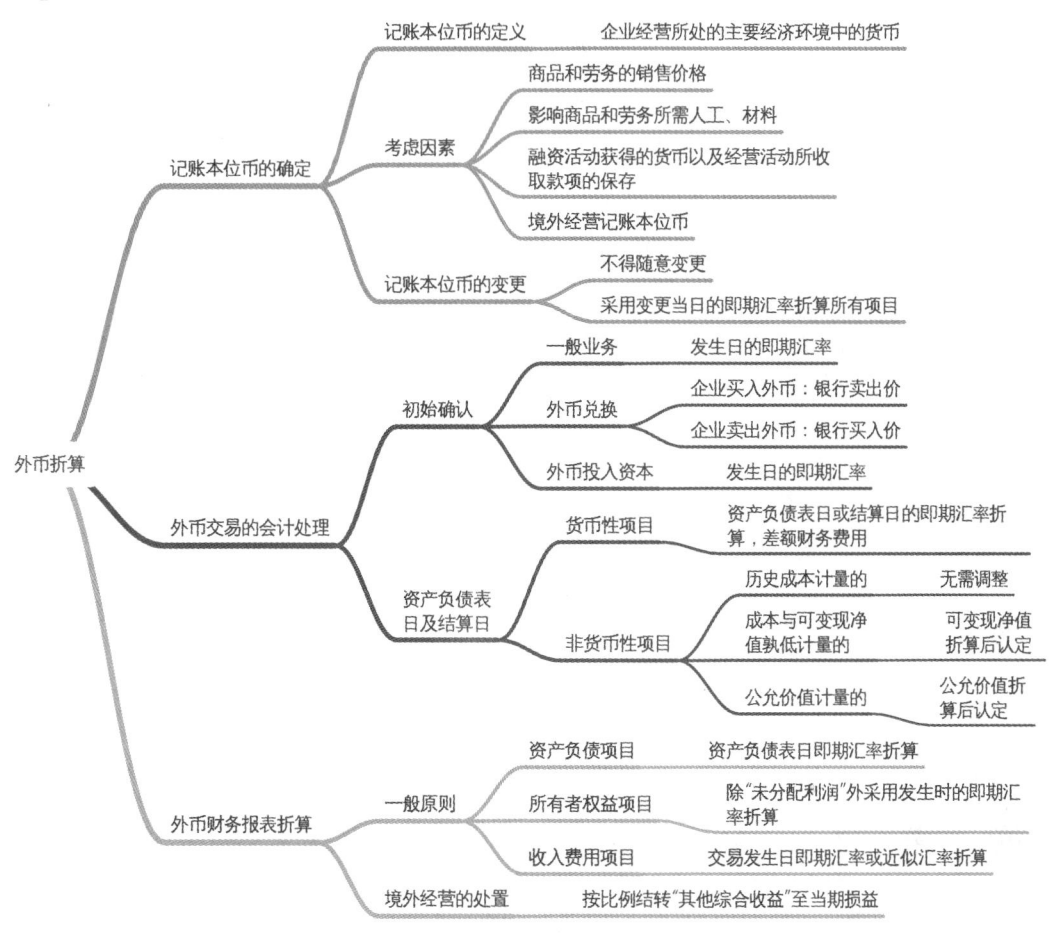

- 外币折算
  - 记账本位币的确定
    - 记账本位币的定义 —— 企业经营所处的主要经济环境中的货币
    - 考虑因素
      - 商品和劳务的销售价格
      - 影响商品和劳务所需人工、材料
      - 融资活动获得的货币以及经营活动所收取款项的保存
      - 境外经营记账本位币
    - 记账本位币的变更
      - 不得随意变更
      - 采用变更当日的即期汇率折算所有项目
  - 外币交易的会计处理
    - 初始确认
      - 一般业务 —— 发生日的即期汇率
      - 外币兑换
        - 企业买入外币：银行卖出价
        - 企业卖出外币：银行买入价
      - 外币投入资本 —— 发生日的即期汇率
    - 资产负债表日及结算日
      - 货币性项目 —— 资产负债表日或结算日的即期汇率折算，差额财务费用
      - 非货币性项目
        - 历史成本计量的 —— 无需调整
        - 成本与可变现净值孰低计量的 —— 可变现净值折算后认定
        - 公允价值计量的 —— 公允价值折算后认定
  - 外币财务报表折算
    - 一般原则
      - 资产负债项目 —— 资产负债表日即期汇率折算
      - 所有者权益项目 —— 除"未分配利润"外采用发生时的即期汇率折算
      - 收入费用项目 —— 交易发生日即期汇率或近似汇率折算
    - 境外经营的处置 —— 按比例结转"其他综合收益"至当期损益

项目十一
会计政策、会计估计变更和前期差错更正

学习目标

知识目标
◎ 理解会计政策、会计估计及前期差错的概念
◎ 理解会计政策、会计估计的基本类型
◎ 掌握会计政策、会计估计变更的概念及其变更条件
◎ 掌握会计政策、会计估计及前期差错的会计核算要求

能力目标
◎ 能够正确区分会计政策和会计估计
◎ 能够正确识别会计政策变更和会计估计变更
◎ 能够正确进行会计政策变更的会计核算
◎ 能够正确进行会计估计变更的会计核算
◎ 能够正确进行会计前期差错的会计核算

浙江仙通橡塑股份有限公司关于公司会计政策变更的公告

◎ 引导案例

本公司董事会及全体董事保证本公告内容不存在任何虚假记载、误导性陈述或者重大遗漏,并对其内容的真实性、准确性和完整性承担个别及连带责任。

重要内容提示:

本次公司会计政策变更系根据财政部相关规定所进行的调整,不会对公司净利润、总资产和净资产产生重大影响。

公司于2020年4月13日召开第四届董事会第五次会议和第四届监事会第五次会议,审议通过了《关于公司会计政策变更的议案》,公司独立董事发表了同意的独立意见,

公司本次会计政策变更尚需提交股东大会审议。

一、本次会计政策变更概述

2017年7月5日,财政部修订发布了《企业会计准则第14号——收入》财会〔2017〕22号(以下简称"新收入准则")。根据财政部要求,在境内外同时上市的企业以及在境外上市并采用国际财务报告准则或企业会计准则编制财务报表的企业,自2018年1月1日起施行;其他境内上市企业,自2020年1月1日起施行;执行企业会计准则的非上市企业,自2021年1月1日起施行。

根据上述会计准则修订,公司需对原采用的相关会计政策进行相应调整。公司自上述文件规定的起始日开始执行变更后的会计政策。

《企业会计准则第14号——收入》的修订内容主要包括:将现行收入和建造合同两项准则纳入统一的收入确认模型,以控制权转移替代风险报酬转移作为收入确认时点的判断标准;识别合同所包含的各单项履约义务并在履行时分别确认收入;对于包含多重交易安排的合同的会计处理提供更明确的指引;对于某些特定交易(或事项)的收入确认和计量给出了明确规定。

二、本次会计政策变更对公司的影响

本次会计政策变更对公司的影响:根据新旧准则衔接规定,公司自2020年1月1日起执行新准则,不涉及对公司以前年度的追溯调整。本次会计政策变更是公司根据财政部发布的相关规定和要求进行,变更后会计政策能够客观、公允地反映公司的财务状况和经营成果,符合相关法律法规规定和公司实际情况。本次会计政策变更不会对公司财务状况、经营成果和现金流量产生重大影响,亦不存在损害公司及股东利益的情况。

三、独立董事意见

经核实,我们认为:本次会计政策变更是根据财政部《关于修订印发〈企业会计准则第14号——收入〉的通知》(财会〔2017〕22号)的相关规定进行的合理变更,使公司的会计政策符合财政部、中国证监会和上海证券交易所等相关规定,能够客观、公允地反映公司的财务状况和经营成果,符合公司和所有股东的利益。本次会计政策变更的决策程序符合有关法律、法规和《公司章程》的规定,没有损害公司及中小股东的权益。我们同意公司本次会计政策变更。

四、监事会意见

公司监事会认为:公司执行财政部的相关规定进行的会计政策变更,符合国家颁布的企业会计准则的规定,符合公司的实际情况,其决策程序符合有关法律、法规及《公司章程》的规定,不存在损害公司及股东利益的情形。公司监事会同意本次会计政策变更。

特此公告。

浙江仙通橡塑股份有限公司董事会
2020年4月15日

(资料来源:浙江仙通:关于公司会计政策变更的公告,证券之星网,2020.4.15.)

什么是会计政策?会计政策变更需要满足什么条件?会计政策变更将会给企业带来哪些影响?本项目将帮助您找到答案。

任务一 会计政策及其变更

一、会计政策概述

(一)会计政策的概念

会计政策,是指企业在会计确认、计量和报告中所采用的原则、基础和会计处理方法。

(1)原则。是指按照企业会计准则规定的、适合于企业会计核算所采用的特定会计原则。例如,借款费用是费用化还是资本化,即属于特定会计原则。可靠性、相关性、实质重于形式等属于会计信息质量要求,是为了满足会计信息质量要求而制定的原则,是统一的、不可选择的,不属于特定原则。

(2)基础。是指为了将会计原则应用于交易或者事项而采用的基础,主要是指计量基础(即计量属性)。会计计量基础包括历史成本、重置成本、可变现净值、现值和公允价值等。

(3)会计处理方法。是指企业在会计核算中按照法律、行政法规或者国家统一的会计制度等规定采用或者选择的、适合于本企业的具体会计处理方法。例如,企业可以在先进先出法、加权平均法和个别计价法之间对发出存货实际成本的确定方法做出选择,这些方法就是具体会计处理方法。

企业应在国家统一的会计准则制度规定的会计政策范围内选择适用的会计政策,并保持会计政策前后各期的一致性。

(二)重要的会计政策类型

企业在会计核算中所采用的会计政策,通常应在报表附注中加以披露,需要披露的会计政策项目主要有以下几项:

(1)财务报表的编制基础、计量基础和会计政策的确定依据等。

(2)存货的计价,是指企业存货的计价方法。例如,企业发出存货成本的计量是采用先进先出法,还是采用其他计量方法。

(3)固定资产的初始计量,是指对取得的固定资产初始成本的计量。例如,企业取得的固定资产初始成本是以购买价款还是以购买价款的现值为基础进行计量。

(4)无形资产的确认,是指对无形项目的支出是否确认为无形资产。例如,企业内部研究开发项目开发阶段的支出是确认为无形资产,还是在发生时计入当期损益。

(5)投资性房地产的后续计量,是指企业在资产负债表日对投资性房地产进行后续计量所采用的会计处理。例如,企业对投资性房地产的后续计量是采用成本模式,还是公允价值模式。

(6)长期股权投资的核算,是指长期股权投资的具体会计处理方法。例如,企业对被投资单位的长期股权投资是采用成本法还是采用权益法核算。

(7)非货币性资产交换的计量,是指非货币性资产交换事项中对换入资产成本的计量。例如,非货币性资产交换是以换出资产的公允价值作为确定换入资产成本的基础,还是以换出资产的账面价值作为确定换入资产成本的基础。

(8)收入的确认,是指收入确认所采用的会计方法。

(9)借款费用的处理,是指借款费用的处理方法,即采用资本化还是采用费用化。

(10)外币折算,是指外币折算所采用的方法以及汇兑损益的处理。

(11)合并政策,是指编制合并财务报表所采用的原则。

二、会计政策变更及其条件

(一)会计政策变更的概念

会计政策变更,是指企业对相同的交易或者事项由原来采用的会计政策改用另一会计政策的行为。企业采用的会计政策,在每一会计期间和前后各期应当保持一致,不得随意变更,以保证会计信息的可比性。

(二)会计政策变更的条件

满足下列条件之一的,企业可以变更会计政策:

(1)法律、行政法规或者国家统一的会计制度等要求变更。这种情况是指,按照法律、行政法规以及国家统一的会计制度的规定,要求企业采用新的会计政策,则企业应当按照法律、行政法规以及国家统一的会计制度的规定改变原会计政策,按照新的会计政策执行。例如,按照企业会计准则统一规定,某企业于2020年1月1日起施行《企业会计准则第14号——收入》,调整了收入确认的标准。

(2)会计政策变更能够提供更可靠、更相关的会计信息。由于经济环境、客观情况的改变,使企业原采用的会计政策所提供的会计信息,已不能恰当地反映企业的财务状况、经营成果和现金流量等情况。在这种情况下,应改变原有会计政策,按变更后新的会计政策进行会计处理,以便对外提供更可靠、更相关的会计信息。

值得注意的是,为了避免滥用会计政策,这种变更必须有充分、合理的证据表明其变更的合理性,并说明变更会计政策后,能够提供关于企业财务状况、经营成果和现金流量等更可靠、更相关会计信息的理由。对会计政策的变更,应经股东大会或董事会等类似机构批准。否则应视为滥用会计政策,按照前期差错更正的方法进行处理。

(三)不属于会计政策变更的情形

以下各项不属于会计政策变更:

(1)因本期发生的交易或者事项与以前相比具有本质差别而采用新的会计政策。例如某企业办公楼以前会计期间都在自用,计入固定资产且按历史成本计价核算。本期企业将该办公楼出租,转为投资性房地产,因为符合以公允价值计量的条件而采用公允价值计量。这就不属于会计政策变更,而是对新的会计事项采用新的会计政策。

(2)对初次发生的或不重要的交易或者事项采用新的会计政策。例如某企业第一次签订一项建造合同,为另一企业建造三栋厂房,该企业对该项建造合同采用完工百分比法确认收入。由于该企业初次发生该项交易,采用完工百分比法确认该项交易的收入,不属于会计政策变更。

三、会计政策变更的会计处理

(一)会计政策变更的会计处理原则

会计政策变更根据具体情况,分别按照以下规定处理:

(1)法律、行政法规或者国家统一的会计制度等要求变更的情况下,国家发布相关的会计处理办法,则按照国家发布的相关会计处理规定进行处理。国家没有发布相关的会计处理办法,则采用追溯调整法进行会计处理。

(2)会计政策变更能够提供更可靠、更相关的会计信息的情况下,企业应当采用追溯调整法进行会计处理,将会计政策变更累积影响数调整列报前期最早期初留存收益,其他相关项目的期初余额和列报前期披露的其他比较数据也应当一并调整。

(3)确定会计政策变更对列报前期影响数不切实可行的,应当从可追溯调整的最早期间期初开始应用变更后的会计政策。

(4)在当期期初确定会计政策变更对以前各期累积影响数不切实可行的,应当采用未来适用法处理。例如,企业因账簿、凭证超过法定保存期限而销毁,或因不可抗力而毁坏、遗失,如火灾、水灾等,或因人为因素,如盗窃、故意毁坏等,可能使当期期初确定会计政策变更对以前各期累积影响数无法计算,即不切实可行,在这种情况下,会计政策变更应当采用未来适用法进行处理。

> 想一想:会计政策变更的会计处理方法有哪几种?

(二)追溯调整法

追溯调整法,是指对某项交易或事项变更会计政策,视同该项交易或事项初次发生时即采用变更后的会计政策,并以此对财务报表相关项目进行调整的方法。

追溯调整法通常由以下步骤构成:

第一步,计算会计政策变更的累积影响数。

会计政策变更的累积影响数,是假设与会计政策变更相关的交易或事项在初次发生时即采用新的会计政策,而得出的变更年度期初留存收益应有的金额,与现有的金额之间的差额。这里的留存收益指未分配利润和盈余公积的合计数。根据上述定义的表述,会计政策变更的累积影响数可以分解为以下两个金额之间的差额:(1)在变更会计政策当期,按变更后的会计政策对以前各期追溯计算,所得到的期初留存收益金额;(2)在变更会计政策当期,期初留存收益金额。

项目十一 会计政策、会计估计变更和前期差错更正

累积影响数通常可以通过以下各步计算获得：(1)根据新会计政策重新计算受影响的前期交易或事项；(2)计算两种会计政策下的差异；(3)计算差异的所得税影响金额；(4)确定前期中的每一期的税后差异；(5)计算会计政策变更的累积影响数。会计政策变更累积影响数的计算步骤如图11-1所示：

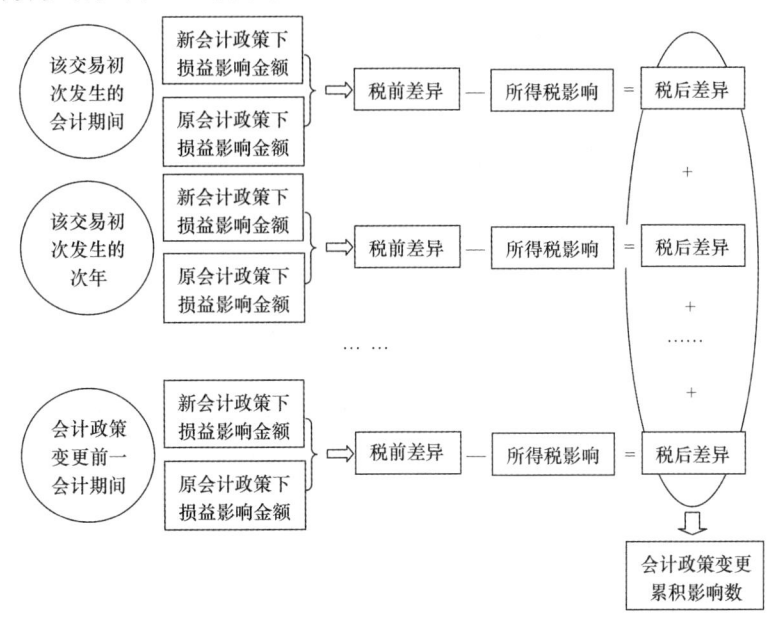

图11-1 会计政策变更累积影响数计算步骤示意图

第二步，相关会计处理。

第三步，调整财务报表相关项目。需要调整的财务报表项目包括变更当期资产负债表的期初数，变更当期利润表的上期数，变更当期所有者权益变动表的上年金额。

第四步，财务报表附注说明。

> 想一想：现金流量表会因为会计政策变更而进行调整吗？

例题 11-1 甲公司2013年、2014年分别以9 000 000元和2 200 000元的价格从股票市场购入A、B两支以交易为目的的股票。按照当时的会计政策，甲公司采用成本与市价孰低法对购入股票进行计量。公司从2015年起对其以交易为目的购入的股票由成本与市价孰低改为公允价值计量，公司保存的会计资料比较齐全，可以通过会计资料追溯计算。假设甲公司适用的所得税税率为25%，A、B股票有关成本及公允价值资料见表11-1。

表11-1　　　　　　A、B股票有关成本及公允价值　　　　　　单位：元

	成本与市价孰低	2013年年末公允价值	2014年年末公允价值
A股票	9 000 000	9 900 000	10 200 000
B股票	2 200 000	—	2 600 000

甲公司 2013 年度,因改用公允价值计量而增加利润 900 000 元,由此而增加所得税费用 225 000 元,税后影响为 900 000－225 000＝675 000(元)。

甲公司 2014 年度,因改用公允价值计量而增加利润 700 000 元,由此而增加所得税费用 175 000 元,税后影响为 700 000－175 000＝525 000(元)。

会计政策变更累积影响数为 675 000＋525 000＝1 200 000(元)。

◎ 典型案例

情景与背景:20×0 年 12 月 30 日,甲公司与乙企业签订了经营租赁协议,将一栋办公楼整体出租给乙企业使用,租赁期开始日为 20×0 年 12 月 31 日,为期 3 年。20×0 年 12 月 31 日,该办公楼的账面余额 30 000 000 元,已计提折旧 4 000 000 元,账面价值与公允价值相等。甲公司每年收取租金 1 200 000 元。甲公司对该投资性房地产采用成本模式计量,预计使用年限 30 年,预计净残值为 0,采用平均年限法计提折旧,每年计提折旧 1 000 000 元。

20×3 年 1 月 1 日起,甲公司将该投资性房地产由成本模式改为公允价值计量模式,并采用追溯调整法进行处理。已知 20×1 年年末该投资性房地产的公允价值为 28 000 000 元;20×2 年年末该投资性房地产的公允价值为 32 000 000 元。该公司按净利润的 10% 提取法定盈余公积。不考虑企业所得税和其他税法因素影响。

问题:对这项会计政策变更,甲公司应怎样进行会计处理?

案例分析:甲公司的会计处理如下:

(1)计算会计政策变更累积影响数,思考过程如下:

原会计政策(成本模式)

20×0 年 12 月 31 日,转投资性房地产:

借:投资性房地产　　　　　　　　　　　　　　　　　　30 000 000
　　累计折旧　　　　　　　　　　　　　　　　　　　　 4 000 000
　　贷:固定资产　　　　　　　　　　　　　　　　　　　　　　　30 000 000
　　　　投资性房地产累计折旧　　　　　　　　　　　　　　　　　 4 000 000

20×1 年 12 月 31 日,收取租金和计提折旧:

借:银行存款　　　　　　　　　　　　　　　　　　　 1 200 000
　　贷:其他业务收入　　　　　　　　　　　　　　　　　　　　　 1 200 000
借:其他业务成本　　　　　　　　　　　　　　　　　 1 000 000
　　贷:投资性房地产累计折旧　　　　　　　　　　　　　　　　　 1 000 000

20×2 年 12 月 31 日,收取租金和计提折旧:

借:银行存款　　　　　　　　　　　　　　　　　　　 1 200 000
　　贷:其他业务收入　　　　　　　　　　　　　　　　　　　　　 1 200 000
借:其他业务成本　　　　　　　　　　　　　　　　　 1 000 000
　　贷:投资性房地产累计折旧　　　　　　　　　　　　　　　　　 1 000 000

新会计政策(公允价值模式)

20×0年12月31日,转投资性房地产:

借:投资性房地产	26 000 000
累计折旧	4 000 000
贷:固定资产	30 000 000

20×1年12月31日,收取租金和期末计价:

借:银行存款	1 200 000
贷:其他业务收入	1 200 000
借:投资性房地产	2 000 000
贷:公允价值变动损益	2 000 000

20×2年12月31日,收取租金和期末计价:

借:银行存款	1 200 000
贷:其他业务收入	1 200 000
借:投资性房地产	4 000 000
贷:公允价值变动损益	4 000 000

表11-2　　　　　　　　　会计政策变更累积影响数　　　　　　　　单位:元

项目	按成本模式计量的损益	按公允价值模式计量的损益	税前差异	税后差异
20×1年	200 000	3 200 000	3 000 000	3 000 000
20×2年	200 000	5 200 000	5 000 000	5 000 000
合计	400 000	8 400 000	8 000 000	8 000 000

甲公司变更投资性房地产计量模式后的税后净影响额为8 000 000元,即为该公司变更投资性房地产计量模式的累积影响数。

(2)20×3年1月1日会计政策变更的会计处理:

①调整投资性房地产初始入账价值:

借:投资性房地产	26 000 000
投资性房地产累计折旧	4 000 000
贷:投资性房地产	30 000 000

②调整会计政策变更累积影响数:

借:投资性房地产	6 000 000
投资性房地产累计折旧	2 000 000
贷:利润分配——未分配利润	8 000 000

③调整利润分配:

借:利润分配——未分配利润	800 000
贷:盈余公积——法定盈余公积	800 000

(3)调整财务报表相关项目:

甲公司在编制20×3年度的财务报表时,应调整资产负债表的年初数(见表11-3),利润表、所有者权益变动表的上年数(见表11-4、表11-5)也应做相应调整。20×3年12月31日资产负债表的期末数栏、所有者权益变动表的未分配利润项目上年数栏应以调整后的数字为基础编制。

表 11-3　　　　　　　　　　　　　资产负债表(部分项目)
编制单位:甲公司　　　　　　　　　20×3 年 12 月 31 日　　　　　　　　　　　单位:元

资产	年初数		负债和所有者权益	年初数	
	调整前	调整后		调整前	调整后
…			…		
投资性房地产	24 000 000	32 000 000	盈余公积	3 000 000	3 800 000
			未分配利润	10 000 000	17 200 000
…					

在利润表中,根据账簿的记录,甲公司重新确认 20×2 年度营业成本和公允价值变动收益,分别调减 1 000 000 元,调增 4 000 000 元,其结果是使利润总额调增 5 000 000 元,不考虑所得税影响的情况下,净利润也调增 5 000 000 元。

表 11-4　　　　　　　　　　　　　利润表(部分项目)
编制单位:甲公司　　　　　　　　　　20×3 年　　　　　　　　　　　　　　单位:元

项目	上年数		
	调整前	调整数	调整后
	(略)		(略)
营业成本		−1 000 000	
公允价值变动收益		4 000 000	
…			
利润总额		5 000 000	
…			
净利润		5 000 000	

表 11-5　　　　　　　　　　　　所有者权益变动表(部分项目)
编制单位:甲公司　　　　　　　　　20×3 年 12 月 31 日　　　　　　　　　单位:元

项目	本年金额			
…	…	盈余公积	未分配利润	…
一、上年末金额		3 000 000	10 000 000	
加:会计政策变更		800 000	7 200 000	
前期差错更正				
二、本年初余额		3 800 000	17 200 000	
…				

(4)财务报表附注说明:

20×3 年 1 月 1 日,甲公司按照企业会计准则规定将该投资性房地产由成本模式改为公允价值计量模式,并采用追溯调整法进行处理。20×2年的比较报表已重新表述。运用新的方法追溯计算的会计政策变更累积影响数为8 000 000元。会计政策变更对20×2年度报告的损益的影响为增加净利润5 000 000元,调增20×3年的期初留存收益8 000 000元,其中,调增盈余公积800 000元,调增未分配利润7 200 000元。

(三)未来适用法

未来适用法,是指将变更后的会计政策应用于变更日及以后发生的交易或者事项,或者在会计估计变更当期和未来期间确认会计估计变更影响数的方法。

确定会计政策变更对列报前期影响数不切实可行的,应当从可追溯调整的最早期间期初开始应用变更后的会计政策。在当期期初确定会计政策变更对以前各期累积影响数不切实可行的,应当采用未来适用法处理。

不切实可行,是指企业在做出所有合理努力后仍然无法采用某项规定。即企业在采取所有合理的方法后,仍然不能获得采用某项规定所必需的相关信息,而导致无法采用该项规定,则该项规定在此时是不切实可行的。如企业因账簿、凭证超过法定保存期限而销毁,或因不可抗力而毁坏、遗失,如火灾、水灾等,或因人为因素,如盗窃、故意毁坏等,也可能使当期期初确定会计政策变更对以前各期累积影响数无法计算,即不切实可行。

在未来适用法下,不需要计算会计政策变更产生的累积影响数,也无须重编以前年度的财务报表。对于企业会计账簿记录及财务报表上反映的金额,在变更之日仍保留原有的金额,不因会计政策变更而改变以前年度的既定结果,在现有金额的基础上再按新的会计政策进行核算。

> 想一想:追溯调整法和未来适用法的应用范围和会计处理的区别有哪些?

课堂能力训练

甲公司于2002年开始建造一座海上石油开采平台,根据法律法规规定,该开采平台在使用期满后要将其拆除,需要对其造成的环境污染进行整治。2005年12月15日,该开采平台建造完成并交付使用,建造成本共200 000 000元,预计使用寿命20年,预计净残值为0,采用年限平均法计提折旧。2014年1月1日,甲公司开始执行企业会计准则,企业会计准则对于具有弃置义务的固定资产,要求将相关弃置费用计入固定资产成本,对之前尚未计入资产成本的弃置费用,应当进行追溯调整。已知甲公司保存的会计资料比较齐备,可以通过会计资料追溯计算。甲公司预计该开采平台的弃置费用50 000 000元。假定实际利率为10%,(P/F,10%,20)=0.148 6,(P/F,10%,12)=0.318 6。不考虑所得税因素的影响。

要求:编制甲公司会计政策变更的会计分录并说明财务报表应调整的项目和报表附注应说明的内容。

任务二 会计估计及其变更

一、会计估计变更概述

(一)会计估计的概念

会计估计,是指企业对结果不确定的交易或者事项以最近可利用的信息为基础所做的判断。由于商业活动中内在的不确定因素影响,许多财务报表中的项目不能精确地计量,而只能加以估计。

企业应当披露重要的会计估计,不具有重要性的会计估计可以不披露。判断会计估计是否重要,应当考虑与会计估计相关项目的性质和金额。企业应当披露的重要会计估计包括:

(1)存货可变现净值的确定。

(2)固定资产的预计使用寿命与净残值,固定资产的折旧方法。

(3)使用寿命有限的无形资产的预计使用寿命与净残值。

(4)可收回金额按照资产组的公允价值减去处置费用后的净额确定的,确定公允价值减去处置费用后的净额的方法。可收回金额按照资产组预计未来现金流量的现值确定的,预计未来现金流量及其折现率的确定。

(5)建造合同或劳务合同履约进度的确定。

(6)公允价值的确定。

(7)预计负债初始计量的最佳估计数的确定。

(8)承租人对未确认融资费用的分摊;出租人对未实现融资收益的分配。

(二)会计估计变更的概念

由于企业经营活动中内在的不确定因素,许多财务报表项目不能准确地计量,只能加以估计,估计过程涉及以最近可以得到的信息为基础所做的判断。但是,估计毕竟是就现有资料对未来所做的判断,随着时间的推移,如果赖以进行估计的基础发生变化,或者由于取得了新的信息、积累了更多的经验或根据后来的发展,可能不得不对原来的估计进行修订,但会计估计变更的依据应当真实、可靠。会计估计变更的情形包括:

(1)赖以进行估计的基础发生了变化。企业进行会计估计,总是依赖于一定的基础。

如果其所依赖的基础发生了变化,则会计估计也应相应发生变化。例如,企业某项无形资产的摊销年限原定为15年,以后获得了国家专利保护,该资产的受益年限已变为10年,则应相应调减摊销年限。

(2)取得了新的信息、积累了更多的经验。企业进行会计估计是就现有资料对未来所做的判断,随着时间的推移,企业有可能取得新的信息、积累更多的经验,在这种情况下,企业可能不得不对会计估计进行修订,即发生会计估计变更。例如,企业原对固定资产采用年限平均法按15年计提折旧,使用5年后,对该固定资产所能生产产品的产量有了比较准确的数据,企业改按工作量法计提固定资产折旧。

会计估计变更,并不意味着以前期间会计估计是错误的,只是由于情况发生变化,或者掌握了新的信息,积累了更多的经验,使得变更会计估计能够更好地反映企业的财务状况和经营成果。如果以前期间的会计估计是错误的,则属于会计差错,需要按会计差错更正的会计处理办法进行处理。

> 想一想:会计估计变更和会计政策变更的区别是什么?

二、会计估计变更的会计处理

企业对会计估计变更应当采用未来适用法处理,即在会计估计变更当期及以后期间,采用新的会计估计,不改变以前期间的会计估计,也不调整以前期间的报告结果。具体来说按以下情形分别进行处理:

(1)会计估计的变更仅影响变更当期的,其影响数应当在变更当期予以确认。

(2)会计估计的变更既影响变更当期又影响未来期间的,其影响数应当在变更当期和未来期间予以确认。

(3)难以对某项变更区分为会计政策变更或会计估计变更的,应当将其作为会计估计变更处理。

◎ 典型案例

情景与背景:甲公司于20×0年1月1日起对某生产用设备计提折旧,原价为95 000元,预计使用寿命为10年,预计净残值为5 000元,按年限平均法计提折旧。20×4年年初,由于新技术发展等原因,需要对原估计的使用寿命和净残值做出修正,修改后该设备预计尚可使用年限为4年,预计净残值为3 000元。甲公司适用的企业所得税税率为25%。

问题:对这项会计估计变更,甲公司应怎样进行会计处理?

案例分析:甲公司对该项会计估计变更的会计处理如下:

(1)不调整以前各期折旧,也不计算累积影响数。

(2)变更日以后改按新的估计计提折旧。

按原估计,每年折旧额为9 000元,已提折旧4年,共计36 000元,20×4年年初该项固定资产账面价值为59 000元,改变预计使用年限后,从20×4年起每年计提的折旧费用为(59 000−3 000)÷4=14 000(元)。20×4年年初不必对以前年度已提折旧进行调

整,只需在20×4年计提折旧时按重新预计的尚可使用年限和净残值计算确定折旧费用。甲公司应编制会计分录如下:

借:制造费用　　　　　　　　　　　　　　　　　　　14 000
　贷:累计折旧　　　　　　　　　　　　　　　　　　　　　　14 000

(3)财务报表附注说明。

本公司一台生产用设备成本为95 000元,原预计使用寿命为10年,预计净残值为5 000元,按年限平均法计提折旧。由于新技术发展,该设备已不能按原预计使用寿命计提折旧,本公司于2014年年初将该设备的预计尚可使用寿命变更为4年,预计净残值变更为3 000元,以反映该设备在目前状况下的预计尚可使用寿命和净残值。此估计变更将减少本年度净利润3 750[(14 000－9 000)×(1－25%)]元。

◎ 典型案例

情景与背景:某上市公司20×0年、20×1年已连续两年亏损,若20×2年仍然亏损,则面临退市危险。20×2年编制的年报草案显示当年仍亏损10 000 000元。但有些高管人员建议,若能通过以下两项修改,则可实现当年盈利:(1)减少坏账准备的计提比例,从而减少当年坏账准备6 000 000元;(2)延长某设备的预计使用年限并提高设备的净残值,从而能使当年的累计折旧减少5 000 000元。

问题:你是该上市公司的财务负责人,你认为从会计准则的要求和会计职业判断的角度,你该做出怎样的选择?你会如何向其他高管人员阐述你的观点?

案例分析:应收账款坏账准备计提比例、固定资产预计使用年限和净残值的估计都属于会计估计。会计估计变更的情形包括:(1)赖以进行估计的基础发生了变化;(2)取得了新的信息、积累了更多的经验。会计估计变更,并不意味着以前期间会计估计是错误的,只是由于情况发生变化,或者掌握了新的信息、积累了更多的经验,使得变更会计估计能够更好地反映企业的财务状况和经营成果。

案例中,该上市公司并未出现符合会计估计变更的情形,而是为了操纵利润而随意变更会计估计,这是违反会计准则的要求的。会计人员应坚决反对通过随意变更会计估计进行盈余管理。

课堂能力训练

甲公司20×0年1月1日取得的一项无形资产,其原价为6 000 000元,因取得时使用寿命不确定,甲公司将其作为使用寿命不确定的无形资产。至20×1年12月31日,该无形资产已计提减值准备1 000 000元。20×2年1月1日,因该无形资产的使用寿命可以确定,甲公司将其作为使用寿命有限的无形资产,预计尚可使用年限为5年,无残值,采用直线法摊销。

要求:编制甲公司会计估计变更的会计分录并说明报表附注应说明的内容。

项目十一　会计政策、会计估计变更和前期差错更正

相关链接

会计政策变更与会计估计变更的划分

　　企业应当以变更事项的会计确认、计量基础和列报项目是否发生变更作为判断该变更是会计政策变更还是会计估计变更的划分基础。

　　1.以会计确认是否发生变更作为判断基础。《企业会计准则——基本准则》规定了资产、负债、所有者权益、收入、费用和利润等六项会计要素的确认标准,是会计处理的首要环节。一般地,对会计确认的指定或选择是会计政策,其相应的变更是会计政策变更。会计确认的变更一般会引起列报项目的变更。

　　2.以计量基础是否发生变更作为判断基础。《企业会计准则——基本准则》规定了历史成本、重置成本、可变现净值、现值和公允价值等5项会计计量属性,是会计处理的计量基础。一般地,对计量基础的指定或选择是会计政策,其相应的变更是会计政策变更。

　　3.以列报项目是否发生变更作为判断基础。《企业会计准则第30号——财务报表列报》规定了财务报表项目应采用的列报原则。一般地,对列报项目的指定或选择是会计政策,其相应的变更是会计政策变更。当然,在实务中,有时列报项目的变更伴随着会计确认的变更或者会计确认的变更伴随着列报项目的变更。

　　4.根据会计确认、计量基础和列报项目所选择的、为取得与该项目有关的金额或数值所采用的处理方法,不是会计政策,而是会计估计,其相应的变更是会计估计变更。

　　5.企业通过判断会计政策变更和会计估计变更划分基础仍然难以对某项变更进行区分的,应当将其作为会计估计变更处理。

　　(资料来源:会计政策变更与会计估计变更的划分,东奥会计在线)

任务三
前期差错更正

一、前期差错概述

　　前期差错,是指由于没有运用或错误运用下列两种信息,而对前期财务报表造成省略

或错报:(1)编报前期财务报表时预期能够取得并加以考虑的可靠信息;(2)前期财务报告批准报出时能够取得的可靠信息。

前期差错通常包括计算错误、应用会计政策错误、疏忽或曲解事实以及舞弊产生的影响。

二、前期差错更正的会计处理

前期差错按照重要程度分为重要的前期差错和不重要的前期差错。重要的前期差错,是指足以影响财务报表使用者对企业财务状况、经营成果和现金流量做出正确判断的前期差错。不重要的前期差错,是指不足以影响财务报表使用者对企业财务状况、经营成果和现金流量做出正确判断的会计差错。前期差错的重要性取决于在相关环境下对遗漏或错误表述的规模和性质的判断。

前期差错所影响的财务报表项目的金额或性质,是判断该前期差错是否具有重要性的决定性因素。一般来说,前期差错所影响的财务报表项目的金额越大、性质越严重,其重要性水平越高。

(一)不重要的前期差错的会计处理

对于不重要的前期差错,企业不需调整财务报表相关项目的期初数,但应调整发现当期与前期相同的相关项目。属于影响损益的,应直接计入本期与上期相同的净损益项目。

(二)重要的前期差错的会计处理

如果能够合理确定前期差错累积影响数,则前期重大差错的更正应当采用追溯重述法。追溯重述法,是指在发现前期差错时,视同该项前期差错从未发生过,从而对财务报表相关项目进行更正的方法。前期差错累积影响数,是指前期差错发生后对差错期间每期净利润的影响数之和。追溯重述法的基本步骤为:

第一步,更正错账的相关会计处理。对前期差错进行更正,涉及资产负债类账户的直接对该账户进行更正;涉及损益类账户的,因为前期损益类账户已经结账,所以不能直接更正该损益类账户,而应该用"以前年度损益调整"账户代替。更正完毕,"以前年度损益调整"账户余额就是前期差错累积影响数,需要结转至"利润分配——未分配利润"账户,再相应调整"盈余公积"账户。

第二步,调整财务报表相关项目。需要调整的财务报表项目包括更正当期资产负债表的期初数,更正当期所有者权益变动表的上年金额。如果该前期差错是上一个会计期间的差错,还应调整更正当期利润表的上年数。

第三步,财务报表附注说明。

如果确定前期差错累积影响数不切实可行,可以从可追溯重述的最早期间开始调整留存收益的期初余额,财务报表其他相关项目的期初余额也应当一并调整,也可以采用未来适用法。

> 想一想:追溯重述法与追溯调整法有什么相同点和区别?

例题 11-2　甲公司为增值税一般纳税企业，所得税采用资产负债表债务法核算，适用的所得税税率为25%，按净利润的10%提取法定盈余公积。20×1年5月20日，甲公司发现在20×0年12月31日计算A库存产品的可变现净值时发生差错，该库存产品的成本为10 000 000元，预计可变现净值应为7 000 000元。20×0年12月31日，甲公司误将A库存产品的可变现净值预计为9 000 000元。甲公司更正前期差错的过程如下：

错误的会计处理：
借：资产减值损失　　　　　　　　　　　　　　　　　1 000 000
　　贷：存货跌价准备　　　　　　　　　　　　　　　　　　1 000 000
由此形成可抵扣暂时性差异1 000 000元。
产生递延所得税资产250 000元。
借：递延所得税资产　　　　　　　　　　　　　　　　250 000
　　贷：所得税费用　　　　　　　　　　　　　　　　　　　250 000
正确的会计处理：
借：资产减值损失　　　　　　　　　　　　　　　　　3 000 000
　　贷：存货跌价准备　　　　　　　　　　　　　　　　　　3 000 000
由此形成可抵扣暂时性差异3 000 000元。
产生递延所得税资产750 000元。
借：递延所得税资产　　　　　　　　　　　　　　　　750 000
　　贷：所得税费用　　　　　　　　　　　　　　　　　　　750 000

这项前期差错使20×0年资产减值损失少计提了2 000 000元，所得税收益少确认了500 000元，使20×0年净利润多确认了1 500 000元，前期差错累积影响数就是1 500 000元。

◎ 典型案例

情景与背景：20×1年12月31日，甲公司发现20×0年公司漏记一项管理用固定资产的折旧费用500 000元，所得税申报表中也未扣除该项费用。假定20×0年甲公司适用所得税税率为25%，无其他纳税调整事项。该公司按净利润的10%提取法定盈余公积。假定税法允许调整应交所得税。

(1) 分析前期差错的影响数

20×0年少计折旧费用500 000元；多计所得税费用125 000(500 000×25%)元；多计净利润375 000元；多计应交税费125 000(500 000×25%)元；多提法定盈余公积和任意盈余公积37 500(375 000×10%)元。

(2) 编制有关项目的调整分录

① 补提折旧
借：以前年度损益调整——管理费用　　　　　　　　　500 000
　　贷：累计折旧　　　　　　　　　　　　　　　　　　　　500 000

②调整应交所得税

借：应交税费——应交所得税　　　　　　　　　　125 000
　　贷：以前年度损益调整——所得税费用　　　　　　　　125 000

③将"以前年度损益调整"科目余额转入未分配利润

借：利润分配——未分配利润　　　　　　　　　　375 000
　　贷：以前年度损益调整　　　　　　　　　　　　　　　375 000

④因净利润减少，调减盈余公积

借：盈余公积——法定盈余公积　　　　　　　　　 37 500
　　贷：利润分配——未分配利润　　　　　　　　　　　　 37 500

(3) 财务报表调整（财务报表略）

甲公司在列报20×1年度财务报表时，应调整财务报表的相关项目。

①资产负债表项目的调整：

年初余额中，固定资产调减500 000元；应交税费调减125 000元；盈余公积调减37 500元，未分配利润调减337 500元。

②利润表项目的调整：

上年金额中，管理费用调增500 000元，所得税费用调减125 000元，净利润调减375 000元。

③所有者权益变动表项目的调整：

上年年末余额前期差错更正项目中，盈余公积调减37 500元，未分配利润调减337 500元。

(4) 财务报表附注说明

本年度发现20×0年漏记固定资产折旧500 000元，在编制20×1年和20×0年比较财务报表时，已对该项差错进行了更正。更正后，调减20×0年净利润337 500元，调增累计折旧500 000元。

> 想一想：我们曾经学习过会计差错的更正方法，如划线更正法、红字冲销法、补充登记法，这些错账更正的适用情况是什么？和前期差错更正有什么区别和联系？

课堂能力训练

甲公司20×1年12月发现20×0年6月完工并投入使用的某工程项目未转入固定资产核算，该工程账面价值8 000 000元，预计使用年限8年，采用年限平均法计提折旧，预计净残值为0。假定不考虑所得税的影响。法定盈余公积计提比例为净利润的10%。

要求：编制甲公司前期差错更正的会计分录并说明财务报表应调整的项目和报表附注应说明的内容。

思维导图

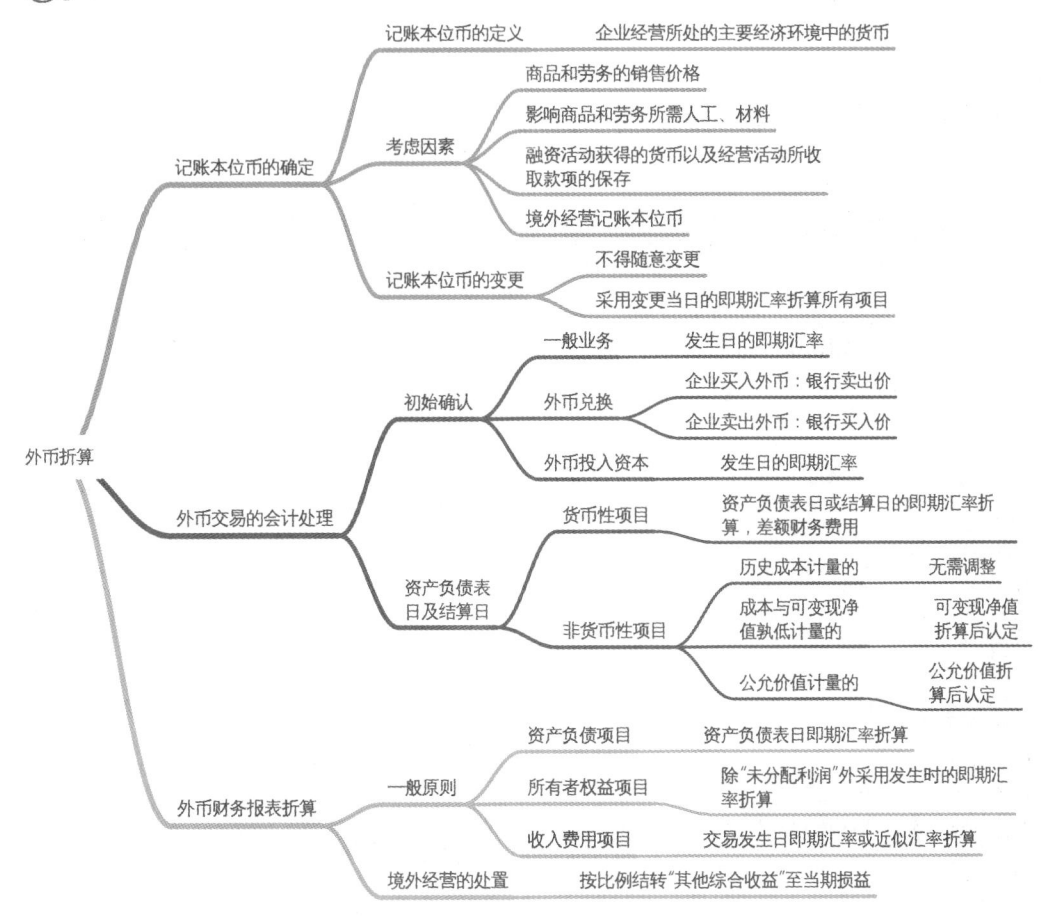

- **外币折算**
  - **记账本位币的确定**
    - 记账本位币的定义 — 企业经营所处的主要经济环境中的货币
    - 考虑因素
      - 商品和劳务的销售价格
      - 影响商品和劳务所需人工、材料
      - 融资活动获得的货币以及经营活动所收取款项的保存
      - 境外经营记账本位币
    - 记账本位币的变更
      - 不得随意变更
      - 采用变更当日的即期汇率折算所有项目
  - **外币交易的会计处理**
    - 初始确认
      - 一般业务 — 发生日的即期汇率
      - 外币兑换
        - 企业买入外币：银行卖出价
        - 企业卖出外币：银行买入价
      - 外币投入资本 — 发生日的即期汇率
    - 资产负债表日及结算日
      - 货币性项目 — 资产负债表日或结算日的即期汇率折算，差额财务费用
      - 非货币性项目
        - 历史成本计量的 — 无需调整
        - 成本与可变现净值孰低计量的 — 可变现净值折算后认定
        - 公允价值计量的 — 公允价值折算后认定
  - **外币财务报表折算**
    - 一般原则
      - 资产负债项目 — 资产负债表日即期汇率折算
      - 所有者权益项目 — 除"未分配利润"外采用发生时的即期汇率折算
      - 收入费用项目 — 交易发生日即期汇率或近似汇率折算
    - 境外经营的处置 — 按比例结转"其他综合收益"至当期损益

项目十二 资产负债表日后事项

学习目标

知识目标
- ◎ 理解资产负债表日后事项的概念
- ◎ 掌握资产负债表日后调整事项和非调整事项的界定方法
- ◎ 掌握资产负债表日后调整事项的会计处理方法
- ◎ 掌握资产负债表日后非调整事项的会计处理方法

能力目标
- ◎ 能够正确判断资产负债表日后调整事项和非调整事项
- ◎ 能够正确进行资产负债表日后调整事项的会计处理
- ◎ 能够正确进行资产负债表日后非调整事项的会计处理

黄山公司资产负债表日后事项案例

◎ 引导案例

2009年10月30日,备受关注的创业板市场在深圳证券交易所正式开始交易,为我国资本市场的发展和完善开辟了新天地。在快速发展的资本市场中,创业板的推出与更多上市公司的加入,对会计信息质量要求和披露提出了越来越高的要求。针对黄山公司涉及的事项,我们从资产负债表日后事项的角度对其进行分析探讨。

事项一:2008年1月27日,法院一审判决黄山公司赔偿芬树公司损失200万元。2月1日,黄山公司向芬树公司支付上述赔偿款。该诉讼案系黄山公司2007年9月销售给芬树公司的X电子设备在使用过程中发生爆炸造成财产损失所引起的。2007年12月31日,该诉讼案件尚未做出判决。黄山公司估计很可能赔偿芬树公司150万元的损失,并据此在 2007 年 12 月 31 日确认 150 万元的预计负债。

黄山公司将未确认的损失 50 万元,计入了 2008 年 2 月的损益中。

事项二:2008 年 12 月 3 日,黄山公司向全盛公司销售云端电子产品 10 台,销售价格为每台 100 万元,成本为每台 80 万元。黄山公司于当日发货 10 台,同时收到全盛公司支付的部分货款 150 万元。2009 年 2 月 2 日,黄山公司因云端电子产品的质量问题同意给予全盛公司每台 2 万元的销售折让。黄山公司于 2009 年 2 月 28 日收到税务部门开具的索取折让证明单,并向全盛公司开具红字增值税专用发票。

黄山公司将销售折让调整了 2009 年 2 月的销售收入 20 万元。

思考一下,财务报告的编制需要一定的时间,因此,资产负债表日与财务报告的批准报出日之间往往存在时间差,这段时间发生的一些事项可能对财务报告使用者有重大影响。因此这些事项就应该反应在财务报告中,那么从企业会计的角度应该做何调整处理呢?我国的《企业会计准则第 29 号——资产负债表日后事项》就规范了资产负债表日后事项的确认、计量和相关信息的披露要求,这就是本项目我们将要学习的内容。

(资料来源:黄山公司资产负债表日后事项案例,网易博客,2010.6.2,有删节。)

任务一
认识资产负债表日后事项

一、资产负债表日后事项的概念

资产负债表日后事项,是指资产负债表日至财务报告批准报出日之间发生的有利或不利事项。

(一)资产负债表日

资产负债表日,是指会计年度末和会计中期期末。其中,年度资产负债表日是指公历 12 月 31 日;会计中期通常包括半年度、季度和月度等,会计中期期末是指公历半年末、季末和月末等。

如果母公司或者子公司在国外,无论该母公司或子公司如何确定会计年度和会计中期,其向国内提供的财务报告都应根据我国《会计法》和会计准则的要求确定资产负债表日。

(二)财务报告批准报出日

财务报告批准报出日,是指董事会或类似机构批准财务报告报出的日期,通常是指对

财务报告的内容负有法律责任的单位或个人批准财务报告对外公布的批准日期。

财务报告的批准者包括所有者、所有者中的多数、董事会或类似的管理单位、部门和个人。公司制企业的董事会有权批准对外公布财务报告,因此,公司制企业财务报告批准报出日,是指董事会批准财务报告报出的日期。对于非公司制企业,财务报告批准报出日,是指经理(厂长)会议或类似机构批准财务报告报出的日期。

(三)有利或不利事项

有利或不利事项,是指资产负债表日后事项肯定对企业财务状况和经营成果具有一定影响(既包括有利影响也包括不利影响)的事项。如果某些事项的发生对企业财务状况和经营成果无任何影响,那么,这些事项既不是有利事项也不是不利事项,也就不属于准则所称资产负债表日后事项。

也就是说,资产负债表日后事项不是在这个特定期间内发生的全部事项,而是与资产负债表日存在状况有关的事项,或虽然与资产负债表日存在状况无关,但对企业财务状况具有重大影响的事项。

三、资产负债表日后事项涵盖的期间

资产负债表日后事项涵盖的期间,是自资产负债表日次日起至财务报告批准报出日止的一段时间,具体是指报告期下一期间的第一天至董事会或类似机构批准财务报告对外公布的日期。财务报告批准报出以后、实际报出之前又发生与资产负债表日后事项有关的事项,并由此影响财务报告对外公布日期的,应以董事会或类似机构再次批准财务报告对外公布的日期为截止日期。

例题 12-1 甲公司20×0年的年度财务报告于20×1年3月15日编制完成,注册会计师完成年度审计工作并签署审计报告的日期为20×1年4月12日,20×1年4月20日董事会批准财务报告对外公布,财务报告实际对外公布的日期为20×1年4月25日,股东大会召开日期为20×1年5月6日。

本例中,甲公司20×0年年报的资产负债表日后事项涵盖的期间为20×1年1月1日至20×1年4月20日。如果在4月20日至25日之间发生了重大事项,需要调整财务报表相关项目的数字或需要在财务报表附注中披露;经调整或说明后的财务报告再经董事会批准报出的日期为20×1年4月28日,实际报出的日期为20×1年4月30日,则资产负债表日后事项涵盖的期间为20×1年1月1日至20×1年4月28日。

三、资产负债表日后事项的内容

资产负债表日后事项包括资产负债表日后调整事项(以下简称调整事项)和资产负债表日后非调整事项(以下简称非调整事项)两类。

(一)调整事项

资产负债表日后调整事项,是指对资产负债表日已经存在的情况提供了新的或进一

步证据的事项。资产负债表日及所属会计期间已经存在某种情况,但当时并不知道其存在或者不能知道确切结果,资产负债表日后发生的事项能够证实该情况的存在或者确切结果,则该事项属于资产负债表日后事项中的调整事项。如果资产负债表日后事项对资产负债表日的情况提供了进一步的证据,证据表明的情况与原来的估计和判断不完全一致,则需要对原来的会计处理进行调整。

调整事项的特点是:(1)在资产负债表日已经存在,资产负债表日后得以证实的事项;(2)对按资产负债表日存在状况编制的财务报表产生重大影响的事项。值得注意的是,若不足以影响我们对财务报告的阅读,或者对报告的阅读不足以导致我们决策上的差别,影响非常小,那么我们就不将其认定为资产负债表日后事项。

常见的调整事项有:(1)资产负债表日后诉讼案件结案,法院判决证实了企业在资产负债表日已经存在现时义务,需要调整原先确认的与该诉讼案件相关的预计负债,或确认一项新负债;(2)资产负债表日后取得确凿证据,表明某项资产在资产负债表日发生了减值或者需要调整该项资产原先确认的减值金额;(3)资产负债表日后进一步确定了资产负债表日前购入资产的成本或售出资产的收入;(4)资产负债表日后发现了财务报告舞弊或差错。

例题 12-2　20×0年11月,甲公司与乙公司签订一项供销合同,由于甲公司未按合同发货,致使乙公司发生重大经济损失,被乙公司起诉要求赔偿。甲公司20×0年12月31日根据对该诉讼可能结果的判断,确认了4 000 000元的"预计负债"。甲公司20×0年度财务报告批准报出日为20×1年4月28日。20×1年3月10日,法院判决甲公司败诉,甲公司需偿付乙公司经济损失5 000 000元。

本例中,甲公司在20×0年12月31日结账时已经知道自己败诉的可能性很大,但不知道法院判决的确切结果,根据当时能够获得的资料经专业人士判断确认了4 000 000元的预计负债。20×1年3月10日,法院判决结果为甲公司预计负债的存在提供了进一步的证据。此时,按照20×0年12月31日存在状况编制的财务报告所提供的信息已不能真实反映甲公司的实际情况,应据此对甲公司20×0年度财务报告相关项目的数字进行调整。

(二)非调整事项

资产负债表日后非调整事项,是指表明资产负债表日后发生的情况的事项。非调整事项的发生不影响资产负债表日企业的财务报表数字,只说明资产负债表日后发生了某些情况。对于财务报告使用者来说,非调整事项说明的情况有的重要,有的不重要;其中重要的非调整事项虽然与资产负债表日的财务报表数字无关,但可能影响资产负债表日以后的财务状况和经营成果,准则要求适当披露。

非调整事项的特点是:(1)事项在资产负债表日并不存在;(2)影响比较重大,若不说明,将会影响财务报告使用者做出正确估计和决策。

常见的非调整事项有:(1)资产负债表日后发生重大诉讼、仲裁、承诺;(2)资产负债表日后资产价格、税收政策、外汇汇率发生重大变化;(3)资产负债表日后因自然灾害导致资产发生重大损失;(4)资产负债表日后发行股票和债券以及其他巨额举债;(5)资产负债表

日后资本公积转增资本;(6)资产负债表日后,企业利润分配方案中拟分配的以及经审议批准宣告发放的股利或利润。

例题 12-3 甲公司 20×0 年度财务报告批准报出日为 20×1 年 4 月 28 日。20×1 年 2 月 20 日,甲公司办公楼因电线短路引发火灾,造成办公楼严重损坏,直接经济损失 3 000 000 元。

本例中,20×1 年 2 月 20 日,在公司 20×0 年度财务报告批准对外报出日之前,甲公司发生了火灾,该重大不利事项发生在资产负债表日后事项所涵盖的期间内。该事项在 20×0 年 12 月 31 日尚未发生,与资产负债表日存在的状况无关,不影响资产负债表日甲公司的财务报表数字。但是,由于该事项属于重要事项,会影响甲公司以后期间的财务状况和经营成果,因此,需要在附注中予以披露。

(三)调整事项与非调整事项的区别

如何确定资产负债表日后发生的某一事项是调整事项还是非调整事项,是运用资产负债表日后事项准则的关键。某一事项究竟是调整事项还是非调整事项,取决于该事项表明的情况在资产负债表日或资产负债表日以前是否已经存在。若该情况在资产负债表日或之前已经存在,则属于调整事项;反之,则属于非调整事项。调整事项与非调整事项的区别见表 12-1:

表 12-1　　　　　　　　调整事项与非调整事项的区别表

项目	资产负债表日存在状态	影响范围	会计处理原则
调整事项	在资产负债表日或以前已经存在,资产负债表日后得以证实的事项	对按资产负债表日存在状况编制的会计报表产生重大影响的事项	追溯调账 追溯调表 不披露
非调整事项	资产负债表日并未发生或存在,完全是期后发生的事项	对理解和分析财务会计报告有重大影响的事项	不追溯调账 不追溯调表 要披露

例题 12-4 债务人乙公司财务情况恶化导致债权人甲公司发生坏账损失。包括两种情况:(1)20×0 年 12 月 31 日,乙公司财务状况良好,甲公司预计应收账款可按时收回;乙公司一周后发生重大火灾,导致甲公司 50% 的应收账款无法收回。(2)20×0 年 12 月 31 日,甲公司根据掌握的资料判断,乙公司有可能破产清算,甲公司估计对乙公司的应收账款将有 10% 无法收回,故按 10% 的比例计提坏账准备。一周后甲公司接到通知,乙公司已被宣告破产清算,甲公司估计有 70% 的债权无法收回。

本例中,(1)导致甲公司 20×0 年度应收账款损失的因素是火灾,应收账款发生损失这一事实在资产负债表日以后才发生,因此乙公司发生火灾导致甲公司应收款项发生坏账的事项属于非调整事项。(2)导致甲公司 20×0 年度应收账款无法收回的事实是乙公司财务状况恶化,该事实在资产负债表日已经存在,乙公司被宣告破产只是证实了资产负债表日财务状况恶化的情况,因此该事项属于调整事项。

想一想：资产负债表日后调整事项和资产负债表日后非调整事项应该怎样区分？你能举例说明吗？

课堂能力训练

甲公司20×0年度财务报告经董事会批准对外公布的日期为20×1年3月30日，实际对外公布的日期为20×1年4月3日。该公司20×1年1月1日至4月3日发生的下列事项中，哪些是资产负债表日后调整事项，哪些是非调整事项？

A.3月1日发现20×0年10月接受捐赠的价值5 000 000元固定资产尚未入账

B.3月11日临时股东大会决议购买乙公司51%的股权并于4月2日执行完毕

C.4月2日甲公司签订重大资产抵押合同从丙银行借入80 000 000元长期借款

D.2月1日与丁公司签订的债务重组协议执行完毕，该债务重组协议系甲公司于20×1年1月5日与丁公司签订

E.3月10日甲公司被法院判决败诉并要求支付赔款10 000 000元，对此项诉讼甲公司已于20×0年年末确认预计负债8 000 000元

任务二 资产负债表日后调整事项

一、资产负债表日后调整事项的处理原则

企业发生资产负债表日后调整事项，应当调整相关账户金额，同时调整资产负债表日已编制的财务报表。处理流程如下：

(1)涉及损益的事项，通过"以前年度损益调整"科目核算。对于年度财务报告而言，由于资产负债表日后事项发生在报告年度的次年，报告年度的损益类账户已经结账，因此不能直接调整损益类账户，而应该通过"以前年度损益调整"科目进行调整。调整增加以前年度利润或调整减少以前年度亏损的事项，记入"以前年度损益调整"科目的贷方；反之，记入"以前年度损益调整"科目的借方。

需要注意的是，涉及损益的调整事项如果发生在资产负债表日所属年度（即报告年度）所得税汇算清缴前的，应按准则要求调整报告年度应纳税所得额、应纳所得税税额；发

生在报告年度所得税汇算清缴后的,应按准则要求调整本年度(即报告年度的次年)应纳所得税税额。

调整完成后,应将"以前年度损益调整"科目的贷方或借方余额,转入"利润分配——未分配利润"科目。

(2)涉及利润分配调整的事项,直接在"利润分配——未分配利润"科目中核算。

(3)不涉及损益以及利润分配的事项,直接调整相应会计科目。

(4)通过上述会计处理后,还应同时调整财务报表相关项目的数字,包括:①报告年度资产负债表相关项目的期末数,报告年度利润表的本年数,报告年度所有者权益变动表的本年数;②当期编制的资产负债表相关项目的期初数,当期编制的利润表的上年数,当期编制的所有者权益变动表的上年数;③经过上述调整后,如果涉及报表附注内容的,还应做出相应调整。

> 想一想:资产负债表日后调整事项会涉及调整现金流量表项目吗?

二、资产负债表日后调整事项的具体会计处理

以下举例说明资产负债表日后调整事项的具体会计处理。假定甲公司财务报告批准报出日是次年3月31日,所得税税率为25%,按净利润的10%提取法定盈余公积,提取法定盈余公积后不再做其他分配;调整事项按税法规定均可调整应缴纳的所得税;涉及递延所得税资产的,均假定未来期间很可能取得用来抵扣暂时性差异的应纳税所得额。

(一)资产负债表日后诉讼案件结案,法院判决证实了企业在资产负债表日已经存在现时义务,需要调整原先确认的与该诉讼案件相关的预计负债,或确认一项新负债

这一事项是指导致诉讼的事项在资产负债表日已经发生,但因尚不具备确认负债的条件而未确认,因此法院判决后应确认一项新负债;或者虽已确认,但需要调整已确认负债的金额。

◎ 典型案例

情景与背景: 甲公司因违约,于20×0年12月被乙公司告上法庭,要求甲公司赔偿800 000元。20×0年12月31日,法院尚未判决,甲公司按或有事项准则对该诉讼事项确认预计负债500 000元。20×1年3月10日,经法院判决甲应赔偿乙600 000元。甲、乙双方均服从判决。判决当日,甲向乙支付赔偿款600 000元。甲、乙两公司20×0年所得税汇算清缴在20×1年4月10日完成(假定该项预计负债产生的损失不允许税前扣除,只有在损失实际发生时才允许税前抵扣)。

问题: 对这项资产负债表日后事项,甲公司和乙公司分别应怎样进行会计处理?

案例分析: 本例中,20×1年3月10日的判决证实了甲、乙两公司在资产负债表日(即20×0年12月31日)分别存在现时赔偿义务和获赔权利,因此两公司都应将"法院判决"这一事项作为调整事项进行处理。20×1年3月10日,甲、乙公司会计处理分别为:

1.甲公司的会计处理如下:
(1)调整负债确认金额,并记录支付的赔款:

甲公司在报告年度对这项未决诉讼确认了500 000元预计负债。20×1年3月10日,该资产负债表日后调整事项使或有事项转化为确定的事项,预计负债500 000元转化为其他应付款600 000元,相应增加报告年度营业外支出100 000元。

  借:以前年度损益调整——营业外支出   100 000
    预计负债   500 000
    贷:其他应付款   600 000
  借:其他应付款   600 000
    贷:银行存款   600 000

值得注意的是,20×1年3月10日支付赔偿款600 000元,这项业务是本期发生的业务,而不是调整分录。资产负债表日后事项如涉及现金收支项目,均不调整报告年度资产负债表的货币资金项目和现金流量表各项目数字。

(2)调整应交所得税:

20×0年年末确认预计负债的同时确认了营业外支出500 000元,但由于损失尚未实际发生,在计算应纳税所得额时作为纳税调整增加项,增加了当期应纳税所得额,增加了当期应交所得税500 000×25%=125 000(元)。20×1年3月10日,该资产负债表日后调整事项使这项损失成为实际发生的损失,也就成为计算应纳税所得额时可以税前扣除的金额。因此应该将报告年度增加的125 000元应交所得税予以冲减。同时,由于实际确认的损失是600 000元,增加确认的100 000元损失还可以冲减应交所得税100 000×25%=25 000(元)。

  借:应交税费——应交所得税   125 000
    贷:以前年度损益调整——所得税费用   125 000
  借:应交税费——应交所得税   25 000
    贷:以前年度损益调整——所得税费用   25 000

(3)调整递延所得税:

20×0年年末确认预计负债500 000元,这项负债期末账面价值为500 000元,而计税基础是500 000−500 000=0(元),负债的账面价值高于计税基础产生可抵扣暂时性差异500 000元,确认递延所得税资产125 000元。20×1年3月10日,该资产负债表日后调整事项使预计负债转化为其他应付款,这项负债的账面价值为600 000元,计税基础是600 000−0=600 000(元),不再有差异产生,因此应将报告年度确认的递延所得税资产125 000元予以冲减。

  借:以前年度损益调整——所得税费用   125 000
    贷:递延所得税资产   125 000

(4)将"以前年度损益调整"科目余额转入未分配利润:

  借:利润分配——未分配利润   75 000
    贷:以前年度损益调整   75 000

(5)因净利润变动,调整盈余公积:

借:盈余公积　　　　　　　　　　　　　　　　　　　　　7 500
　　贷:利润分配——未分配利润　　　　　　　　　　　　　　　　7 500

(6)调整20×0年度报表:

①资产负债表项目的年末数调整

调减递延所得税资产125 000元;调减预计负债500 000元;调增其他应付款600 000元;调减应交税费150 000元;调减盈余公积7 500元;调减未分配利润67 500元。

②利润表项目的调整

调增营业外支出100 000元;调减所得税费用25 000元。

③所有者权益变动表的调整

调减净利润75 000元;提取盈余公积项目中盈余公积一栏调减7 500元,未分配利润一栏调增7 500元。

2.乙企业的会计处理如下:

(1)记录收到的赔款:

乙公司在报告年度对这项未决诉讼形成的或有资产无须确认。20×1年3月10日,该资产负债表日后调整事项形成了其他应收款600 000元,同时增加报告年度营业外收入600 000元。

借:其他应收款　　　　　　　　　　　　　　　　　　　600 000
　　贷:以前年度损益调整——营业外收入　　　　　　　　　　　600 000
借:银行存款　　　　　　　　　　　　　　　　　　　　600 000
　　贷:其他应收款　　　　　　　　　　　　　　　　　　　　　600 000

值得注意的是,20×1年3月10日支付赔偿款600 000元,这项业务是本期发生的业务,而不是调整分录。资产负债表日后事项如涉及现金收支项目,均不调整报告年度资产负债表的货币资金项目和现金流量表各项目数字。

(2)调整应交所得税:

20×1年3月10日,该资产负债表日后调整事项使报告年度应纳税所得额增加600 000元,应交所得税相应增加600 000×25％=150 000(元)。

借:以前年度损益调整——所得税费用　　　　　　　　　150 000
　　贷:应交税费——应交所得税　　　　　　　　　　　　　　150 000

(3)将"以前年度损益调整"科目余额转入未分配利润:

借:以前年度损益调整　　　　　　　　　　　　　　　　450 000
　　贷:利润分配——未分配利润　　　　　　　　　　　　　　450 000

(4)因净利润变动,调整盈余公积:

借:利润分配——未分配利润　　　　　　　　　　　　　　45 000
　　贷:盈余公积　　　　　　　　　　　　　　　　　　　　　45 000

(5)调整20×0年度财务报表:

①资产负债表项目的年末数字调整

调增盈余公积45 000元;调增未分配利润405 000元;调增应交税费150 000元。

②利润表项目的调整

调增营业外收入 600 000 元;调增所得税费用 150 000 元。

③所有者权益变动表项目的调整

调增净利润 450 000 元;提取盈余公积项目中盈余公积一栏调增 45 000 元,未分配利润一栏调减 45 000 元。

（二）资产负债表日后取得确凿证据,表明某项资产在资产负债表日发生了减值或者需要调整该项资产原先确认的减值金额

◎ **典型案例**

情景与背景:20×0 年 4 月,甲公司销售给乙公司一批产品,货款为 58 000 元(含增值税),乙公司于 5 月份收到所购物资并验收入库,按合同规定,乙公司应于收到所购物资后一个月内付款。由于乙公司财务状况不佳,到 20×0 年 12 月 31 日仍未付款。甲公司于 12 月 31 日编制 20×0 年度财务报表时,按预期信用损失法为该应收账款提取坏账准备 2 900 元;12 月 31 日资产负债表上"应收账款"项目的金额为 76 000 元,其中 55 100 元为该项应收账款。甲公司于 20×1 年 2 月 2 日(所得税汇算清缴前)收到法院通知,乙公司已宣告破产清算,无力偿还所欠部分货款。甲公司预计可收回应收账款的 40%。

问题:对这项资产负债表日后事项,甲公司应怎样进行会计处理?

案例分析:本例中,甲公司在收到法院通知后,首先可判断该事项属于资产负债表日后调整事项;然后应根据调整事项的处理原则进行处理。具体过程如下:

(1)补提坏账准备:

应补提的坏账准备＝58 000×60%－2 900＝31 900(元)

借:以前年度损益调整——信用减值损失　　　　　　　　　31 900
　　贷:坏账准备　　　　　　　　　　　　　　　　　　　　　　　31 900

(2)调整递延所得税资产:

20×1 年 2 月 2 日,该资产负债表日后调整事项使应收账款账面价值减少 31 900 元,而计税基础不会因此而改变,所以可抵扣暂时性差异增加 31 900 元,递延所得税资产因此而增加 31 900×25%＝7 975(元)。

借:递延所得税资产　　　　　　　　　　　　　　　　　　　7 975
　　贷:以前年度损益调整——所得税费用　　　　　　　　　　　　7 975

(3)将"以前年度损益调整"科目的余额转入利润分配:

借:利润分配——未分配利润　　　　　　　　　　　　　　23 925
　　贷:以前年度损益调整　　　　　　　　　　　　　　　　　　　23 925

(4)因净利润变动,调整盈余公积:

借:盈余公积　　　　　　　　　　　　　　　　　　　　　2 392.50
　　贷:利润分配——未分配利润　　　　　　　　　　　　　　　　2 392.50

(5)调整报告年度财务报表:

①资产负债表项目的调整

调减应收账款年末数 319 00 元;调增递延所得税资产 7 975 元;调减盈余公积

2 392.50 元;调减未分配利润 21 532.50 元。

②利润表项目的调整

调整资产减值损失 31 900 元;调减所得税费用 7 975 元。

③所有者权益变动表项目的调整

调减净利润 23 925 元,提取盈余公积项目中盈余公积一栏调减 2 392.50 元,未分配利润一栏调增 2 392.50 元。

(三)资产负债表日后进一步确定了资产负债表日前购入资产的成本或售出资产的收入

这类调整事项包括两方面的内容:(1)若资产负债表日前购入的资产已经按暂估金额等入账,资产负债表日后获得证据,可以进一步确定该资产的成本,则应该对已入账的资产成本进行调整。(2)企业在资产负债表日已根据收入确认条件确认资产销售收入,但资产负债表日后获得关于资产收入的进一步证据,如发生销售退回等,此时也应调整财务报表相关项目的金额。需要说明的是,资产负债表日后发生的销售退回,既包括报告年度或报告中期销售的商品在资产负债表日后发生的销售退回,也包括以前期间销售的商品在资产负债表日后发生的销售退回。

资产负债表所属期间或以前期间所售商品在资产负债表日后退回的,应作为资产负债表日后调整事项处理。发生于资产负债表日后至财务报告批准报出日之间的销售退回事项,可能发生于年度所得税汇算清缴之前,也可能发生于年度所得税汇算清缴之后,其会计处理分别为:

(1)涉及报告年度所属期间的销售退回发生于报告年度所得税汇算清缴之前,应调整报告年度利润表的收入、成本等,并相应调整报告年度的应纳税所得额以及报告年度应缴纳的所得税等。

(2)资产负债表日后事项中涉及报告年度所属期间的销售退回发生于报告年度所得税汇算清缴之后,应调整报告年度会计报表的收入、成本等,但按照税法规定在此期间的销售退回所涉及的应缴所得税,应作为本年度的纳税调整事项。

◎ **典型案例**

情景与背景:甲公司 20×0 年 12 月 20 日销售一批商品给乙公司,取得收入 100 000 元(不含税,增值税税率为 13%)。甲公司发出商品后,按照正常情况已确认收入,并结转成本 80 000 元。此笔货款到年末尚未收到,甲公司未对应收账款计提坏账准备。20×1 年由于产品质量问题,本批货物被退回。企业于 20×1 年 2 月 28 日完成 20×0 年所得税汇算清缴。

问题:假如销售退回发生在 20×1 年 1 月 18 日,甲公司应怎样进行会计处理?假如销售退回发生在 20×1 年 3 月 15 日,甲公司应怎样进行会计处理?

案例分析:本例中,销售退回业务发生在资产负债表日后事项涵盖期间,应属于资产负债表日后调整事项。

1.假如销售退回发生在20×1年1月18日,甲公司的会计处理如下:
(1)调整销售收入:

借:以前年度损益调整——主营业务收入　　　　　　　　　　100 000
　　应交税费——应交增值税(销项税额)　　　　　　　　　　13 000
　　贷:应收账款　　　　　　　　　　　　　　　　　　　　　　　113 000

(2)调整销售成本:

借:库存商品　　　　　　　　　　　　　　　　　　　　　　　80 000
　　贷:以前年度损益调整——主营业务成本　　　　　　　　　　80 000

(3)调整应交所得税:

20×1年1月18日,该资产负债表日后事项使报告年度营业收入减少100 000元,营业成本减少80 000元,应纳税所得额减少20 000元,相应减少报告年度应交所得税20 000×25%＝5 000(元)。

借:应交税费——应交所得税　　　　　　　　　　　　　　　　5 000
　　贷:以前年度损益调整——所得税费用　　　　　　　　　　　5 000

(4)将"以前年度损益调整"科目余额转入未分配利润:

借:利润分配——未分配利润　　　　　　　　　　　　　　　　15 000
　　贷:以前年度损益调整　　　　　　　　　　　　　　　　　　　15 000

(5)调整盈余公积:

借:盈余公积　　　　　　　　　　　　　　　　　　　　　　　1 500
　　贷:利润分配——未分配利润　　　　　　　　　　　　　　　1 500

(6)调整20×0年度相关财务报表:

①资产负债表项目的年末数调整

调减应收账款113 000元;调增库存商品80 000元;调减盈余公积1 500元;调减未分配利润13 500元。

②利润表项目的调整

调减营业收入100 000元;调减营业成本80 000元。

③所有者权益变动表项目的调整

调减净利润20 000元,提取盈余公积项目中盈余公积一栏调减1 500元,未分配利润一栏调增1 500元。

2.假如销售退回发生在20×1年3月15日,甲公司的会计处理如下:
(1)调整销售收入:

借:以前年度损益调整——主营业务收入　　　　　　　　　　100 000
　　应交税费——应交增值税(销项税额)　　　　　　　　　　13 000
　　贷:应收账款　　　　　　　　　　　　　　　　　　　　　　　113 000

(2)调整销售成本:

借:库存商品　　　　　　　　　　　　　　　　　　　　　　　80 000
　　贷:以前年度损益调整——主营业务成本　　　　　　　　　　80 000

(3)将"以前年度损益调整"科目余额转入未分配利润：

借：利润分配——未分配利润　　　　　　　　　　　　20 000
　　贷：以前年度损益调整　　　　　　　　　　　　　　　　20 000

(4)调整盈余公积：

借：盈余公积　　　　　　　　　　　　　　　　　　　　2 000
　　贷：利润分配——未分配利润　　　　　　　　　　　　　2 000

(5)调整20×0年度相关财务报表：

①资产负债表项目的年末数调整

调减盈余公积2 000元；调减未分配利润18 000元。

②利润表项目的调整

调减应收账款113 000元；调增库存商品80 000元；调减营业收入100 000元；调减营业成本80 000元。

③所有者权益变动表项目的调整

调减净利润20 000元；提取盈余公积项目中盈余公积一栏调减2 000元，未分配利润一栏调增2 000元。

(四)资产负债表日后发现了财务报表舞弊或差错

这一事项是指资产负债表日后发现报告期或以前期间存在的财务报表舞弊或差错。企业发生这一事项后，应当将其作为资产负债表日后调整事项，调整报告期间财务报告相关项目的数字。

课堂能力训练

甲公司20×0年度财务报告于20×1年3月31日经董事会批准对外报出，所得税采用资产负债表债务法核算，于20×1年4月30日完成20×0年所得税汇算清缴。甲公司按当年实现净利润的10%提取法定盈余公积。20×1年1月1日至3月31日发生下列事项：

(1)甲公司20×0年10月4日销售一批商品给乙公司，取得收入2 000 000元(增值税税率为13%)。甲公司发出商品后，按照正常情况已确认收入，并结转成本1 800 000元。此笔货款到年末尚未收到，甲公司对该项应收账款计提了80 000元坏账准备。20×1年1月14日由于产品质量问题，本批货物被退回。当日甲公司收到税务机关开具的进货退出证明单，并向乙公司开具了红字增值税专用发票。

(2)3月5日，甲公司发现20×0年度漏记某项管理用固定资产折旧费用1 000 000元，金额较大。

要求：编制甲公司资产负债表日后事项的会计分录并说明财务报表应调整的项目。

任务三 资产负债表日后非调整事项

一、资产负债表日后非调整事项的处理原则

资产负债表日后发生的非调整事项,是表明资产负债表日后发生的情况的事项,与资产负债表日存在状况无关,不应当调整资产负债表日的财务报表。但有的非调整事项对财务报告使用者具有重大影响,如不加以说明,将不利于财务报告使用者做出正确估计和决策,因此,资产负债表日后事项准则要求在附注中披露"重要的资产负债表日后非调整事项的性质、内容及其对财务状况和经营成果的影响"。

二、资产负债表日后非调整事项的具体会计处理

资产负债表日后发生的非调整事项,应当在报表附注中披露每项重要的资产负债表日后非调整事项的性质、内容及其对财务状况和经营成果的影响。无法做出估计的,应当说明原因。资产负债表日后非调整事项的主要例子有:

(一)资产负债表日后发生重大诉讼、仲裁、承诺

资产负债表日后发生的重大诉讼等事项,对企业影响较大,为防止误导投资者及其他财务报告使用者,应当在报表附注中进行相关披露。

(二)资产负债表日后资产价格、税收政策、外汇汇率发生重大变化

例如某公司有一笔长期美元贷款,在编制财务报告时已按当时的汇率进行折算。资产负债表日后事项期间内,人民币对美元的汇率发生了重大变化。本例中,该企业在资产负债表日已经按照当天的资产计量方式进行处理,或按规定的汇率对有关账户进行调整,因此,无论资产负债表日后的资产价格和汇率如何变化,均不应影响资产负债表日的财务状况和经营成果。但是,如果资产负债表日后资产价格、外汇汇率发生重大变化,应对由此产生的影响在报表附注中进行披露。同样,国家税收政策发生重大改变将会影响企业的财务状况和经营成果,也应当在报表附注中及时披露该信息。

(三)资产负债表日后因自然灾害导致资产发生重大损失

例如某公司拥有某外国企业15%的股权,无重大影响。在编制财务报告时,按金融资产的正常会计核算要求进行了会计处理。资产负债表日后事项期间内,该国发生海啸

造成被投资企业的股票市场价值大幅下跌,这项股权投资遭受重大损失。本例中,海啸是资产负债表日后才发生或存在的事项,这项重大损失对企业资产负债表日后财务状况的影响较大,如果不加以披露,有可能使财务报告使用者做出错误的决策,应当作为非调整事项在报告年度报表附注中进行披露。

(四)资产负债表日后发行股票和债券以及其他巨额举债

企业发行股票、债券以及向银行或非银行金融机构举借巨额债务都是比较重大的事项,虽然这一事项与企业资产负债表日的存在状况无关,但这一事项的披露能使财务报告使用者了解与此有关的情况及可能带来的影响,故应披露。

(五)资产负债表日后资本公积转增资本

企业以资本公积转增资本将会改变企业的资本(或股本)结构,影响较大,需要在报表附注中进行披露。

(六)资产负债表日后发生巨额亏损

企业资产负债表日后发生巨额亏损将会对企业报告期以后的财务状况和经营成果产生重大影响,应当在报表附注中及时披露该事项,以便为投资者或其他财务报告使用者做出正确决策提供信息。

(七)资产负债表日后发生企业合并或处置子公司

企业合并或者处置子公司的行为可以影响股权结构、经营范围等方面,对企业未来生产经营活动能产生重大影响。因此企业应在附注中披露处置子公司的信息。

(八)资产负债表日后,企业利润分配方案中拟分配的以及经审议批准宣告发放的股利或利润

资产负债表日后,企业制定利润分配方案,拟分配或经审议批准宣告发放股利或利润的行为,并不会致使企业在资产负债表日形成现时义务,因此虽然发生该事项可导致企业负有支付股利或利润的义务,但支付义务在资产负债表日尚不存在,不应该调整资产负债表日的财务报告,因此,该事项为非调整事项。但由于该事项对企业资产负债表日后的财务状况有较大影响,可能导致现金较大规模流出、企业股权结构变动等,为便于财务报告使用者更充分了解相关信息,企业需要在财务报告中适当披露该信息。

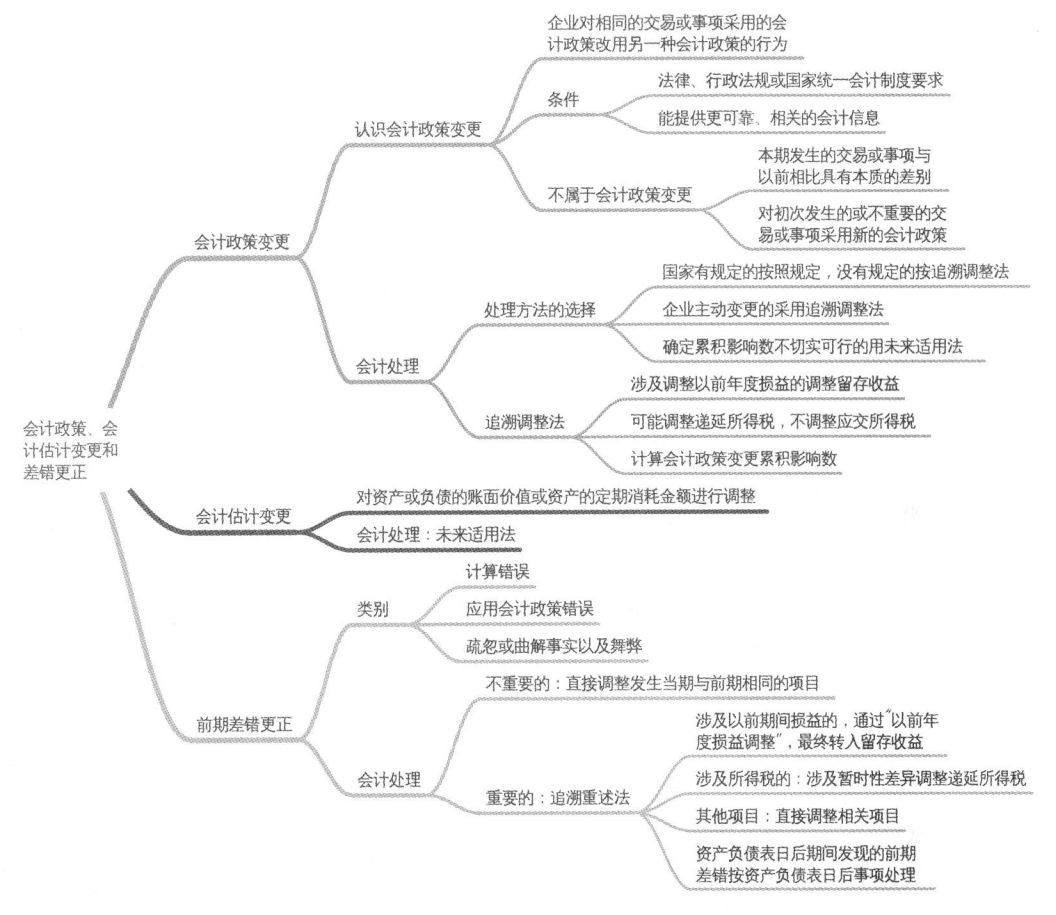

项目十二　资产负债表日后事项

思维导图

- 会计政策、会计估计变更和差错更正
  - 会计政策变更
    - 认识会计政策变更
      - 企业对相同的交易或事项采用的会计政策改用另一种会计政策的行为
      - 条件
        - 法律、行政法规或国家统一会计制度要求
        - 能提供更可靠、相关的会计信息
      - 不属于会计政策变更
        - 本期发生的交易或事项与以前相比具有本质的差别
        - 对初次发生的或不重要的交易或事项采用新的会计政策
    - 会计处理
      - 处理方法的选择
        - 国家有规定的按照规定，没有规定的按追溯调整法
        - 企业主动变更的采用追溯调整法
        - 确定累积影响数不切实可行的用未来适用法
      - 追溯调整法
        - 涉及调整以前年度损益的调整留存收益
        - 可能调整递延所得税，不调整应交所得税
        - 计算会计政策变更累积影响数
  - 会计估计变更
    - 对资产或负债的账面价值或资产的定期消耗金额进行调整
    - 会计处理：未来适用法
  - 前期差错更正
    - 类别
      - 计算错误
      - 应用会计政策错误
      - 疏忽或曲解事实以及舞弊
    - 会计处理
      - 不重要的：直接调整发生当期与前期相同的项目
      - 重要的：追溯重述法
        - 涉及以前期间损益的，通过"以前年度损益调整"，最终转入留存收益
        - 涉及所得税的：涉及暂时性差异调整递延所得税
        - 其他项目：直接调整相关项目
      - 资产负债表日后期间发现的前期差错按资产负债表日后事项处理